中国的气质
发现活的哲学传统

余治平 著

中国社会科学出版社

图书在版编目(CIP)数据

中国的气质：发现活的哲学传统/余治平著. —北京：中国社会科学出版社，2004.9 (2019.12 重印)
ISBN 978-7-5004-4577-7

Ⅰ.①中… Ⅱ.①余… Ⅲ.①哲学—研究—中国 Ⅳ.①B2

中国版本图书馆 CIP 数据核字(2019)第 097106 号

出 版 人	赵剑英
责任编辑	冯春凤
责任校对	张爱华
责任印制	张雪娇

出　　版	中国社会科学出版社
社　　址	北京鼓楼西大街甲 158 号
邮　　编	100720
网　　址	http://www.csspw.cn
发 行 部	010-84083685
门 市 部	010-84029450
经　　销	新华书店及其他书店

印刷装订	北京市十月印刷有限公司
版　　次	2004 年 9 月第 1 版
印　　次	2019 年 12 月第 2 次印刷

开　　本	787×1092　1/32
印　　张	14.125
插　　页	2
字　　数	318 千字
定　　价	98.00 元

凡购买中国社会科学出版社图书，如有质量问题请与本社营销中心联系调换
电话：010-84083683
版权所有　侵权必究

哲学
始终被看作是
一个民族的精神秘地

通过哲学
我们发现了
这个民族的独特气质

有什么样的气质
就有什么样的哲学

有什么样的哲学
就有什么样的气质

能在一代又一代人群中
绵延不绝的
一定是活的传统

目　录

【导言】

形而上者谓之道 …………………………………（ 3 ）

【卷一】

阴阳五行观念 ……………………………………（23）

【卷二】

性情形而上学 ……………………………………（81）
感应与想象力 ……………………………………（128）

【卷三】

道德法则的内化与超越 …………………………（191）
信用缺失与责任伦理建构 ………………………（216）

【卷四】

新民与亲民 ……………………………………（245）

【卷五】

经权、常变的智慧 ……………………………（271）

【卷六】

时间、历史与生活世界 ………………………（323）

【卷七】

天道信仰 ………………………………………（367）
命的信念 ………………………………………（392）

【卷八】

中国现代化的精神准备 ………………………（421）

【后记】 …………………………………………（444）

【导言】

形而上者谓之道

怎样用一个最简单的问题把一个最伟大的哲学家难倒?

只要问一句——"什么是哲学"就行。

究竟什么是哲学,过去一直是、现在仍然是、将来抑或永远是一个见仁见智的问题。其实,哲学本身什么也不是,它不是一个固定的物体,也不一种能够被决定的精神,更不是一种意已终结的人类活动,它随时都在发生发展,随时都在继续着自己的探索。问哲学家什么是哲学,颇有似于问每一个普通人什么是人。哲学家研究了几千年,也回答不上来究竟什么是哲学;每一个普通人做了一辈子的人,也回答不上来究竟什么是人,当然,哲学家也同样回答不上来究竟什么是人。这在根本上是由哲学活动的主观性、个体性、心理性和未完成性所决定的。哲学,从来就没有一个统一的标准,于是,只有哲学家才可以你说你的、我说我的。哲学是哲学家心灵之海的自然漂逸,想到哪就流到哪,从没有固定的岸。海德格尔说过:"只要人还生存着,哲学沉思(das Philosophieren)就会以一定的方式发生。"[①] 只要人种还在

---

① Martin Heidegger, Was ist Metaphysik? Wegmarken, Seite 122. Gesamtausgabe, Band 9, Vittorio Klostermann, Frankfurt Am Main, 1975.

延续，哲学活动就不可能结束，于是也就不可能给哲学下一个一劳永逸的定义。

议论哲学总离不开形而上学。哲学与形而上学之间总有一根割不断的脐带。形而上学是人类的本性，只要人类存在，人类就无法拒绝形而上学。人们可以拒绝形而上学的某种形式，如哲学，但就是不能拒绝形而上学本身。后现代主义思想家所提出的"非哲学"（non‑philosophy）、"哲学的终结"（the ends of philosophy），只是对西方哲学的现代形式的抛弃。人类只要还生存着，就已经置身于形而上学之中了。

一

任何一种成熟的文明都是自足的，尽管中国古汉语里没有"哲学"这一词汇，但是中国古代一定有可以与西方哲学相匹对的这门学问。从主题内容、发生意义上理解，中国古代思想中的"道"，近似于西方的哲学之思。道学与哲学应该是相通的。《易传·系辞》说：

"形而上者谓之道，形而下者谓之器。"①

可以说，要想对中国古代的哲学概念及哲学内容有一个深刻的了解，一定得从这十四个字开始。在这短短的一句话里，竟同时出现了"形""道""器""形而上""形而下"五个

---

① 高亨：《周易大传今注·系辞上》，齐鲁书社1998年，第407页。

导言 形而上者谓之道

关涉整个中国哲学话语系统的基本概念,非常重要。其实,要把这句话理解透彻,关键在于一个"形"字。可惜人们往往只解释"道""器"二字而忽略了处于道器之间的"形"。什么是"形"?物自身有"形"吗?或者,"形"真的属于器自身吗?这些问题不解决,理解"形而上"与"形而下"是根本不可能的。"道"不是"形","形"不是"道",这一点应该没有太多的异议。但是,"器"与"形"是一回事吗?"器"能等于"形"吗?"器"与"形"的分别究竟在什么地方?如果"器"直接就是"形",那么,《系辞》为什么还要用一个"形"字把器称为"形而下"呢?可见,这句话并不那么简单,应该还有值得挖掘的涵义。

在非生态学意义上,"器"是物自身,是本体之物、自在之物,它在我们的感觉之外,永远不可能被我们的感觉系统所认知。而"形"则是器在我们感觉中的存在样态,是有形的、看得见、摸得着的事物,是能够被我们的眼、耳、鼻、舌、身等感官系统所感觉到的世界存在物,一如色、声、香、味、触之类;而"道"则是世界存在物在人心思维中的抽象形式,是世界存在物在人心意识中相对稳定的记忆残留。一个物有一个物的道,同一个物在不同人的思维中,其道也是不同的。同一个人在不同时期看同一个物,道也一定有不同的呈现。

器,就它自身而言,剔除生态学上的理解,与我们的人心意识没有任何形式的关联,器自身有没有意识,我们人类并不能确切地知道,或可予以人为地设定,拟其有知或无知。但是,有没有人心意识,器都照样是其所是,它始终是它自己的存在。器是绝对，是自由，是永恒，是无所依赖，是《庄子·逍遥游》里所记述的"无待"，所以，器拥有着人所不能想象的、真正的自由。而形与道则不可能离开我们的人心意识，没有人心意识的构造，形与道就无从产生。心是一切思想世界的源泉。

有人才能有世界，单纯的器是构不成人性化的世界的。单纯的器只能形成那种没有人心参与的有机体或无生命、无意识的宇宙。宇宙，如上帝的概念一样，只是物自身的总和。而世界则属于人，是经过人心加工过的现实存在，世界从一开始就渗透着人心意识，所以，世界一定是有人参与的世界。存在是世界里的存在，物自身是不存在的，存在总是被理解了的存在，存在一定与人的看、与人的意识有关。一个物自身，只有在被我看，被我所感知之后，才能进入到我的世界里来，才能成为我的世界里的一个组成部分。宇宙里无生命的物自身，不可能有看的感觉，也不可能有自觉意识，所以，它始终只是它自身的存在，它从不知道自己的存在。于是，它就不能称为存在。世界在形、道之间存在。作为物自身的器，是形、道的客观来源，是康德批判哲学中的那个"消极意义的本体"，即作为"先验对象"的X，是人心产生感觉、意识的刺激源，它纯粹外在，又永远躲藏在形的背后，是形的界限，所以才被称为"形而下"。"形而下"所说明的是人心一切感觉认知的本根，是比"形"更为源始、更为真实的本体之物。而心则是形、道的主观根据，是主体自我感知一切外物的能动反映器与模型制造器。只有当心与物自身交织在一起的时候，一切知识与理解才有发生发展的可能。但是，心又极为复杂，它不但是一个纯粹的器、物自身，却又是一切感觉、意识的寓所，又是一个能够积极而主动地为一切存在事物制造出生命形式的母体。

放在我眼前的一只茶杯，它首先得是一个物自身，首先是一个实实在在的器，然后才有可能被我们所感知，才能以被我所加工、改变过的形式进入我们的感觉系统。神经正常的我不会把眼前的这只茶杯看成是一张纸、一支笔，就是由这只茶杯的物自身所决定的。抑或这就是认识论中强调物质决定作用与优先性的所谓唯物主义路线。无论如何，物自身是最重要的，世界离不开物自身，如果没有一个确凿的物自身，属于我们人的这个世界肯定是一个无，或者一定早已是紊乱不堪的了。人永远无法面对纯粹的差异之物即无自身，人根本就无法生存在一个没有任何物的规定性的世界里。

眼前的这只茶杯，是圆的、高的、有把子的、玻璃的、白色的、盛满水的……，这些都是我张开眼、耳、鼻、舌、身等感官系统去感知茶杯自身的结果。一方面在我的眼前，在我的印象中，我关于这只茶杯的所有感觉都是具体而有限的，都是只属于这一只茶杯的，应该说，这些感觉都是我关于这只茶杯的感性记忆，可以说是这只茶杯在我心中的"形"。另一方面，当我眼睛一闭，或者当我离开这间屋子的时候，我还能够想象得出，或者也能够描述出刚才我所看到过的那只茶杯是什么样的，那么，我此时所能够想象、所能够描述出的茶杯，也是这只茶杯在我心中的"形"。

二

由形而道，是器在我心之中印象的一次抽象加工，或理性提升，如果说，形还与具体的感性事物联系着，那么，道则相对已经从具体的感性事物身上剥离了出来，实现了一种理念化、形式化的精神超越。道是人心为感性事物提供的超越知性形式。我心之中关于茶杯的各种感觉印象，在还没有关于茶杯的理念形式组织的情况下，有时并不一定就能够形成关于茶杯的准确认识。假如有人问你：拥有圆的、高的、有把子的、玻璃的、白色的、盛满水的……之类特性的究竟是一个什么样的东西？保证你并不一定能够猜出是茶杯，因为天地万物之中也并不只有茶杯才具备圆的、高的、有把子的、玻璃的、白色的、盛满水的……之类特性。感觉印象只有被赋予形式之后，才能够成为现实的、感性之中的事物。一切认识论哲学的根本目的无非就是人把自己的理解放进物中去，加到物身上，从而为物给出形式，让物成为事物，变宇宙为世界。自然无法，人为自然立法，是一切认识论真理的最后秘地。

因为我已经对各种各样的茶杯有了一定的了解，如果我心之中此刻并没有关于某一只茶杯的具体印象，或者已经忘记、忽略某一只茶杯的具体的形，但突然从报纸上读到茶杯这个词，或者听别人说到茶杯这个词，我也一定能够明白茶杯指的是个什么东西，此刻我心中的茶杯一定是关于茶杯的理性形式，只是一般茶杯的纯粹理念而已，属于"概念一般"，而这恰恰就是我心关于茶杯的"道"。所以，《系辞》才把"道"称为"形而上"。"形而上"中的"上"并不具有任何空间意义，而指的是一种精神超越，所说明的无非是，"道"对于"形"的超越关系，"道"已经与"形"拉开了一定的精神距离。相比于"形"，"道"似乎更为高级、更为抽象，也更趋于精神化，显然已经大大超越了物自身留存在人心之中的感性的、直观的层次而获得了进一步的形式化提升。在流俗的理解中，"器"总被直接等同于"形"，人们似乎总天真地以为自己随时都可以与器直接打交道，并且能够掌握器、获得器。其实在本质上，"器"还不是"形"，"器"也不可能是"形"。上面的任何事物都已经源始地处于我的世界之中，并且总已经预先给予了我。"器"如果直接就已是"形"，那么《系辞》又何必还要把"器"称为在"形"之"下"（非空间意义上的）的东西呢?! 器是所指，是不可能进入语言世界的纯粹物自身。而形则是能指，是在人心我识产生之后所发生的，完全属于语言意识之中的存在。器是作为本体自在的那个月亮自身，而形则一定是我的心中月，是被我看到的水中月，是被我所观察到的那个月。可以说，在悠悠哲学史的长河中，器与形始终粘合在一起，"形"的存在几乎始终被遮蔽着，而只在少数思想家、哲学家那里才引起了注意，并恰当地被剥离了开来，如释迦牟尼、老子、康德。现代西方的认识论哲学也没能够从根本上把"形"的全部意义彰显出来。同样，也只有真正的哲学家才能够在器与道、形之间划出一道不可逾越的界限。

道是可通约的，并不可以安全被私有。不进入语言和思维的道是不可能的。所以，一切形式的理想、道德、价值才可能在人的世界里成立。道，对于人之为人来说，必不可少。人与人之间的交流和沟通都是依靠道的成立才有可能的，世界也依靠道才存在。借助于已经被赋予情感及意识内容的语言、符号，人与人才开始交往，形成了社会。所以，人心与人心之间，惟有那些共同的、可沟通的意识（即"道"）才是社会存在的第一前提和首要基础。一旦离开了道，人都还只是物自身而已，都不可能进入社会交往，人也就不可能成其为人了。

形在道、器之间，人也生活在道、器之间，世界亦在道、器之间。形、人、世界三者都不可能偏落于道、器之一边。形，因为人心才得以存在。人不可能直接与器自身打交道，必须经过属于人自己的感觉系统，必须经过人心意识的构造加工，才能够接近于器。我们所接触到的一切事物，其实都是已经在我们感觉和认知系统存在了的事物，都已经经过我们人心无数次的加工、整理和改造，都已不再是绝对的、纯粹的物体自身了。人在跟物打交道之前，物已不再清白、纯粹，心早已把物改造过一遍、两遍甚至若干遍了。这里隐含着一个更为源始、更为根本的前提，即心在构造事物的表象，尽管它常被人们所忽略和遗忘。没有器，就没有道；没有人，就更不可能有道。器、道、形三者的关系复杂得很，剪不断，理还乱，自古以来还没有一个哲学家能把它们说清楚。

三

器、道、形三者之外还有一个"心"字。对于社会、世界、认识论、科学知识、道德价值来说，此一"心"字最为重要。此心当然只能是有知觉、有意识、会思想的人心。道与形，都离不开心，都只是我心的产品。器作为纯粹的宇宙之物，原是可以离开心而自个存在的，但是，器在宇宙里静寂空荡，一无意义，一无所用，自身只对自身有效。器一旦离开我心把它建构成事物表象，一旦离开我心去感觉它、认知它，它就不可能进入我的世界，就不可能进入社会领域而成为人眼里的存在。器就什么也不是，只是一个无。这便一如海德格尔所曾说的："世界总是精神性的世界。动物没有世界，也没有环境。世界的没落就是对精神力量的一种剥夺，就是精神的消散、衰竭，就是排除和误解精神。"[①]没有人产生之前，没有我心介入之前，物还只是物，不被感觉，不被认识，也不被命名，有的甚至连它自己都不知道自己是什么。正是我心把物自身硬拖进了我的感知系统，才有所谓"我的世界"，物才变成为事中之物。佛教哲学说"万法唯识""境由心造"，陆九渊说"宇宙便是吾心，吾心即是宇宙"，王阳明所说"心外无物"，以及贝克莱的"存在就是被感知"，其实都不是无稽之谈，都有发人深省的道理。世界上有哪一个物没有被我心所感知就可以直接进入我的世界？没有，绝没有。

人心之中，每一个事物都有相应的道，但是不是人心之中所有的事物都可以构成道学呢？非也。只有经过理论化、系统化、知识化整理和加工的学问才有资格称得上"道学"。物理学是道学，化学是道学，生物学是道学，地质学是道学……，世界上有多少种物，就可以建构出多少种道学。那么，有没有一种比这些具体科学在理性层次上更进一步的道学呢？有没有一种能够渗透到所有具体科学最底处而

[①] Martin Heidegger, Einführung in die Metaphysik, Seite 34, Max Niemeyer Verlag Tübingen, 1987.

又能够对它们起着支撑作用的道学呢？有。一切道学中，最基础、最根本抑或最高、最后的道学则是哲学。抑或，这就是希腊语 ta meta ta physica 或拉丁语 metaphysica 意义上的形而上学。

《易传·系辞》说：

> "一阴一阳之谓道。"①

世界上的事物留存在人心之中的道，纷繁复杂，不计其数。但一阴一阳，是一切存在着的事物在人心之中留存下来的最最基本的理念形式，是人心对表象世界一切事物所做的最后的抽象和提升，是一种极限程度的凝练和简约，也是一种近乎绝对的事物普遍形式，这才可以算得上是一种最高或最低的道学——哲学。作为最凝练、最具有概括性的道学，哲学不关乎器，至少不直接与器相联系，而只是对关于器的所有道学的再度总结、进一步提升，而这才是真正的哲学，也才是最纯粹的哲学。康德说过："我把不关乎对象而只关乎认识对象的方式的所有知识称为先验的。这一概念系统可称为先验哲学。"② 科学直接关乎对象，而哲学则是最高程度的形而上，对一切科学都有所超越，占据着一定的高度，具有一定的穿透力，始终与对象保持一定距离。所以，相对于哲学所研究的大道来说，物理学、化学、生物学、地质学……，一

---

① 高亨：《周易大传今注·系辞上》，齐鲁书社 1998 年，第 387 页。
② Immanuel Kant, Kritik der reinen Vernunft, Seite 82. Felix Meiner Verlag, Hamburg, 1998.

切具体科学所研究的都还只是小道。然而,哲学的大道并不是无源之水,它也是从具体科学的小道中推演、凝练出来的。

于是,哲学便不可能是具体的科学,它具有无可争辩的真理性与现实性,但却没有任何实际的用途,它既可以留存于生活的最低处,同样也可以位居于生活的最高处。哲学的用途好似"润物细无声"。无用之用,方为大用,这就是哲学的绝妙之处。K. 雅斯贝尔斯曾说:"一个伟大的传统正在召唤我们。尽管哲学思想派别繁多,尽管各派思想相互对立,彼此排斥,自命为真理,但是,在所有的哲学中都有着一个'一',没有人拥有这个'一',但一切认真的努力无论何时都为之神迷——趋向一个永恒的哲学。"[①] 显然,一阴一阳,就是中国哲学所追寻到的"一",是中国哲学里简约得不能再简约的永恒"逻各斯"(Logos)。所以,一阴一阳之谓道,无疑应该是真正的哲学,又何尝逊色于西方哲学。

老子说:

圣人抱一为天下式。(《老子·二十二章》)

王弼注曰:"一,少之极也。式,犹则之也。"老子哲学里的"天下式",一方面,从本体论上来理解,器作为纯粹的物自身,可以被天下所有的人看;器作为公,可以被任何人所偏取,而分别成为每一个人自己心目中的私。器在被偏取、私分的过程中,仍可以形成可沟通、可共渡性的普遍性认识。人同此心,心同此理。面对同一个器,所有感觉与思

---

① Karl Jaspers:《智慧之路》,中国国际广播出版社1988年,第7、8页。

维健全的人都不会把此一器看成彼一器,因为作为刺激源的器始终决定着人心的经验客观。另一方面,从认识论上看,它可以就是天下万事万物所共同遵守的基本法则,就是最大普遍性,具有最全面的覆盖性和代表性,就是存在世界基础的基础,就是天地之间的最小通约值,转换成《系辞》的话语则显然是"一阴一阳",转换成西方现代哲学的话语则应该是"逻各斯"。老子又说:"万物得一以生"(《老子·三十九章》),这里的"生"颇值玩味,不能作"生成""产生"解,而应该是"存在""是其所是""成为自身"之意。既然"一"为"天下式",那么,万事万物的存在都已经处于人心所赋予的"一"的最普遍通式的辐射之下了,"一"乃是万事万物是其所是、成为自身的最原始的根据。所以,与"一阴一阳"一样,老子的"天下式"也是对天地万物最高、最后的概括,无疑也应该是一种真正、纯粹意义上的哲学。

然而,由此延伸出的一个重要问题却是,从《老子》的"天下式"到《系辞》的"一阴一阳",哲学的思维已经具备了走向抽象化、概念化、形式化的可能,但是为什么这种可能在中国古代漫长的历史长河中始终都还只是一种可能而绝没有拓展出一种执著的理论理性追求呢?显然,这是一个极为复杂而又十分深邃的问题,几乎涵摄了中国社会的地理、政治、经济、文化、历史及哲学气质等方方面面。可以肯定的是,这一问题攻克了,著名的"李约瑟难题"也一定会迎刃而解。

一般地说,关于世界表象事物最直观、最感性的道,每一人都能获得,并没有太大的难度,只要思维功能健全即可。道学,大多数人也都可以通过后天的学习而获得,就像各级各类学校教育所进行的那样。但是，作为总结出"一阴一阳"世界普遍形式的最高或最低道学——哲学，却不是每一个人都能学得来的，甚至它根本就不能靠学习而获得，尽管人人都不乏哲学的情愫。茫茫人海中，绝大多数人都只在错综复杂的关系中看人看物看事，有几人能把错综复杂的关系逐一剥落下来，而真正在"一阴一阳"的终极层面上把世界看个透呢？在这个世界里，大多数人往往只满足于获得事物之理，满足于掌握关于某一或某些事物的科学知识，但是，真正追求大道的人却愿意不断地走向物的本体自身。

四

器、道、形、心四者之间，看似再简单不过，其实一定存在着诸多难以为人心所理解而几近于神秘的因素、关系。(1) 为什么器自身存在以及为什么器是这样存在着，而不是那样存在着？或者，为什么一个物是一个物本身，只是它自己？这似乎就是康德在《纯粹理性批判》里所指出的：为什么会有物自身，只有上帝才能够知道答案，这也是从巴门尼德的存在论到海德格尔生存论，西方哲学所始终追寻的问题："das Seienden in seinem Daβ – und Sosein"①，即为什么存在者存在及如此而存在，或为什么是及是其所是？(2) 物自身究竟是怎么来到宇宙里的？纯粹出于偶然与冒险吗？物自身的命运就是它的存在吗？物自身生过吗？物自身死去

---

① Martin Heidegger, Sein und Zeit, Seite 5, Max Niemeyer Verlag Tübingen, 1993.

吗?即物的发生过程之谜。(3)为什么人心又能够比较真实地反映或接近存在物?凭什么,靠的究竟是一种什么样的力量呢?(4)为什么只有人心才能够产生出道、形,而不是人身上别的器官或别的一个自然物?人心自我意识,来源于哪里,又归属到哪里?(5)为什么被人心建构出来的关于事物的印象、道、形又恰恰能与物自身的特性相一致?"客观"是如何与物自身相统一的?可以统一到什么程度?人可以跳出认识论吗?认识论的根源是否最终都得一一落实到本体论上呢?(6)人这种动物,为什么能够既是物自身,又是反映物自身的存在者?这难道只是一个纯粹认识论问题吗?(7)运动,何以可能?它究竟是属于物自身呢,还是属于人心的感觉认知系统呢?……。目光肤浅而庸俗不堪的科学家们及一部分哲学家们总以为这些根本就不能成为问题而从来不去做认真而严肃的思考,其实,这些问题都属于前提之前的问题,都带有更原始、更根本的决定性质,非常幽深莫测,不仅一切科学解决不了,而且一切哲学也都深感棘手。于是,人们不得不把它们交给信仰去处理。所以,科学走得越远,就越能够与哲学相交汇;而哲学走得越远,就越能够与信仰、宗教相融合。世界之内,普通人永远都生活在前提之后,而真正的哲学家则一定把自己的目光锁定在前提之前。海德格尔说:"哲学不会否认但也不可以仅止于认可它们的前提。哲学理解前提并将前提及前提之所以成为前提予以深入展开。"① 一切深刻的哲学无不始终都关注着前提

---

① Martin Heidegger, Sein und Zeit, Seite 310, Max Niemeyer Verlag Tübingen, 1993.

之前提及最大的前提。

人类思想的历程已经表明,最严肃、最艰苦而又最具有征服力的哲学追求一定是指向本体之物的。释迦牟尼如此,耶稣基督如此,老子、庄子如此,康德、海德格尔也是如此。一切哲学的最高问题都应该在本体论里,都应该回到物自身(器)上来,尽管那个非生命化的物自身原本是静寂空荡、无知无识的。最深刻的哲学,一定在讨论着本体论的问题。于是也就不难理解为什么佛教哲学里始终强调要达到那个最源始的"真如""佛性"或"如如",为什么老子、庄子竭力把人类拉回到那个"老死不相往来""忘己""无待"的原始时代,为什么康德要让一切旧形而上学在上帝、灵魂、自由面前望而却步,为什么海德格尔会在《形而上学导论》一书中始终都把"究竟为什么存在者存在而无反倒不存在"作为一切形而上学乃至他的整个存在论哲学首要而具有根本性的问题来看待。

在世界发生之前,作为本体之物的道已经是其所是。在世界发生之后,作为人心之中的道因为有人心意识的存在才能够产生。人存在于世界之中,要想把握住本体之道,却又不得不消解人心意识中益已存在的道,而拒绝一切感知心灵的参与。这便是所谓本体的追寻。老子说:"道可道,非常道。名可名,非常名"(《老子·一章》),"为学日益,为道日损。损之又损,以至于无为。无为而无不为"(《老子·四十八章》);佛教禅宗主张"破一切相"、"不立文字",等等,都是在讲那个作为本体的、始终都是只物自身的道、器。道不可说,但却还是要说,还不停地在说。这本身就是一种不易被常人所理解的哲学之境。

哲学家们以理性的方式沉思到最后才猛然发现，不仅"哲学是什么"不可回答，就连"物是什么"也是不能问的。一方面，物自身是本体，不能被思维，也不能被言说，根本无法进入我心的感觉系统，于是也无法进入表象世界，正如 D. 休谟、康德所说，物自身不可知；另一方面，物自身即生即灭，过去的已经死亡，将来的还没有生成，当下的也正在死亡，所以物自身其实只是一个无。① 哲学的最高境界是对无的发问，尽管这种发问已经被证明是完全徒劳的。

《金刚经》说："说法者，无法可说，是名说法。"
《老子》说："道可道，非常道。"
《景德传灯录·居遁禅师》记曰："问：如何是西来意？师曰：此一问最苦！"
海德格尔说："无既不是自为地出现，也不出现在它仿佛与之亦步亦趋的那个存在者身旁。无乃是一种可能性，它使存在者作为这样一个存在者得以为人的此在敞开出来。"②

问不可问之问，说不可说之说，把哲学推向其本身永远无法企及的境地，这才是哲学家的悖论，才是哲学家乃至整个人类永远不可超越的游戏。所以，海德格尔又说："对无的追问把作为追问者的我们自身也置入了追问之中。这种追问本

---

① 余治平：《哲学的锁钥——源于本体论的形上之思》，四川人民出版社 2002 年，第 21 页。
② Martin Heidegger, Was ist Metaphysik? Wegmarken, Seite 115.

身就是形而上学的。"① 显然,哲学家的这种乐此不彼的活动本身就是一种形而上学。我们无法想象一个已经植根于形而上学土壤之中的树苗如何能够超越培育出形而上学的那片土壤。于是,形而上学本身就一定是一个巨大的悖论,这个活动本身就是无对象的,因而也是不可能的。但是,尽管不可能,人类却将这一活动延续了很久很久,并且也逐步形成了哲学学科自身相对稳定的话语系统和问题领域。人们并不因为哲学难以定义或哲学家之间众说纷纭,就完全否定哲学的存在或取消哲学存在的合法性。

无庸置疑,形而上学一定是人类所不可避免的情感,是人性的一种自然倾向。但是,人类形而上追求的目标并不就是一定要获得一种可以作为世界最普遍本质的"逻各斯""天下式",还应该有更为丰富的内容,譬如爱、意志、思、祈祷、忏悔、烦、畏惧、筹划、领会、决心、力比多、异之类,而这恰恰又是西方现代哲学跌入泥潭而在后现代背景下遭到责难的根本原因。

---

① Martin Heidegger, Was ist Metaphysik? Wegmarken, Seite 121.

【卷一】

阴阳五行观念

一、阴阳、五行：起源与流变
二、阴阳五行的形上改造
三、阴阳五行与哲学的在场、不在场

阴阳五行的观念，自古迄今一直以不同的形态存活于中国人人生生活的方方面面。从普通百姓的许多言行方式到国家社稷的若干重大决策，几乎都能暴露出根植于心灵深处的阴阳五行思想。研究中国哲学没有任何理由拒绝、藐视或忽略如此重要、如此突出的生活现象。所以，毫不夸张地说，阴阳五行的问题是中国哲学的一个大问题。① 阴阳意大，五行道深。阴阳五行几乎涵盖着整个中国人实在化的生活世界和精神性的意义世界。忘记了阴阳、不涉及五行的中国哲学史

---

① 谢遐龄：《文化哲学研究之趋向》一文曾极为深刻地指出："不通阴阳五行学说，不读廿五史之《律历志》、《天文志》、《五行志》而欲谈中国文化，恐怕终究是隔雾看花、隔靴搔痒，很难做出切实的成绩来。"见谢松龄《天人象：阴阳五行学说史》（代序），山东文艺出版社1989年，第1页。

一定是片面、残缺而又粗陋不堪的，根本就无法描绘出真正意义上的中国特质。没有阴阳五行的哲学一定不是中国哲学，至少，阴阳五行是中国哲学最明显的标识之一。

阴阳与五行，原本仅只存于春秋战国时代的阴阳家。但是，自战国秦汉以降，阴阳五行中所蕴涵的深刻的宇宙世界观念不断地为道、儒、医等门派中部分富有远见的思想家发掘、看中和利用。于是阴阳五行便突破出阴阳家的领域，而与儒家、道家、医学等门派的哲学内容相汇合，又经过长时间的历史发展，产生出更为丰富、繁复的理论样态。从而最终成为中国民族文化的一个最为基本的有机组成部分。

一　阴阳、五行：起源与流变

阴阳与五行，绝不是西方哲学意义上的范畴的抽象或概念的一般，也一定不是古希腊哲学中的万物始基，也有别于印度古代哲学所提出的地、水、风、火"四大"宇宙元素，而毋宁是包涵实存的物、可感觉的象、被思想的意在内的一种合体，是人人、物物、事事以及人与物、人与事之间的一种关系状态。尽管近古以来的人们经常将阴阳与五行并称，但是二者并非是同一回事，至少在起源上完全依据于两种不同类型的"象"。

（一）阴、阳及阴阳

阴阳是什么？这是一个无法回答的问题。阴阳不是什么但又什么都是。关于阴阳观念的起源，历来颇多异议。譬如，有"取象说"，以为阴阳是远古先民通过对日月、山川、寒暑、昼夜、生死、男女等自然和人类生活世界的观察而总结、归纳、抽象出来的一般共相。有"《易》源说",认为阴阳来自爻象"—"和"– –",《庄子·天下》曰:"《易》以道阴阳。";有"性器说",以为阴阳观念起源于原始的生殖崇拜,《老子·六章》云:"谷神不死,是谓玄牝。玄牝之门,是谓天地根。"其实,阴阳的起源问题对于今天的人类来说,已经是一个不可解答的谜团。因为人们绝对不可能再回到人类思维和行为的最初始境况下去对阴阳问题的起源进行认识、把握了,所以这个谜团在今天看来永远是神秘不可知的。好在阴阳自起源以后就不断地发生着意义,从而使更为丰富的哲学诠释和人类理解成为可能。让人们得以不时地撩开它那神秘面纱,窥得其堂奥之一二。

在目前发掘的中国最早文字——甲骨文中,"阴"字至今还无法得以确认,"阳"字的右边像是红日高照,左边则像是旌旗飞扬。在远古的钟鼎文里,"阳"字形状与甲骨文几无差异,"阴"字有"云覆日"之象。《说文解字》释曰:"阴,闇也。水之南,山之北也。""阳,高明也。"[①]这仅仅是阴阳在起源上的本初意义,是对世界现象所做的最直观、最感性、最形象的描述。在《诗经》《尚书》和《周易》等古代文献中,阴与阳都是在最原始的意义上被使用,都与具体的"象"相联结,甚至"阴阳"并称都极为少见。

根据统计,《诗经》中,"阴"字凡九见,"阳"字凡十八见。关于"阴",或指日为云覆:"曀曀其阴,虺虺其雷"(《邶风·终风》),"习习谷风,以阴以雨"(《邶风·谷

---

① 桂馥:《说文解字义证》,齐鲁书社1987年,第1268页。

风》);或指遮蔽、隐藏:"三之日纳于凌阴"(《豳风·七月》),"阴靷沃续"(《秦风·小戎》)。至于"阳",或直接引用太阳本义:"梧桐生矣,于彼朝阳"(《大雅·生民之什·卷阿》),"度其夕阳"(《大雅·生民之什·公刘》);或指方位朝向:"在洽之阳"(《大雅·文王之什·大明》),"居岐之阳"(《大雅·文王之什·皇矣》);或取高扬、明快之意:"龙旂阳阳"(《周颂·臣工之什·载见》),"君子阳阳"(《王风·君子阳阳》)。《诗经》中,只有一处是"阴阳"并列的:"既景迺冈,相其阴阳。"(《大雅·生民之什·公刘》)说的也是日光的向背、山峦的南北。

《尚书》也是在较为原始的意义上使用阴与阳两个概念的。"惟天阴骘下民"(《尚书·洪范》),这里的"阴"同于"荫",有覆盖、庇荫、遮蔽的意思。无论是"南至于华阴,东至于砥柱",还是"华阳黑水惟梁州"(《尚书·禹贡》),其中的阴与阳都没有离开过生活世界中具体的"象"。

《周易》中唯有一次提及"阴",即在"中孚卦"九二爻的爻辞里,有曰:"鸣鹤在阴,其子和之。"此时的阴、阳也并没有什么过分深刻的、玄之又玄的哲学用意,甚至就是生活常识自身。这就说明,阴阳作为一种最基本的哲学范畴,在起源与发轫处就开始与西方哲学的抽象一般拉开了距离。在阴阳的含义中,本体与现象、存在与真实还是合一不二的,抽象与具体、超越与内在还有机地融合在一起,哲学的思维并没有游离出活生生的现实世界。随着阴阳概念向世界方方面面的不断渗透,其使用领域也得以无限拓展,阴与阳就不仅仅是原初所具有的地理学的方位指向或物理学的阳光照耀与遮蔽。在后来的中国哲学里,阴阳已成为宇宙万物的共同属性和普遍素质。

到了《国语》成书的时期,中国人对阴阳问题已经有了进一步的认识。几乎可以说,阴阳思想在《国语》中已达到相当成熟的程度。对阴阳观念的系统概括和理论化总结已经使得《国语》一跃成为中国上古时期阴阳学说的重要蕴藏。阴阳在《诗经》《尚书》和《周易》中还是原始的感性化的实在之物,但在《国语》却一下子变成了永恒、有常的宇宙大道。

> 因阴阳之恒,顺天地之常。柔而不屈,强而不刚。①

阴、阳取得了与天、地等齐并列的待遇和地位,由短暂存灭的"物"上升为恒常不变的"道",由个体有形的具象存在提炼为世界共通的普遍法则。这不能不是阴阳学说史上的一次革命,是一次突破性的新生。从此以后,阴阳便堂而皇之地步上了中国哲学的殿堂,并成为这个殿堂里璀璨夺目的一块瑰宝。如果忽略了这种上升、提炼,就不会看到阴阳所具有的、非同一般的哲学价值。

在《国语》,阴阳之行是有序次的,决不允许有任何的阻隔、滞碍,就好比天按时行风施雨一样,应该一直是畅遂利通的。"于是乎,气无滞阴,亦无散阳。阴阳序次,风雨

---

① 李维琦标点:《国语·越语下·范蠡论持盈定倾节事》,岳麓书社1988年,第185页。

时至。嘉生繁祉，人民和利。物备而乐成，上下不罢，故曰乐正。"① 如果阴阳之行的序次顺畅，则风调雨顺，不仅生灵繁茂旺盛，世界万物充裕齐备，而且人民百姓安顿祥和，社会教化必定畅行无阻。相反，如果阴阳之行不得其序次，则必将有灾祸发生。"周将亡矣！夫天地之气，不失其序。若过其序，民乱之也。阳伏而不能出，阴迫而不能蒸，于是有地震。今三川实震，是阳失其所而镇阴也。阳失而在阴，川源必塞。源塞，国必亡。"② 地震就是阴阳"失其序"或"失其所"的反映，阳伏不出，阴迫不蒸，山川河源必然堵塞而不得流畅，这预示着国家的灭亡。

至于怎么由地震而得出"国必亡"的结论的？这其中的理论根据是什么？《国语》并没有给出答案。这关涉到阴阳性情、天人感应学说的基本内容，应该是汉代学者的使命和任务。在《国语》中，阴阳不仅有相对稳定的、不允颠倒错位的序次，而且还可以相互转化、彼此成就。"天道皇皇，日月以为常。明者以为法，微者则是行。阳至而阴，阴至而阳。日困而还，月盈而匡。"③ "阳"至极则转变为"阴"，同样，"阴"至极也可以生化出"阳"。其实，尽管这里还只是对阴阳观念之本质的初步扼要概述，但不允否认的事实是，它已真正触击了阴阳哲学的核心问题。

在被后世儒家奉为经典的《春秋左传》一书中，也记载了较为丰富的阴阳思想。首先是关于阴阳平衡的观念。

---

① 李维琦标点：《国语·周语下·单穆公伶州鸠谏铸大钟》，第30、31页。

② 李维琦标点：《国语·周语上·伯阳父论周将亡》，第7页。

③ 李维琦标点：《国语·越语下·范蠡论战》，第188页。

《春秋左传》以为，作为"六气"之一的阴或阳，必须有"节"有"时"。"节"即"节百事"，"时"即适其时。阴阳调适应当"迟速本末以相及"。并且，"天有六气，降生五味，发为五色，征为五声，淫生六疾。六气曰阴、阳、风、雨、晦、明也。分为四时，序为五节。过则为灾。阴淫寒疾，阳淫热疾，风淫末疾，雨淫腹疾，晦淫惑疾，明淫心疾。"① 凡六气之运行，有节、有时则为顺，"过则为灾"。六气过盛，人体便失去了平衡，疾病灾害就会浸身而来，譬如阴淫则发生"寒疾"，阳淫便会形成"热疾"，这一原理在后世被发展成为中医理论的重要思想来源。阴阳之间取得并维持一种动态的平衡和稳定，是存在世界的最优法则或最高境界；其次，阴阳是彼此相克的。襄公二十八年春，鲁国境内呈"无冰"现象，鲁大夫梓慎认为是由于"阴不堪阳"所引发的结果。"今兹宋、郑其饥乎？岁在星纪，而淫于玄枵。以有时灾，阴不堪阳。"② 阴与阳不能相匹敌、对峙，阴应付、辅成不了阳，阳便显得过于强盛，于是就会有"无冰"天候的发生。反之亦然。比如，鲁昭公二十一年，"秋，七月壬午朔，日有食之。公问于梓慎曰：是何物也，福祸何为？对曰：二至二分，日有食之，不为灾。日月之行也，分，同道也；至，相过也。其他月则为灾，阳不克也，故常为水。"③ "同道"是指春分、秋分时，黄道与赤道的交汇；"相过"则表示冬至、夏至之时，指黄道超出了赤

---

① 顾馨、徐明校点：《春秋左传·昭公元年》，辽宁教育出版社1997年，第257页。

② 顾馨、徐明校点：《春秋左传·襄公二十八年》，第234页。

③ 顾馨、徐明校点：《春秋左传·昭公二十一年》，第313页。

道之外。除在春分、秋分和冬至、夏至之时外，其他月份发生日食多预示着灾害的来临。因为在日食过程中，太阳光被月亮所遮挡，而日代表着火，属阳；月则代表水，属阴。月蔽日，意味着水胜火，阴胜阳。于是，水灾就有可能发生。

不应忘记的是，成书于战国至汉初的《易传》对《周易》所作的阴阳化诠释和改造，以及它对阴阳学说发展所起的关键作用。《易传》包括《彖》上下、《象》上下、《系辞》上下、《文言》《序卦》《说卦》《杂卦》十篇即所谓"十翼"。《庄子·天下》说："《易》以道阴阳。"但实际上整个《周易》一书，仅在"中孚卦"九二爻的爻辞里提及"阴"字，即"鸣鹤在阴，其子和之。"且这里的"阴"同于"荫"，与阴阳之"阴"好象并无关涉。真正实现所谓"《易》以道阴阳"的，则要等到《易传》的出现。《易传》从《周易》的基本符号、核心卦象、爻位爻象、象数奇偶等方面入手，将《周易》实行了较为彻底的阴阳化重构。从而形成《易》注阴阳或把《易》纳入阴阳体系的局面，完全消除并打通了《周易》与阴阳学说之间隔膜和阻碍。这为后世阴阳哲学的进一步发展奠定了深厚的思想基础。

《周易》的基本符号是"—"和"--"，八卦及由八卦演绎出的六十四卦都由这两种基本符号构成。《象》辞在解乾卦初九爻时说："潜龙勿用，阳在下也。"而在释坤卦初六爻时又说:"履霜坚冰,阴始凝也。"① "—"被解为阳之象,称为"阳爻";而"--"则被解为阴之象,称为"阴爻"。这就从最根底之处把阴阳的观念渗透、注入、打进了《周易》。《文言》从爻位上力图把阴阳置入易理之中,在解"乾"卦初九时说:"潜龙勿用,阳气潜藏",是因为初九阳爻居于"地"位(即二爻之位)的下面。在解"坤"卦上六时说:"阴疑于阳必战,为其嫌于阳也"②,"疑"通"凝",谓上六阴爻处"坤"卦之极位(即天上之位,五爻为天位),阴极而返阳,凝情于阳,则必致交合。爻位代表着六画组合、搭配的结构性更变,不同的爻位对阴与阳功能和作用的发挥有着不同的影响。《象》在解"泰"卦时称"内阳而外阴";在解"否"卦时则称"内阴而外阳"。③ 即在《象》中,已经把"乾"、"坤"分别当作"阳""阴"来看待了。而"乾""坤"无论在八经卦还是在六十四卦中都是最核心、最基本的卦象,这样,通过对阳卦、阴卦的确立,就从最关键的卦象结构层面上把《周易》给阴阳化了。《系辞》曰:

> 乾,阳物也;坤,阴物也。
> 阴阳合德,而刚柔有体,以体天之撰,以通神明之德。④

---

① 《周易·乾·坤》,见高亨《周易大传今注》,齐鲁书社1978年,第57页。
② 《周易·乾·坤》,见高亨《周易大传今注》,第68页,第87页。
③ 《周易·泰》,见高亨《周易大传今注》,第147页,第155页。
④ 《易传·系辞下》,见高亨《周易大传今注》,第579页。

阳表征着乾，而阴则象征着坤，阴阳合德即是乾坤交配，于是便衍生出六十四卦的刚柔之体，这样，《周易》六十四卦在本质上也必定由阴阳所派生，肯定也是阴阳合德的产物。

不可忽略的是，数在《周易》里也具有一定的阴阳蕴意。《周易》称"—"爻为"九"，指"--"爻为"六"，《象》分别名之为"阳"、"阴"。《周易》的每一卦都有六爻组成（即所谓"六画成章"）。六爻之中，初、二象地，三、四象人，五、上象天。《系辞下》曰："《易》之为书也，广大悉备：有天道焉，有人道焉，有地道焉。兼三才而两之，故六。六者，非它也，三才之道也。"[①] 于是，天、地、人三才都被赋予了阴阳的性质和特点。《系辞下》有云："阳卦奇，阴卦偶。"[②] 奇之数，代表阳性；偶之数代表阴性。《说卦》曰：

> 昔者圣人之作易也，幽赞于神明而生蓍，参天两地而倚数，观变于阴阳而立卦。[③]

参，三也。三，为奇数，象天，是阳爻，其画一（即"—"）；而两，二也，为偶数，象地，是阴爻，其画二（即"--"）。古之作《易》者，根据蓍草或龟贝纹理变

---

① 《易传·系辞下》，见高亨《周易大传今注》，第592页。
② 《易传·系辞下》，见高亨《周易大传今注》，第569页。
③ 《易传·说卦》，见高亨《周易大传今注》，第608页。

化的一般律则，力图通过不同的卦象反映出世事万物的基本样态。譬如乾为九数，震、坎、艮为七数，因此均为阳卦，系天、雷、火、山诸阳物之象；而坤为六数，巽、离、兑为八数，因此为阴卦，系地、风、水、泽诸阴物之象。

不但天、地、人以及数被予以了阴阳化，而且作为宇宙世界总体的"道"也被从根基上施行了阴阳切换。《易传·系辞上》曰：

> 一阴一阳之谓道。
> 继之者，善也；成之者，性也。
> 仁者见之，谓之仁；知者见之，谓之知。
> 百姓日用而不知。故君子之道鲜矣。
> ……阴阳不测之谓神。①

阴阳既不是具体的存在物，也不是绝对抽象的思维理念，而毋宁是一种无法用理性精神进行确凿把握的关系、性质或状态。阴与阳，是道又不是道，是器又不是器。抑或，阴阳只在道器之间。阴与阳是构成"道"的最原始、最基本的因素。在最初，宇宙起源于"道"，由"道"而派生，但此后阴阳便开始参与存在世界的发生和创造运动，"阳"（即"乾"）的使命是传继、发挥大道，创设出万事万物。而"阴"（即"坤"）的作用则是顺承大道，孕育万事万物。人们可以在由阴阳所构造的世界当中生活，但却很少有人能

---

① 《易传·系辞上》，见高亨《周易大传今注》，第514、516页。

够自觉意识到阴阳的存在和作用。即使有所意识也不可能真正把握阴阳之本体，因为阴阳变化之无穷无垠，根本就无法用有限的经验或理性去测评、估量。

至此，完全可以看出，《易传》对于《周易》的阴阳化诠释与改造是成功的。从细部个案到总体结构，从基本元素到本体大道，都精心地做了手术。为后世阴阳学说的进一步发展找到了理想的载体，《周易》被宋代儒学经典化、绝对化以后，阴阳观念伴随着儒家思想的发展而不断获得重解和新生。

（二）五行

关于五行的起源，也同样是一个不得其解的亘古之谜。一说是由远古黄帝所创设，"盖黄帝考定星历，建立五行，起消息，正闰余。"① 一说是来源于殷人"五方"或"五示"之崇拜，因为甲骨文中多有"五"的称谓。一说是源于"五材"，《春秋左传》有云："天生五材，民并用之，废一不可。"② 《国语》曰："先王以土与金、木、水、火杂，以成百物。"③ 还有一说是来自"天赐"，根据《尚书·洪范》，五行作为九畴之一，是由天、帝所畀赐的，即"天乃锡禹'洪范'九畴"。《尚书·甘誓》已有"五行"的提出："有扈氏威侮五行，怠弃三正，天用剿绝其命。今予惟恭行天之罚。"

---

① 司马迁：《史记·卷二十六·历书》，岳麓书社1988年，第174页。
② 顾馨、徐明校点：《春秋左传·襄公二十七年》，第233页。
③ 李维琦标点：《国语·郑语·史伯论兴衰》，第149页。

什么是五行？在现存古文献中，对五行概念有相对集中的阐述的有《国语》、《春秋左传》及《尚书》中的《洪范》篇。《国语·鲁语》中提及了"五行"但却没有进一步交代具体的内容："及天之三辰，民所以瞻仰也；及地之五行，所以生殖也。"① 可以确定的是，这里的五行在地上而不在天国，在人世的实际功用中而不在抽象的理性思维里，可能更多的还是指与生活世界相关联的实用资源、材料，还谈不上有任何理论的旨趣和意味。但是，究竟"地之五行"指的是不是金、木、水、火、土？如果不是的话，二者之间有什么区别和差异？或者为什么《国语》里会突然冒出个"地之五行"？这些问题都因为文献资料的阙如而难以得到合理的解答。《国语·郑语》说：

> 故先王以土与金、木、水、火杂，以成百物。

这里虽然明确提出了金、木、水、火、土，但却又没有认定这就是"五行"。值得注意的是，在这里土似乎已经具有了超越、优先或独特的地位，第一次被列在其它四种因素之外、之上了。这好像与后来汉儒的"五德"学说颇有类似，如果《国语》成书于汉代，那么这是否是汉儒的有意篡入？这些都是极为重要、很有意义的话题。

在《春秋左传》中，五行概念的使用也还没有超脱出实用资源、材料的范围，还讲"天生五材"和"地有五行"：如襄公二十七年，子罕所说的："天生五材，民并用

---

① 李维琦标点：《国语·鲁语上·展禽论祀爰居》，第40页。

之，废一不可。"昭公三十二年，史墨所言的："故天有三辰，地有五行，体有左右，各有妃耦。"① "天地之经，而民实则之。则天之明，因地之性，生其六气，用其五行。气为五味，发为五色，章为五声。"② 但《春秋左传》中已经初步明确了"五行"的所指。"故有五行之官，是谓五官。……木正曰句芒，火正曰祝融，金正曰蓐收，水正曰玄冥，土正曰后土。"③ 显然，五行就是金、木、水、火、土。并且，五行还可以与天上的星宿、神祇相匹配、比附。

但是，真正成熟的五行定义的第一次正面表达是在《尚书》的《洪范》篇中。《洪范》篇曰：

> 五行：一曰水，二曰火，三曰木，四曰金，五曰土。水曰润下，火曰炎上，木曰曲直，金曰从革，土爰稼穑。润下作咸，炎上作苦，曲直作酸，从革作辛，稼穑作甘。

五行的存在并不玄妙超绝，还一定与五性、五味相伴随、相终始。这里的五行，显然已经超越了实物、元素（element）意义上的"五材"，而毋宁已提升为五种不同的性质、作用与功能。比起《国语·郑语》《春秋左传》等典籍，《尚书·洪范》中的"五行"似乎更具有理论的高度与概括总结

---

① 顾馨、徐明校点：《春秋左传·昭公三十二年》，第339页。
② 顾馨、徐明校点：《春秋左传·昭公二十五年》，第321页。
③ 顾馨、徐明校点：《春秋左传·昭公二十九年》，第334页。

性，更具有类的特征，也更趋向于哲学化。

在世界存在的万物之中，凡具有"润下"品格的，在性质上都属"水"；凡具有"炎上"特征的，必属于"火"；凡能够作"曲直"伸缩的，一定是属"木"的；凡是可以"从革"变化的，肯定具备"金"的性能；而凡是能够被作"稼穑"之用的，应该都具有"土"的气量。比之五味，水性润下，呈咸味；火性炎上，呈苦味；木性曲直，呈酸味；金性从革，呈辛辣味；而土性稼穑，呈甘甜味。

至于五行与五性、五味之间的对应关系是如何得来的？为什么会有这种对应的关系？《洪范》篇中并没有更多地进行论述，以后的五行学说也没有进一步的阐释。或许在中国哲学看来，这种对应关系靠的并不是知性的论证或逻辑的推演，一如西方哲学的传统那样，而毋宁依据的是在物与物之间、性与性之间的类似、比附或感应中，充分发挥意象、想象的作用，才能够获得切身的体会和领悟。奇怪的是，尽管没有理智判断力量的参与和帮助，几乎每一个中国人都能够从自己真实的生活经历中，理解出究竟什么是五行。甚至，能够清楚地揣摩出自己的主要特性是属于五行中的哪一类的中国人，并不在少数。

《洪范》篇的"九畴"中，与第一畴"五行"相对应的还有第二畴"五事"。"一曰貌，二曰言，三曰视，四曰听，五曰思。貌曰恭，言曰从，视曰明，听曰聪，思曰睿。恭作肃，从作乂，明作哲，聪作谋，睿作圣。"貌、言、视、听、思是日常生活世界最为普遍的"五事"，恭、从、明、聪、睿则是相应于"五事"的"五德"，而肃、乂、哲、谋、圣又是与"五事"、"五德"相应的外在表征。五事修亦即有德、有征,是因为五行顺的结果即"彝伦攸叙";五事失德亦即五事失,则是由于五行乱的原因即"彝伦攸斁"。是否顺逆五行规律,必将有所证验。五行不仅支配自然世界,而且在社会政治领域同样有效。对五行法则的遵从与违逆,将直接导致出人世伦常生活的"叙""斁"差别。

(三) 阴阳五行及"五德终始"

阴阳与五行的结合当发生在战国至秦汉之际。这时的代表人物,当数战国末期齐国的驺衍。关于驺衍,《史记》载云:"深观阴阳消息而作怪迂之变,《终始》、《大圣》之篇十余万言。其语闳大不经,必先验小物,推而大之,至于无垠。先序今以上至黄帝,学者所共术,大并世盛衰,因载其禨祥度制,推而远之,至天地未生,窈冥不可考而原也。先列中国名山大川,通谷禽兽,水土所殖,物类所珍,因而推之,及海外人之所不能睹。称引天地剖判以来,五德转移,治各有宜,而符应若兹。"[1] 这里虽然说驺衍"深观阴阳消息",还有《封禅书》里所说的"驺衍以阴阳主运,显于诸侯"[2],但是,奇怪的是,从现存涉及驺衍思想的文献看,"五德终始"之说中并没有通过阴阳来决定国家命运的任何痕迹。

---

[1] 司马迁:《史记·卷七十四·孟子荀卿列传》,第568页。
[2] 司马迁:《史记·卷二十八·封禅书》,第208页。

然而在中国思想史上，驺衍却一直被推为典型的阴阳家。① 若从其它古代文献的零星记载推测，驺衍五德终始转移的基本原则应该是：五行相胜。而五行的相胜又昭示着王朝更替的一般规律。而这正为当时苦于不知个人和社稷何去何从的王公诸侯们提供了心理依托和思想根据，恐怕也是驺衍免遭孔子"菜色陈蔡"、孟子"困于齐梁"之窘境而颇受"尊礼"的根本原因。

真正记录下五德终始学说大致内容的是《吕氏春秋》的《应同》篇。"凡帝王之将兴也，天必先见祥乎下民。黄帝之时，天先见大螾大蝼。黄帝曰：土气胜！土气胜，故其色尚黄，其事则土。及禹之时，天先见草木秋冬不杀，禹曰：木气胜！木气胜，故其色尚青，其事则木。及汤之时，天先见金刃生于水，汤曰：金气胜！金气胜，故其色尚白，其事则金。及文王之时，天先见火，赤鸟衔丹书，集于周社，文王曰：火气胜！火气胜，故其色尚赤，其事则火。代火者必将水，天且先见水气胜，故其色尚黑，其事则水。水气至而不知，数备，将徙于土。"② 于是，这里展开了一幅阴阳家的历史图景：

---

① 一个极为有趣的现象是，《易传》只讲阴阳而不涉五行，驺衍却只存五行而不见阴阳。不见驺衍之阴阳，或许是因为文献资料的佚阙，但《易传》不涉五行似乎就难以理解了。一种可能的推测是，在最初的发生阶段上，阴阳与五行并不同根共源，阴阳的起源应该更早更远，所处的地理区域、文化背景也应该与五行有一定区别。阴阳似乎应该是在更具有浪漫、想象气质的而不是在历史、理性、实用的人文传统中孕育成长出来的。《易传》成书当在阴阳与五行合流之前，当然就与五行并无关联。这个问题颇值得哲学史界作进一步的探究。

② 杨坚点校：《吕氏春秋·应同》，岳麓书社1988年，第87页。

黄　帝——土德——黄

夏　禹——木德——青

商　汤——金德——白

周文王——火德——赤

秦始皇——水德——黑

历史运行的表象是帝皇的更替或王朝的兴废，而其底蕴则必然是五行、五德的转移。黄帝以土德王天下，夏禹以木德服臣民，商汤用金德理朝政，文王取火德治社稷，其终极根据都无外乎五行之气运。黄帝与夏禹、商汤、文王在料理天下政事、管制人民百姓的时候，可以依其德、性之别而采取不尽相同的方式方法，允许有自己时代的特色和个性，这就叫"治各有宜"。

一个人能否"取天下""王天下"，固然离不开自己的主观努力和德行修养，但是更为重要的还应该看有没有天命的支撑，是否符合五行转移的规律和五德终始的法则。这才是最基本的，否则，任何人为的抵抗、主体的征服都是徒劳的。而这种理论对于深处诸侯纷争时代，而又前程未卜、命运莫测的君臣王公来说，无疑解决了燃眉之急。用一套并不深奥玄妙的五行学说、以"受天永命""以德配天"以及"享天之命"的"天授"理论，鼓吹自己、说服百姓才是他们最为迫切的政治目的和最为关心的现实需要。

也正由于此，秦始皇在统一全国以后，几乎毫不犹豫地采纳了齐方士的奏议，确立秦为"水德"，色尚黑。"秦始皇既并天下而帝，或曰：黄帝得土德，黄龙地螾见。夏得木德，青龙止于郊，草木畅茂。殷得金德，银自山溢。周得火德，有赤鸟之符。今秦变周，水德之时。昔秦文公出猎，获黑龙，此其水德之瑞。于是，秦更命河曰：德水；以冬十月为年首；色上黑；度以六为名；音上大吕；事统上法。"[1]战国末时，从西周经春秋，千载悠悠，殷周一代的火德之气几近衰竭，水德之气已经逐渐呈现强盛的趋势。

周之火德已显然不能继续"王天下"了，水德之兴已成不可阻挡之势，能否顺应这一历史行进的潮流，将直接关系到天下的治乱。不以水德王天下者，必失，注定要败。同时，一旦水德气数已尽，土德便不断旺盛，即所谓"水气至而不知，数备，将徙于土。"所以，汉代秦之后，高帝曾以汉为是水德，经过几代学者的争议、商讨，才于武帝太初元年正式宣布改制，定汉为土德。

二 阴阳五行的形上改造

无论是《诗经》《尚书》《周易》，还是《国语》《春秋左传》《易传》《吕氏春秋》，它们当中或原始简朴或成熟完整的阴阳五行观念，在客观上都为董仲舒在汉代建构庞大恢弘的天人哲学体系提供了丰厚的思想营养来源。对于古文献中所记载的阴阳五行思想，董仲舒有承继、衔接，但更有突破、创新，有完全属于他自己的独特发明。正是董仲舒通过宇宙观、世界观的建构，通过对阴、阳、五行及其与天、人的关系的充分论证，才第一次地把阴阳

---

[1] 司马迁：《史记·卷二十八·封禅书》，第207页。

五行予以了哲学的提升。走出了发源、初始状态的阴阳五行，在这里拥有了自己的理论形式，经过董仲舒的形而上学化改造、发展之后，又一次地夯实了其在中国哲学发展历史过程中的地位。从此，阴阳的观念、五行的思想也被根植于中国人的心灵深处，成为中国民族人文精神的一道独特、绚丽的风景线。

《汉书·五行志》说："汉兴，承秦灭学之后，景、武之世，董仲舒治《公羊春秋》，始推阴阳，为儒者宗。"足见"推阴阳"应该是董仲舒的一大重要特色。正是通过对阴阳五行的创新与发明，天，才会有性情，才可以与人相感应交通，才会有人世伦常生活的依托和帝国政治执行的根据，最终才实现了对原始儒学的改造与重构。

（一）阴阳之道：尊卑与中和

在董仲舒看来，"天道之大者，在阴阳"①，阴阳之为"物"②，并不简单，它与天之大道相牵连，所以决不应该等闲视之。阴与阳以及阴阳是宇宙总体结构生成的根本所在。如果说在《易传·系辞上》阴阳还是一般性、普遍性的"道"，即"一阴一阳之谓道"，而到了董仲舒，这个"道"则被进一步具体化为天地的恒常。董仲舒说："天地之常，

---

① 班固：《汉书·卷五十六·董仲舒传》，岳麓书社 1994 年，第 1097 页。

② 实际上，阴阳无论如何都不应该是物，也不可能仅仅是物的性质、功能或特征。因为一旦如此理解，我们就根本无法想象在没有物之前，是如何有阴阳的；也不可能知道在还没有物的时候，阴阳是如何创造出存在世界的。然而，要表述阴阳之类的本体性存在，还不得不借用长期以来益已形成的事物概念。

一阴一阳"①。这里，一方面，不需要别的什么，只要有阴与阳就可以构成天与地，就可以铸就我们眼前的存在世界；另一方面，阴阳又是天地、世界恒常不变的总规律、总法则。阴阳是宇宙本体的最初源泉同时也是现象世界的普遍特性。这样，董仲舒首先就从源头上栓住了阴阳，在哲学的层面上利用并重解了阴阳，可谓高屋建瓴。由于阴阳是天地之常，所以人们可以通过阴阳来观察、领悟天之志。"天意难见也，其道难理。是故，明阴入出、实虚之处，所以观天之志；辨五行之本末、顺逆、小大、广狭，所以观天道也。"② 因为不通阴阳消息、不晓五行转移，所以才会觉得天意难见、天道难理。

阴阳五行学说史上，现存文献中最早对阴阳位次、合别及运行等问题有完整阐述的是董仲舒。《春秋繁露》力图结合天文学、气象学和地球物理学的朴素知识来对阴阳运行法则予以描述。关于阴阳的位次，董仲舒以为："阳气始出东北而南行，就其位也；西转而北入，藏其休也。阴气始出东南而北行，亦就其位也；西转而南入，屏其伏也。是故，阳以南方为位，以北方为休；阴以北方为位，以南方为伏。"③阴阳转移的基本轨迹为：

    始出 正位 经转 所入

---

① 董仲舒：《春秋繁露·阴阳义》，聚珍版本影印，上海古籍出版社1989年，第71页。

② 董仲舒：《春秋繁露·如天之为》，第98页。

③ 董仲舒：《春秋繁露·阴阳位》，第70页。

阳：东北——南——西——北（休）
阴：东南——北——西——南（伏）

阴阳运行的路径、始出和所入显然是不一样的，但是转移的周期、方式则是相同的。此之谓"度同、意不同"。"是故阴阳之行，终各六月，远近同度，而所在异处。阴之行，春居东方，秋居西方，夏居空右，冬居空左；夏居空下，冬居空上，此阴之常处也；阳之行，春居上，冬居下，此阳之常处也。"① 阴阳的"常处"各不相同，因此在通常状态下，阴与阳不可能同时在一个时空点上俱在、并出。这就叫作"阴阳不得俱出"。"天道大数，相反之物也。不得俱出，阴阳是也。春出阳而入阴，秋出阴而入阳。夏右阳而左阴，冬右阴而左阳。阴出则阳入，阳出则阴入。阴右则阳左，阴左则阳右。是故，春俱南，秋俱北，而不同道。夏交于前，冬交于后，而不同理。并行而不相乱，浇滑而各持分，此之谓天之意。"②

"阴阳不得俱出"但是又不相互践灭，这是董仲舒阴阳理论的一个重要特点。在董仲舒那里，阴阳呈相反之象，都是世界、事物及人类总体存在不可或缺的基本方面。尽管任何存在的物事都不是绝对的，随时都会有朝着并非本己的方面发展的趋向和可能性，但是在当下境况中，它绝对地只是它自己而已。此时此刻，阴就是阴，阳就是阳。阴不可能同时是阳，阳也不可能同时是阴。这就正如董仲舒所说的：

---

① 董仲舒：《春秋繁露·天辨在人》，第69页。
② 董仲舒：《春秋繁露·阴阳出入》，第71页。

"常一而不灭，天之道"。譬如一枚银币，对于我们的视觉认知来说，在任何时空点上，只能有一个面出现在我们面前，我们都只能看到它的这一面，这是绝对的。对于这一面来说，它就是它，一定不是它的反面，这也是绝对的。我们不能说我们同时已经看到了银币的两个面，也同样不能说这一面同时又是它的反面。但对于事物的本身而言，银币的确同时具有着我们所看到的这一面和我们所看不到的那一面，银币具有了阴与阳的两面。这就涉及了本体论与认识论之间的矛盾问题，① 于此也可体会出董仲舒"天之大道在阴阳"中"大道"之深意。于是，我们就只能在"物"的现象界里认识"阴阳不得俱出"，而在"道"的本体界里理解"天地之常，一阴一阳"。这样，董仲舒阴阳之学才是通透圆融的。天之道，是阴阳相反的物事不可能同时并举，注定要一出一入、一休一伏、一开一塞、一起一废、一左一右，频度、周期是固定一样的，但所涵摄的天象、指称却显然有别，这便是阴阳在"度""意"上的同与不同，也是"并行而不同路，交会而各代理"② 之所指。

《易传·系辞下》说："《易》之为书也，广大悉备：有天道焉，有人道焉，有地道焉。兼三才而两之，故六。六

---

① 正是本体论与认识论之间始终存在着的不可协调的矛盾才导致了辩证法的出笼，在我看来，本体论强调物的独立性、个体性与差异性，但认识论则主张事物之间、人物之间、人与人之间的可通约性、同一性与相互联系。人在本体与现象之间活着，既得站在本体之物的立场上寻求世界、自己的根本，又得在认识论中学会与他人、与他物打交道，所以，辩证法的实质就是游历于本体论与认识论之间。参见余治平《哲学的锁钥——源于本体论的形上之思》一书之《辩证法的要害》部分。

② 董仲舒：《春秋繁露·天道无二》，第72页。

者，非它也，三才之道也。"但怎样从阴阳学上确立、建构起"天道"的至尊地位，《系辞》里并无进一步的论证、阐发，只有一句："乾，阳物也；坤，阴物也。"乾、坤分别被界定为阴物、阳物。而真正完成这一使命的应该是董仲舒。在董仲舒，一方面，"阳出而前，阴出而后"，从阴阳所常处的位置及阴阳运行的路径看，凡阳之始出，必在阴行之前，一定左右、主导着日月岁时的变更；而凡阴之始出，必在阳行之后，一般都会守候、执持着阳所经过的空虚之处。另一方面，阳在行程终结之时（"休"），已完成了对世界存在之物的创造和生化，必居处于上位（北）；阴行至南，便居处于藏匿之位（"伏"），不可能接近正位（北）而必定远离其"常处"状态。阳自始出之后而盛积于夏季，"任德以岁事"，此时万物生长繁茂；阴自始出之后当盛积于冬季，"错刑于空处"，此时万物肃杀隐藏。

董仲舒试图论证的是阳绝对尊于、高于、优越于阴，甚至不惜借用"天道""天志"的名义来做辅佐。但强调阳并不是全面否定阴的作用和意义，董仲舒说得非常清楚：阴是阳之助，阳是岁之主。为了促成阳对宇宙世界的创设，天只是稍微抽取了阴而已，并没有在阴阳合德中注入过多的、超额的阴的因素。天在构造四时的过程中，将"少阴"用于功，而将"太阴"用于空。所以一年四季中，有三季是有利于万物生存的，也仅有一季是主丧死刑杀的。天道之所亲所疏是显然有别的。并且，就连生物界的昆虫、草木都会随阳的出入而生死、繁萎，可见天下尊卑之序一定是随阳而确定的，天道主要由阳所设立。阳之贵尊，阴之贱卑，亲阳而疏阴是天之制。呈现在我们人类面前的自然世界，不是死气沉沉的荒漠一片，也不是肃杀凄凉的哀鸿遍野，而是生生不息无限生命的永恒存在，于是，苍天"尊德而卑刑之心见矣"，这就足以说明天之大道是："任阳不任阴，好德不好刑。"也就是人们通常生活中所经常讲的"苍天有好生之德"。

值得提醒的是，董仲舒费尽心思地论证、如此这般地强调"阳尊阴卑"，其目的并不在于作为自然世界的阴阳本身或天道本身，而毋宁是要为现实社会的政治度制、伦常次序提供普遍性的规律支撑。"天下之三王随阳而改正"，不当阳者，是臣子；当阳者，是君父。国君人主之所以面南而坐，是因为阳是他的正位。礼之以右为上，而不是以阴为上，是因为尊敬阴阳而崇尚成功。为人主帝王设定出不可更变的"礼"，才是董仲舒阴阳之学的政治指归。

与"阳尊阴卑"相关联，董仲舒对阴阳之学的另一项发明是他第一次提出了所谓"阳经阴权"的思想。从阴阳行进的路线看，自始出后朝南而行，向着阳面而来的一定是阳，其路线称为"顺"；自始出后朝北而行，向着阴面而来的一定是阴，其路线称为"逆"①。《春秋繁露·阴阳义》说："天之道以三时成生，以一时丧死。"因为阳气暖、予、仁、宽、爱、生，而阴气寒、夺、戾、急、恶、杀，所以天用"少阴"于功，而只用"太阴"于空、于一时。于是，天道便以阴为权、以阳为经，并显经而隐权、先经而后权。天道显经隐权、先经后权的法则必然也要求有人世生活的"前德而后刑""大德而小刑"规范相应称。而将"阳经阴

---

① 董仲舒：《春秋繁露·王道通三》，第68页。

权"的基本观念进一步发挥为辩证方法论,是董仲舒在理解《公羊春秋》时完成的。

《易传·系辞下》曾提及"阴阳合德",以为这是"体天之撰""通神明之德"的出路和方法。但对阴阳如何"合德"却缺乏足够的阐述和说明。董仲舒阴阳之学的另一个非常重要而又极有价值的部分就是他的"阴阳合别""阴阳兼合"思想。一方面在董仲舒,一个最基本的前提、条件就是"物莫无合,而合各有阴阳"①。首先要肯定的是:世界万物在性质上都由互为不同甚至截然对立的两个部分所构成,都可以区别出属于阳的和属于阴的两个方面。同时,这两个部分或两个方面一定是要通过特定的方式方法去"合"的。如何进行"合"?在董仲舒,只能说阴是阳之合,而不能说阳是阴之合,阳与阴除在"常处"上有区分外,在"合"的问题上也还是有主导与从属的差别。这是阴阳之合具体内容的一个方面。

另一方面,阴阳之合还反映在阴阳的相互兼容与彼此吸纳上。董仲舒说:"独阴不生,独阳不生,阴阳与天地参,然后生。"② 又,"天使阳出布施于上而主岁功,使阴入伏于下而时出佐阳。阳不得阴之助,亦不能独成岁。"③ 无论阴,还是阳,都不可能离开对方而自行发生、自行转移,都必须相互辅助,形成合力,并与天、地一起发挥作用,才能生化、构造出无限的世界万物。阴阳相兼是彼此融合、相互吸

---

① 董仲舒:《春秋繁露·基义》,第73页。
② 董仲舒:《春秋繁露·顺命》,第85页。
③ 班固:《汉书·卷五十六·董仲舒传》,第1097页。

纳的过程，不存在阴对阳的消化或阳对阴的歼灭。所以，阴阳不可互灭，"无使阴灭阳。阴灭阳，不顺于天。"[1] 无论阴还是阳，谁都不应该也不可能吃掉对方，否则就不符合天之大道了。"阳兼于阴，阴兼于阳""阴阳无所独行"，在起源上、在功能发挥的过程中、在存在世界的既定状态上，阴与阳从来都不是单独、孤寂的。这就叫"其始也不得专起，其终也不得分功"。

不应忽略的是，董仲舒关于阴阳兼合、阴阳无所独行的思想可能已经朦胧地揭示出了中国哲学与基督教哲学在源头上的根本不同。如果说中国哲学是"阴阳创世"，那么，基督教则应当是"单亲创世"。中国哲学是二元的创生机制，而基督教则是一元的。

> 万物负阴而抱阳。（《老子·四十二章》）
> 一阴一阳谓之道。（《易传·系辞上》）
> 阴阳者，天地之道也。万物之纲纪，变化之父母，生杀之本始，神明之府也。（《黄帝内经·素问》）

从本体源始的"道"，到具体现象的天地、万物，在中国人的心目中都是由阴与阳两种本体所共同创生、设立出来的。而《圣经·旧约》却一直在说：

---

[1] 董仲舒：《春秋繁露·止雨》，第90页。

> 最初，上帝创造了天和地。①
> 因为父怎样在自己有生命，就赐给他儿子也照样在自己有生命。②
> 我因为父而活着。③

上帝创造了光、空气、星辰、植物、动物，乃至人。即使是造出夏娃，也是因为上帝觉得亚当一个似乎有点太孤独，不太合适，所以要造出一个配偶来帮助他（《Genesis 2：18》），从而才形成男女两性的人类世界。但这并不是绝对本体意义上的阴阳，还只是上帝的一种随心而出的感觉，并不存在一定要有男有女的必然性。随着基督教思想对西方文化影响的不断加深，中国哲学与基督教哲学在源初之处的这种差别，被不断扩大，以至生发、酝酿出许多难以沟通、交流的隔膜和障碍。

"中和"的观念是中国哲学不可略过的重要问题。早在孔子那里，就已表现出对"允执厥中"（《尧曰》）、"礼之用，和为贵"（《学而》）的追求。到了董仲舒这里，则用阴阳之行的基本法则论证出中和境地的形成过程。在董仲舒，虽然阴阳所运行的道是不相同的，但它们都"止于中"，都会在"中春""中秋"之位交汇、通合。在《春秋繁露·循

---

① Genesis 1：1, Old Testament, New American Standard Bible, Moody Press, Chicago, 1977.
② John 5：26, New Testament, New American Standard Bible, Moody Press, Chicago, 1977.
③ John 6：57, New Testament, New American Standard Bible, Moody Press, Chicago, 1977.

天之道》篇，董仲舒阐述了中和关系的生成：

```
              东方之中 ── 生大养
                  │
              北方之所起 ── 和 ── 生
                         │  生
北方之中 用 合 阴 ── 物始动于下 ＋ 东方之和 ＝ 生    中春
南方之中 用 合 阳 ── 养始美于上 ＋ 西方之和 ＝ 成    中秋
                         │  成
              南方之所养长 ── 和 ── 成
                  │
              西方之中 ── 养大成
```

董仲舒以为，阴阳在天道中有"两和"，并以此成就出"二中"。也正是在这"两和""二中"之间推演出了无穷无尽的岁月四时。北方之中合阴而用，于是物便活动于空下之位；南方之中合阳而用，于是物便蕴育于空上之位。中春之时，物活动于空下之位再加上"东方之和"的居处便能够获得新生；中秋之时，物蕴育于空上之位再加上"西方之和"的居处便能够获得自身的完成。因为阴阳转移的特性规定，世界万物都源生于东方而实成于西方。阳始出于北方（东北），一定由"东方之和"所生；阴始出于南方（东南），其"养长"一定由"西方之和"所成。阳自始出之后，不至于"和之所"（中春）不能生；阴之"养长"，不至于"和之所"（中秋）不能成。所以，阴阳成物在和之时，其生物也必定在和之时。阴阳只有在中之居处才算有了属于自己的开始,也同样只有在中的居处才算有了属于自己的终结。可见,"中"是天下万物的真正归宿,"和"是天地世界所生所成的真实本然。董仲舒的结论是"德莫大于和,而道莫正于中。"德在和、道在中是"天地之美达理",是存在世界里的无上境界,是阴阳走出本体领域后运行转移的第一原则、最高原理,是生活在现世中所有睿智圣明之人都会执守、把持的根本大法。

但即便如此,世界也还有"不和""不中"的时候,然而最终还是要归结、返回到"中""和"境地上来的。在董仲舒,因为中是天、地之太极,所以尽管阴阳运行的路线互不相同,但是二者都"至于盛而皆止于中"①。然而,"不中""不和"的存在也是合理的、被允许的,天地之制,兼得和与不和、中与不中。对于天来说,和与不和、中与不中不但都有发挥功能的机会和处所,都不是多余的赘物,而且只有在这两种因素相与协力、共尽职责的前提下,才能产生现实性的功用效果。"不和""不中"可以存在,但无论如何都还只是次要的、非主流的。如果情况与之相反,就会出现上下不和、阴阳缪错,而灾异便随之而起。一如董仲舒所说:"上下不和,则阴阳缪盭而妖孽生矣。此灾异所缘而起也。"②

(二) 五行之比相生、间相胜

同阴阳一样,五行既是宇宙世界的基本构成,也是人类

---

① 董仲舒:《春秋繁露·循天之道》,第92页。
② 班固:《汉书·卷五十六·董仲舒传》,第1096页。

观察天意、领会天道的必经之途。《春秋繁露·如天之为》说:"天意难见也,其道难理。是故,明阳阴入出、实虚之处,所以观天之志;辨五行之本末、顺逆、小大、广狭,所以观天道也。"在董仲舒的本体意识中,天不仅有阴阳、天、地、人,而且还有木、火、土、金、水五行。五行的排列并不是任意随便的,而有着一定的、不允更变的秩位顺序。"天有五行:一曰木,二曰火,三曰土,四曰金,五曰水。木,五行之始也;水,五行之终也;土,五行之中也。此其天次之序也。……木居左,金居右,火居前,水居后,土居中央"①。值得注意的是,董仲舒在这里一改《尚书·洪范》篇:水——火——木——金——土中,水居前、木居中、土在最后的五行位次,而将木视为五行之始,水为五行之终结,土则一跃而成为五行之中央和核心,并认定这是"天次之序"。

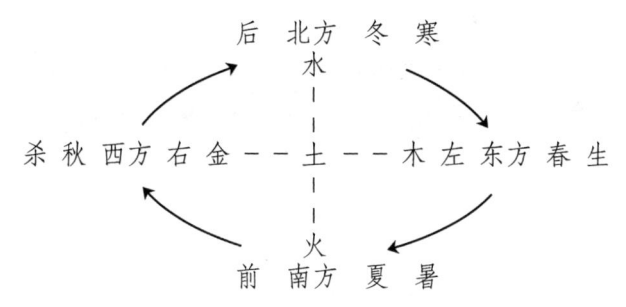

```
            后  北方  冬  寒
                 水
                 ｜
                 ｜
杀 秋 西方 右 金 — — 土 — — 木 左 东方 春 生
                 ｜
                 ｜
                 火
            前  南方  夏  暑
```

应该承认,五行学说自产生以来,真正对"比相生、间相胜"进行理论化证明的第一人还是董仲舒。"天有五行:木、火、土、金、水是也。木生火,火生土,土生金、

---

① 董仲舒:《春秋繁露·五行之义》,第65页。

金生水。水为冬,金为秋,土为季夏,火为夏,木为春。春主生,夏主长,季夏主养,秋主收,冬主藏。藏,冬之所成也。"① 又,"天地之气,合而为一,分为阴阳,判为四时,列为五行。行者,行也;其行不同,故谓之五行。五行者,五官也,比相生而间相胜也,故为治,逆之则乱,顺之则治。"② 一方面,五行之间按照木——火——土——金——水的排列,渐次而生,顺位而成,即木生火,火生土,土生金,金生水,水生木;另一方面,同样按木——火——土——金——水的排列,间隙相胜,隔位而尅,即木胜土,火胜金,土胜水,金胜木,水胜火。根据《春秋繁露》的《五行相生》和《五行相胜》两篇,可以概列对应表式如下:

东方	木	春	生	仁	规	木生火——火胜金
南方	火	夏	长	智	矩	火生土——土胜水
中央	土	季夏	养	信	绳	土生金——金胜木
西方	金	秋	收	义	权	金生水——水胜火
北方	水	冬	藏	礼	法	水生木——木胜土

如果辟开这其中极富有人为性质的比附、拼凑与粘合,似乎还是可以看出:董仲舒所要突出和强调的是——不仅四时节气的更变、存在事物的生灭必须以五行的运行规则为基础,而且政治的建制、伦理的规范、社会的管理方式也肯定

---

① 董仲舒:《春秋繁露·五行对》,第63页。
② 董仲舒:《春秋繁露·五行相生》,第76页。

是根据五行来创设的。

五行相生、相胜的最初根据或逻辑可能是多种多样的，现在已没有必要也无法考证出这其中的真正缘起。如果分取五行之象予以剖析，一种源自先民日常生活的假设性理解是：木，因为可以助燃，所以能够生出火来；因为火能够燃烧成灰，而灰即已是土，所以称火生土；金总是在土中发现和挖掘的，所以说土能够生金；凡金属在高温下都可以被融化成液体，呈水流之象，所以叫金生水；作为植物的树木是有生命的，而所有生命有一个共同的特性就是都离不开水，一旦有了水，就可以产生出无限生命，就可以生长出树木森林，所以木当由水而生。在金属农具产生之前，在先民的原始耕作中，比起石材，树干较容易制成锐利的犁地工具，所以在先民们看来能够胜土的，一定是木；几乎所有的金属一旦遇到火，就必被熔解、化消，所以说只有火才能够胜金；江河湖海中的水，汹涌起伏，不可一世，只有土才能够遏制、征服它的兴风作浪，所以能够抵挡得住水的一定是土；可以用来砍伐树木森林的工具中，最为锋利的还应该数金属制品，所以金肯定要胜木；火虽极具有可怕的灾害性和危险性，但一旦遇到水，就得熄灭不存，所以可以克制住火的无疑是水。

在董仲舒的世界构造原理中，五行"乘泰而生""厌胜而死"是天道本体存在世界中所表象出来的恒常律则。五行在四季之中随时生就、随时死灭，都有自己始出生存、盛行当时和被取代更替的径路与历程。"天地之行美也。……凡天地之物，乘以其泰而生，厌于其胜而死，四时之变是也。故冬之水气，东加于春而木生，乘其泰也；春之生，西至金而死，厌于胜也。生于木者，至金而死；生于金者，至火而死。春之所生而不得过秋，秋之所生不得过夏，天之数也。"① 把存在世界的生与灭放置、纳入到五行相生相胜的体系，并将之上升到"天之数"的高度，这不能不是董仲舒对五行学说所做的哲学化的成功改造。如果没有这样的哲学化改造，董仲舒至今充其量也不过算是一个平俗的汉代阴阳家，五行学说的历史也该是另一番景象。

五行的相生、相胜是自然世界和人类社会共同的法则，遵从这一法则与否，便形成五行之顺与逆。董仲舒在《春秋繁露》里，力图通过大量的自然现象、政事历史来证验顺逆五行的不同结果。《五行顺逆》篇侧重从正反两个方面来把顺五行与逆五行的利害关系晓谕给人们尤其是帝王。而《五行相胜》篇则多从反面即逆五行的角度发出醒示信号而强调被胜、克的危险。木、火、土、金、水五行，无论是相生，还是相胜，都按照一定的序次运行，即为"顺"或"治"。而一旦五行没有按照序次运行，则就会产生"逆"、"乱"或"干"。在董仲舒，五行通过紊乱、无序的变异征兆来反映天意、天志。这就是他的"五行有变"思想。根据《春秋繁露·五行变救》篇，五行变异各有不同表征，各有不同的缘起。从态度上分析，五行有变，当不可小视，因为这是天向人们（主要指帝王）发出的警戒。从根由上看，董仲舒以为，自然现象的变异，原因不在天，而完全在于人，是政事的失策、治理的不当、伦常的无序所造成的。然而，五行有变，并不等于就没有生救的希望。损失还是可

---

① 董仲舒：《春秋繁露·天地之行》，第94、95页。

以弥补和挽回的。董仲舒以为，关键就要看帝王是否能够真正施行所谓德之政。也就是说，似乎只有一个"德"字还能救得了。天有变、五行有变，殃咎生出，这时不仅一定要救，而且还应该也只能用恤民之仁、为政之德来救。这才是董仲舒提出"五行变救"观念的根本宗旨所在。反而言之，玄奥烦琐的五行学说在这里还只是政治哲学、伦理哲学的序曲和前奏。

董仲舒五行学说的另一鲜明特色是对土德地位的极力鼓吹和张扬。"五行莫贵于土"，五行之中，土最为尊贵，是木、火、金、水的核心和关键。"土者，天之股肱也，其德茂美，不可名以一时之事，故五行而四时者，土兼之也。"①土因为尊贵所以不可用"一时之事"来命名、界定，土兼有了五行和四时的属性、特质。金、木、水、火虽然各有分司、职能，但如果没有土，就不可能得以确立和完善。土在五行之中，虽不名一方，也不占一时，但确能够统摄、领导着五行世界里所有的一切。

应该指出的是，五行学说的根本目的是要论证现实伦常的合理性。在董仲舒那里，几乎每一个理论判断都涵摄着一定的现实意义。五行可以与五事、四时相对应。《五行五事》篇以为，王者"五事"的不调必然导致五行的不顺，而五行的不顺又必然导致四时天候的紊乱和五气、五音的不畅、不和。在理论上，是五行构造世界，先有阴阳五行，后有人之五事；而在实践上，则倒过来，人的五事不成必然使得五行失序、四时反常等现实性灾害发生。五行之学既为政

---

① 董仲舒：《春秋繁露·五行之义》，第66页。

制结构的确立提供哲学根源，又为其现实操作的得失献出注释。五行与五事、哲学与现实之间互因互果，双向连动，循环诠释。无论从哪方面理解都行，怎么说都通，因为本体与现象已经融会在一起了，其间并不有所障碍或阻隔。这不能不是中国哲学的一大特殊性质。

"五行相生"的最终目的是要强调社会伦常的"相受"。董仲舒的逻辑思路是，五行相生的序列中，"诸授之者，皆其父"，而"受之者"则"皆其子"①。土作为"五行之主"，处于最尊最贵的地位，因为"勤劳在地，名一归于天"，也因为"下事上，如地事天"，所以土德便成为"忠"与"孝"的象征。由"五行之随、各如其序"演绎出来的君臣、父子伦理之秩，似乎更具有权威性、绝对性，更应该是"铁的律则"而不允许有任何程度的违逆和背叛。从天道的高度建构伦理法则，以五行为视角来论证现世秩序的合理性，应该说，这是董仲舒对中国古代道德哲学的重大贡献，至少他应该远比那些只懂得也只能会向人们颁布现成生活规范和世界法则的轻薄道学家要更深刻有力，也更像哲学家。

三 阴阳五行与哲学的在场、不在场

哲学作为一种精神性的存在，是人类对世界所作体验的重要理论形式之一。东方与西方不同的地理、历史、文化背景，酝酿出风格迥异的思想原点，构筑了两种对比鲜明、差异显著的本体世界的体验方式。西方哲学的一贯意图在于要

---

① 董仲舒：《春秋繁露·五行之义》，第65、66页。

超越当下去挖掘现象背后的终极本体,于是便有"知性形而上学"的生发与滥觞,而中国的思想精神却从不在乎这种超越,即使有一定程度上的理性提升,也总与活生生的生活世界相联结,表里相即、内外兼融,形成所谓"性情形而上学"。中国哲学的诸家各派中,真正能够在纯哲学本体意义上与西方形而上学思想相对待般匹的,当首推阴阳五行之学。作为一个不允否定的事实,在中国的传统思想中,阴阳与五行的观念一经形成,就没有中断过对中国社会的国家政治、意识形式及个人生活发生实际的作用和影响,一直到今天,在中国人的心灵深处、在中国人的行为取向和思维方式中总不难发现这一学说所留下的印痕。透过文化与生活的表层结构,阴阳五行之学似乎颇能说明中国哲学对本体世界所做的独特体验。①

(一) 关于在场的哲学追寻

西方人体验本体世界方式的形成渊源可以追溯到古代的希腊。在古希腊,哲学家们都力图透过眼前的感性事物,到它的背后去寻找世界的本质,追求绝对的、统一的、本源性的基础已成为一个明显的趋势和倾向。赫拉克利特认为,"一切是一",智慧只在于一件事情,就是认识那善于驾驭一切的思想,而它就是"逻各斯"(logos),即所谓的"规

---

① 张世英:《进入澄明之境——哲学的新方向》,(商务印书馆,1999年) 一书中,对阴阳与"在场"、"不在场"问题曾作过富有开创性和启发性的探索,但其论 (1) 略嫌疏简,问题讨论尚欠深入;(2) 且仅涉于阴阳而不及五行,难以进入阴阳之学的核心;(3) 本体论中也有许多极有趣味的观点都未能得以充分展开。

律"。一切事物中都有一个逻各斯,万物都根据逻各斯而产生。于是,毕达哥拉斯便从抽象的"数"中感悟出一切存在物的始基,以为只有它才是宇宙秩序的源泉。爱利亚学派的巴门尼德则认为"存在"是宇宙的本体、实在,它不是产生出来的,所以也不会消灭,它是完整、唯一、不动、无限的。德谟克里特从"原子"与"虚空"中体认出一切事物的来源和根据。真正为西方哲学体验世界确立起固定模式的是柏拉图。海德格尔说过:"综观整个哲学史,柏拉图的思想以有所变化的形态始终起着决定性作用。形而上学就是柏拉图主义。"① 柏拉图以为,我们的感官所感知到的一切事物都是变动不居的,因而都是不真实的,"真正的实在"应该是绝对的、永恒的、不变的"理念"。值得注意的是,柏拉图的"理念"并不是主观上作为意识内容的观念或判断,而毋宁是作为具体观念内容的客观"型式"或"通相",这个"理念"是独立于事物和人心之外的实在,是一切现成事物的根底。所有的理念构成一个独立存在的、唯一真实的世界,即所谓"理念世界",而我们感官所接触到的具体事物的世界是不真实的"幻象世界"。

柏拉图学说一出,西方哲学的航程就开始朝着纵深的方向行驶了,感性中的物事、经验中的具体必须上升、提高到理性抽象中的普遍和一般,才是可以被认知、被理解、被验证的,真实存在着的东西并不是人们感官的对象,而是我们理解中的东西。此后,以追求永恒的"在场"(presence)为目的的形而上学便泛滥于西方,一发不可收拾,两千多年

---

① M. 海德格尔:《面向思的事情》,商务印书馆1999年,第70页。

间经久不衰,对西人的哲学思维、日常生活、道德实践、社会历史、宗教观念一直起着主导性的影响。所有的哲学问题都围绕着逻各斯这个中心而展开,实体、本质、超越、验前、纯粹、形式等概念和真理、第一因、实在、本体、结构、终极意义等观念,经由不同的历史阶段,在内容和形态上都获得了极大的丰富和长足的发展。这样,建立在理性论证与逻辑推理基础之上的形而上学,一方面,成为西方哲学认识世界的独特路径;另一方面,也在东西方交流、沟通中滋生出许多隔膜和误解,即使在今天,东方人要对其作准确的把握与理解,还显得十分困难。与之同时,作为事物本身的、感性的、直观的存在即"不在场"(absence)的东西却一直处于受动、屈从的地位,始终被压制、被排斥。感性低于知性,思维大于直觉,理性取代非理性,想象服从于推理,直观感悟委身于概念判断,逻辑主义压倒一切形式的心理意识。世界的另一面总被遮蔽着,总处于幽暗不明之中。逻各斯中心主义称霸西方的直接结果就是形而上学虚幻性的极端膨胀。

西方人之所以执著于在场的观念,是因为在他们的哲学体验中始终有着这样一种信念:即世界一定存在着或必须存在着一种在人们确定实在、真理、至善、理性、知识时可以作为最高最后本体依据的永恒的、终极的基础。这个基础是一切知识和所有人生的"阿基米德点",哲学的目标和任务就在于要发现这个基础,探究出这个基础是什么,同时还要用理性为这种发现和探究的"合法性"作辩护,阐释出这个基础的意义。笛卡尔就是这种"基础主义"(Fundamentalism)的典型代表,在他的《形而上学的沉思》一书中就有关于这种基础的"隐喻",包括认识论和本体论在内的"形而上学"好比一棵大树的树根,而"物理学"(关于自然界的学说)和其它各门具体科学(主要指医学、力学、伦理学)则分别是这棵大树的树干和树枝,形而上学的使命就是要为"树干"和"树枝"提供确实而自明的"知识原理"。"实践哲学"作为一个无所不容的庞大知识体系,笛卡尔的"我思故我在"就是为对它的根基的论证提供服务的,但这个著名的哲学命题常会引来不可想象的非议和曲解,以为笛卡尔是根本否认外部世界的存在的,其实笛卡尔不可能是白痴,他只是在思维真理时才采取普遍怀疑的立场的,至于实践生活领域他并不怀疑,甚至还承认上帝的存在。笛卡尔所要强调的是:虽然存在着外部世界,但是惟有理性思维才能够认识其真实的本性。确实的真理总是能够被清楚明晰地认识到的,知识不可能产生于感觉,感觉不能表明事物本身的状态,只能表明事物如何影响我们,颜色、声音、气味并不归物体本身所有,我们关于物体的真正的知识来源于我们头脑所固有的、天赋的或先验的基本概念和一般原理。认识的原则、理性的规范总是一开始就存在的,不过只有在经验的过程中,只有当头脑进行思维的时候,才变得明显起来。

所以,"我思"就是一种现成的"给定"(given),是永远呈现于我们面前的东西,是确凿的、肯定的存在,是在场的,因此也就成了一切基础的基础,存在着的一切都必须放在绝对的理性尺度上加以校正。至于"我思"如何进行、如何才能达到事物本身,"实践哲学"便无能为力了,笛卡尔发现了事物显现出来的一面,却无法转回到另一面去挖掘出能够建立整个知识的根本信念的理由。

在西方,对基础的渴望几乎主宰了整个笛卡尔以后时代的所有哲学,一代又一代的哲学家们前赴后继地寻找着这个超验的"实在"。康德的批判哲学也不可能跳出在场形而上学的巢臼。在康德看来,真正的世界是现象之外的"自在之物",对于人类来说永远是不可到达的彼岸。世界的基础、世界的另一面——不在场永远对我们关闭着。我们不能如实地认识事物本身,只能认识事物呈现给我们的表象,我们不能越出理性而拥有关于超感性的存在——自在之物的知识。而如果我们硬要用理性去认识非现象世界里的东西,必然会产生"先验幻象"。因此,人类不可能产生关于超越经验的形而上学、关于自在之物的形而上学。这样,以追求在场为鹄的的形而上学,对于"真实的世界"而言,完全成为一种虚构的神话和假托的寓言,对于事物的本身来说,完全是毫无裨益的。

与康德正视有限、承认无知的忠厚品质不同,黑格尔心比天高,总试图用"绝对精神"包容在场的和不在场的,囊括尽存在世界的一切。表面上看,黑格尔是"辩证法大师",特别强调抽象概念的正、反、合的辩证过程,即正反事物或事物中对立两面的统一与转化,但实际上这种概念的演化不过是达到终极理念的一个过渡,历史的过程不过是精神运动的无足轻重的工具,惟有"绝对精神"才是最后的、最真实的根底,一切对立都会在这里消融和保存下来,"绝对精神"变成了一个普遍的、永恒的在场,最高实体背后的、潜涵着的世界永远从我们的理解中隐退。至于胡塞尔的"先验自我"、弗洛依德的"力比多"、分析哲学的"语言",则应该看作是追求在场的哲学史在当代的残留和延伸。

(二) 本体世界体验方式的中西之异

西方哲学对在场之物的执著和迷恋最直接的灾祸在于对事物自身与我们的理解、客体本然与主体意象、纯粹存在与思维意识的混淆和等同。然而,中国的阴阳五行学说对世界真实之物的在场与不在场却有别样的体验。如果说西方形而上学侧重对具体感性事物进行抽象加工,运用概念进行纯粹的思维,而中国的阴阳五行学说却不允许这种超越和分裂,主张获得对世界的体认不能离开感性物事的物象,要求在经过抽象和概括而获得普遍意义的直观意象中领会事物本身,即所谓"观物取象"。不同于西方哲学的概念思维,阴阳之象、五行之象之类的意象表现出中国哲学思维活动的独到方式和鲜明特色。在体验世界本源的方式上,古希腊人似乎总立足于一种固定的事物如水、火、原子或数,而中国的阴阳观念则倾向于从现成事物的运转、活动中去把握世界总体的根本。阴阳观念起源于对现象世界的观察,不仅天道物候中天地、山川、昼夜、寒暑、晴雨、枯润各为阴阳,而且人事生活的男女、君臣、尊卑、贵贱、刚柔、强弱、成败、得失也可判为阴阳,整个世界的行止、动静、分合、生灭、正反、进退皆能分出阴阳。从宇宙总体到日用纲常、从自然存在到人情世事都与阴阳之道相契合,所以《易传·系辞上》曰:"一阴一阳之谓道。继之者善,成之者性。"《老子》中则有"万物负阴而抱阳"之说。阳是事物呈现于我们面前的当下方面,而阴则是决定阳、生发阳面的根源和背景。董仲舒以为，"天道之大者在阴阳"①。"天地之常，一阴一阳。阳者，天之德也；阴者，天之刑也"②。

从表现形态和内在性质上看，阴阳正反有似于西方哲学的在场和不在场，任何一个事物呈现于我们面前的那一面，即我们所看到的一面是事物的正面或阳的方面，而尚未呈现于我们面前的那一面，即我们暂时所没有看到的一面是事物的反面或阴的方面。活着的人总是当下时空中的存在，他不可能真正地看到还未呈现于他眼前的任何东西，"目不能二视，耳不能二听"，即便他能够意识到、想象到这种东西的存在。因为在事物的阴阳两面中，虽然有一面被呈现出来，是出场的，但总有一面被遮蔽着，是尚未出场的。"天之常道，相反之物也，不得两起，故谓之一。一而不二者，天之行也。阴与阳，相反之物也。故或出或入，或右或左。"阴和阳总处于相互对待、彼此印应的状态之中，二者不可能同时出场，或同时成为一种性质的存在。"阳出而前，阴出而后。"③ 天之道有一出一入、一休一作、一开一塞、一起一废，其规律都是基本一致的。

从表层看，五行之象所表达的是感官能够获得的金、木、水、火、土，但它们已不仅仅是作为可以被人类利用的具体物质材料的"名"了，即"天生五材，民并用之，废一不可""譬之如天，其有五材，而将用之"④，而毋宁更是

---

① 班固：《汉书·卷五十六·董仲舒传》，第1097页。
② 董仲舒：《春秋繁露·阴阳义》，第71页。
③ 董仲舒：《春秋繁露·天道无二》，第72页。
④ 顾馨、徐明校点：《春秋左传·襄公二十七年·昭公十一年》，第233、284页。

经过一定程度的抽象化或理性提升后的带有类特征的普遍性的意象，有如《易传·系辞下》所说："其称名也小，其取类也大，其旨远。"五行之象，在天可以为五星，在地可以为五位，在人可以为在五脏，在物可以为五材，在岁可以为四时，在政可以为五德始终……，取意比附，开物成务，永无止竭。

哲学的产生源自人们对形而下者的思考。但是，同为追求形而上学，西方人和中国人的路径却迥然有别。由于理性主义精神的极大突出，西方哲学极善于把原本附着于事物自身的概念、判断从事物自身中剥落出来，构成一个绝对形式化的、纯粹的逻辑系统，概念成为这个系统里思维运作的唯一可以依靠的符号和工具。西方哲学的这一思维品质经过两千年的发展所形成的最直接的现实结果在于：一方面，近代自然科学的产生与日益昌明，"工具理性"的异常发达；但另一方面，系统之外的感性、经验、直观、潜意识，非概念的直觉、体会、顿悟、想象，一律被拒绝、被贬低，导致哲学远离了与人类生存息息相关的道德教化、情感体验、文化艺术及富有实践意义的日常生活世界，人的"交往理性"发育相对不足。而在包括阴阳、五行在内的中国哲学中，概念思维的色彩很淡漠，倾向极不明显。"名"是中国哲学的概念形式，但其形成、运作和发生功效总是与"象"纠合在一起的，从来都不是纯粹抽象的符号。

《周易》之"易"，或涵指日月，或取象蜥蜴；老子之"道"，或喻之"惟恍惟惚"，或譬以"大道氾兮，其可左右"。这些具有丰富"象"的内容的名相，虽然没有西方哲学概念所具有的那种明晰性、确定性、逻辑性和系统性，但却避免了人为地把形而上之道与形而下之器、主体意识与物质对象、自在之物与主观表象以及在场之物与不在场之物割裂开来或对立起来的危险。纯粹形而上学的祸水一直被挡在中国哲学的门外。而中国的哲学家本人往往同时又兼文学家或史学家,文、史、哲相通相融,并行不悖,哲学并不如在西方是一种职业,而是哲学家和普通百姓生活的一个组成部分;寻常民众也不是单纯、无知、可要可不要的质料,而毋宁是理性思维、哲学体验的基本原型,孔子可以被小儿问难,屈原可以被樵夫开导,庄子可以从鲲鹏、蝴蝶和庖丁的身上获得启迪,等等。然而,近百年来,随着西学的东浸与推广,中国哲学的这种思维特征正在逐渐被西方哲学的形而上学潮流所淹没。

在中国哲学,无论阴阳之象还是五行之象从来都不是静止、平面或一维的,从来都不会把意之所指仅仅停留、固定或局限在某一当下的存在状态之上。阴与阳总是相伴相随、互反互成的,它们总在对立、依存、渗透、互补的状态中实现着自己。"凡物必有合。合,必有上,必有下;必有左,必有右;必有前,必有后;……物莫无合,而合各有阴阳。阳兼于阴,阴兼于阳。"[①] 中国的阴阳学说并不象西方形而上学那样追求某种超现象的本质,它一般都否认有超感性的理念,以为世界就是相反的具体事物及其阴阳两面的相互转化。呈现出来的、在场的一面总以未呈现的、不在场的一面为根据、为依托,但决不存在谁超过谁、谁决定谁的问题。

"天之大数,相反之物也;不得俱出,阴阳是也。春出

---

① 董仲舒:《春秋繁露·基义》,第73页。

阳而入阴，秋出阴而入阳，夏右阳而左阴，冬右阴而左阳。阴出则阳入，阳出而阴入；阴右而阳左，阴左则阳右。"[1] 阴和阳之间是一种对等、平齐、互存的关系，谁都不是对方的主宰，谁也不会被对方所占有，并且二者都处于某种动态的、规律性的交替运行之中。与阴阳之变相类似，五行学说中也有"相生相胜"之观念。《洪范》九畴，首列五行："一曰水，二曰火，三曰木，四曰金，五曰土。水曰润下，火曰炎上，木曰曲直，金曰从革，土爰稼穑。润下作咸，炎上作苦，曲折作酸，从革作辛，稼穑作甘。"无论"润下""炎上""曲直"，还是"从革""稼穑"，所象征或隐喻的都有运动、转化、变异、播藏、分合之意义。现存文献中，《吕氏春秋·应同》较为完整地记载了"五德始终说"的内容，从黄帝、夏禹、商汤，到周文王、秦始皇，历史的演进是按土、木、金、火、水之气的运行规律为底本的，并且"凡帝王之将兴也，天必先见祥乎下民。"在自然世界里、在人类社会中，"可通约性"普遍存在，同类的东西具有相同的属性，并且还可以互相感应，即所谓"五德转移，治各有宜，而符应若兹。"其实，也正是这一感应，才生发出中国哲学的性情形而上学。五行之间存在一种相生、相克的关系，其一般规律为"比相生，间相胜"。并行的五材之间一方面可以相互衍生，相互创设，木生火，火生土，土生金，金生水，水生木；另一方面又可以相互接换，相互更变，水胜火，火胜金，金胜木，木胜土，土胜水。五行之中谁都有其盛，谁都有其衰，世界在五行的轮流、交替之中实

---

[1] 董仲舒：《春秋繁露·阴阳出入上下》，第71页。

现着变化，金、木、水、火、土循环运行，往复始终，但大家都是平行对等的，都是五材、五性之一种，从根底处看，不存在谁支配谁、谁领导谁的问题，更不可能发生如西方形而上学中谁超越谁、谁高于谁的矛盾。

（三）后现代主义对在场哲学的反思

总的说来，在西方，无论古希腊的理性主义，还是希伯莱的宗教精神，对本体世界体验的方式基本上都是一维的、线型的、单向度的。在理性中心主义那里，最具普遍性的概念是哲学追求的最高目标，感性、知觉、悟性、直观都只是达到最高目标的手段和工具，只有绝对才是永恒的在场，甚至连时间也被抽空，脱离了生活世界的具体存在状态。而在基督教的思想中，只有上帝才是永恒的在场。人永远只是奴仆，人从一开始就是有罪的，人生的历史不过是向上帝不断赎罪的过程，世界的发展是有尽头的，即那个不可挽救的末世。这一切都跟中国的阴阳五行学说形成了极为鲜明的对照。《易传·系辞上》曰："日新之谓盛德，生生之谓易。"出场的东西并不是永恒不变的，也并不永远都在场，相反，变化不息才是永远不可否定的，人生生活的每一天都是不同的，太阳每天都是新的，所以中国人不会象西方人那样悲观而有末世的感觉和情怀，毋宁更相信"三十年河东转河西""铁打的营盘流水的差"，有一种忍耐、轮回、向前的乐感。"易穷则变，变则通，通则久。"世界的图景日日增新，时时更善，"原始反终"，永无穷尽。眼前的世界永远不可能向我们呈现出它的根底，正如《易传·序卦》所说："物不可以穷，故受之以未济终焉。"世界是无根无底的，要寻求绝对的"在场"是不可能的。在这一方面，后现代主义哲学与中国的阴阳五行学说倒是相通的。

后现代哲学不屑于追求传统形而上学的终极本体，而力倡回到真实世界本身。在场的东西并不具有绝对的优先权，它总是与不在场的世界相联系、相统一的。所谓永恒的在场，从本质上看，无外乎是人类对外在表象世界所作的总体化的努力，是人类在自己证明自己、自己肯定自己的基础上，为世界所设定的一种固定的、僵死的程序。世界不是它自己本身，而是主体的再现，世界成为一种被阐释的纯粹的、赤裸裸的给定，成为一种等待被整合的主体化了的内容，因此，早期维特根斯坦以为，"不变者、存在者和对象是同一个东西。"[①] 然而，对象构成着世界的实体，对象不应该是我们主观中的复合物。世界是事实的总体而不是事物的总体。形而上学的命题只能解释事物是怎样的，而不能表达事物是什么。海德格尔也曾怀疑过："大地上有一尺度吗？"为我们理性所一直追寻的永恒的在场，真的存在或真的能够达到物自身吗？他说："毫无疑问，一切所显现的描述，在所显现和作为对象与对立意义上，从没有达到了物作为物。"[②] 伽达默尔直接指出，在现代科学中，这种把认识主体附属于认识客体之上的形而上学观点并没有合法性，难道物理学的世界果然是一个真实的、自在的世界？它真的超越了一切此在的相对性，而关于它的知识则可以被看作是绝

---

① Ludwig Wittgenstein, Tractatus Logico – Philosophicus, 2. 027, Routledge & Kegan Paul Ltd. 1955, Seite 36.

② M. 海德格尔：《诗·语言·思》，文化艺术出版社1991年，第149页。

对的科学？回答当然是否定的。物理学的世界完全是主体自己产生的现象、表象甚至就是假象，在这里，人们遵循着一种抽象的思路，而在这个思路的尽头则是一种人工语言的理性结构。在形而上学的思维中，我们犯了一个前提性的错误，即我们思维着的理性从一开始就被置于"绝对的完善性"之上了，所有的认识、所有的"演算"都得按照它的模式进行。然而，真实、自在的事物一直是独立于我们的愿望和选择的。从根本上来说，要想"达到事物本身""拥有世界"，必须"对世界采取态度"（sich zur Welt verhalten），这种"态度"要求我们"尽可能地同由世界而来地相遇物（Begegnenden）保持距离，从而使它们能够如其本来面目那样地出现在我们之前。"① 可见，事物本身或真实的世界并不直接就是我们的理性和形而上学中现存的"给定"，二者之间存在着明显的差距。

必须承认，解构主义大师 J. 德里达对在场形而上学的摧毁最为彻底。他以"延异"（differance）、"痕迹"（trace）概念和"增补逻辑"（logic of supplement）为工具，对在场追求的起源、过程、形态、目标都进行了无情的解构。德里达以为，没有什么东西是完全在场的，任何东西都不可能是直接呈现在我们面前的，因为我们的认识和理解都是通过符号系统来完成的。就好像对作品文本的增补应包括对文本材料的增补、对作者的增补及对文本属性的增补——

---

① H. G. 伽达默尔：《真理与方法》，上海译文出版社1999年，第566页。

样，从而，恢复文本"原意"的企图是不可能实现的。[①] 这样，对象的在场总会被无限地推迟或拖延，形而上学所孜孜以求的纯粹的在场概念最终变成为一种根本不存在的幻象。人们关于在场事物的认识只有在把本属于不在场概念的特征给与在场的概念的情况下才可以进行，才能达到对在场之物的把握。古希腊哲学家的"飞矢不动"之所以成为悖论，就是因为人们对在场概念的过于执著。如果我们将特定的、瞬间的现实预设为永恒在场的东西，那么就必然会产生出悖论。因为惟有在每一瞬间先以打上过去、未来的痕迹之时，方可想象运动的在场。一方面，现实的瞬间不再是一个绝对之物或一个给定的概念，而应该是它与过去和未来关系的产物。另一方面，作为在场的、现时的瞬间本身就已包含了不在场即过去和未来。于是，在场便具有了它的对立面——不在场的成分、特色和属性。不是在场规定不在场，而是广义的不在场涵盖着有限的在场。差异之前和差异之外都不在场，延异从不显现它完整的意思。在场之中有延异的不在场的痕迹，甚至在场与不在场都是延异的结果。世界上并不存在纯之又纯的绝对统一的本源，也没有什么东西是完全在场或不在场的。"痕迹"本身就意味着某种写下来又被抹去的东西，它总是半隐半现、半有半无的，痕迹的在场与不在场永远无法确定，它是一种不在场，但又总在在场之物中证明和宣告自己的在场。而这与阴阳学说"阴中有阳、阳中有阴"的观念又是相一致的。

[①] Jacques Derrida, *Margins of Philosophy*, University of Chicago Press, 1982, p. 23.

董仲舒以为:"阳兼于阴,阴兼于阳。"① 周敦颐说:"无极而太极。太极动而生阳,动极而静。静而生阴,静极复动。一动一静,互为其根。"② 《易传·系辞上》曰:"阴阳不测之谓神",已把这种本体论的体验上升到神乎其神的境界了。

德里达还认为,我们的世界存在着一条无限的"增补之链",如教育是对自然的增补,书写是对语言的增补。由于在场与不在场的任何一方对另一方来说,谁都不处于支配和主宰的地位,谁都不具有驾驭、超越的优势和特权,所以"增补"和"被增补"之间的绝对区别、明确界线正在被消解和破除。不仅在场之物需要补充,不在场之物也需要补充,增补不再是一个无足轻重的外物,而是需要补充之物赖以存在的先行条件。所以,德里达得出结论:"总之,在场并不是原始的,而毋宁是被建构的,它并不是绝对的",尽管不存在纯粹的、现存的在场,且它作为概念性的东西并不与事物本身相符,但它却成为形而上学不可避免、难以克服的主题,还驱使着我们去追求,更为甚者,"不论在形而上学还是在科学方面,这种追求无疑是唯一让我们精疲力竭的东西。"③ 本体世界的体验在西方人这里,不但没有实现理性超越所预期的幸福愉悦,反而变成了一种不堪忍受的精神负担,德里达对形而上学所作的反思的确是非常深刻的,他

---

① 董仲舒:《春秋繁露·基义》,第73页。
② 周敦颐:《太极图说》,见《周子通书》,上海古籍出版社2000年,第48页。
③ Jacques Derrida, Writing and Difference, University of Chicago Press, 1978, Page 212.

的摧毁和解构当然也是极有力度而又富有成效的。

(四) 在场、不在场的依存与互补

任何一种成熟的文明都是一个自足的系统,当这种文明的负面因素发展、演变成为破坏和威胁的力量时,系统内部就会分泌出消除自身病弊的解毒剂。拯救一种文明的药方只能在这种文明的内部寻找,外来文明的刺激作用始终代替不了本土文明的自我更新。在形而上学的本体论层次上进行中西哲学的比较,目的并不在于非得要分出个上下高低、谁好谁坏,或者用东方的学说来取代西方的思想,而在于通过不同层面的解剖和对比,发现不同文明在思维特质、体验方式上的融合点,从而为新世纪多元文化体系的重建提供多方位的参照。实际上,西方哲学在它的源头就有与中国阴阳五行学说相通相融的因子,不过这些因子在以后的哲学进程中并未得到充分发育和进化罢了。"赫拉克利特的思想似有中国阴阳学说的旨趣。"① 赫拉克利特认为,人的确是很难想象同一个事物既存在又不存在的,因为"自然喜欢躲藏起来""太阳每天都是新的",世界不可能是一种单向、线型的定在,世界也不可能有一个最高最后的终结,世界是没有根底的,"灵魂的边界你是找不出来的,就是你走尽了每一条大路也找不出;灵魂根渊是那么的深。"人与万物一样都是变化不息的存在,我们存在而又不存在,"人在场而却又不在场。"不在场的比在场的更深,看不见的和谐比看得见的和谐更好。世界并不存在凌驾于所有存在物之上

---

① 张世英:《哲学的新方向》,《北京大学学报》1998 年第 2 期。

的统一的"法则"或"定式",物与物之间、存在与存在之间的"可共度性"是有限的,"不可共度性"才是永恒的。谁也不构成对谁的超越,事物各按照自己的需要,这一个这样生长,那一个那样生长。"上升的路和下降的路是同一条路。"① 尽管形式和状态是有差别的,但从本体意义上看,存在的与不存在的、在场的与不在场的是同一的,是绝对平等的。

董仲舒所说"相反之物不得俱出"的天之常道在后现代哲学的视角主义这里亦可引起共鸣。梅洛·庞蒂的"立方体之喻"颇能说明一些在场、不在场及其与主体之间的关系。按常规解释,立方体应有六个面,但实际上从没有人能够同时看到它们,它的六个面永远不可能同时出现在我们面前。当我们说"这是一个立方体"的时候,我们所归属到它身上的东西远多于我们所看到的,此间,过去的或未来的经验一直在起作用,立方体隐藏的方面的存在是我们假定和想象的结果。出现在我们面前的事物、给我们提供意义的事物,永远不可能完全地显露出来。所以,似乎也可以说,真正的立方体并不是在场的立方体,它存在于我们的感知和"我思"之中。梅洛·庞蒂说,拥有六个面的立方体不仅是不可见的,而且也是不可思议的,立方体只有对它自己来说才是立方体。因为惟有观念,才是可见物的理想,才是世界的不可见部分。②

---

① 赫拉克利特:《著作残篇》,D123,D6,D45,D34,D60,见《古希腊罗马哲学》,商务印书馆1982年,第18~30页。

② Merleau-Ponty, The Visible And Unvisible, Evanston: Northwestern Press, 1968, Page 151.

值得进一步探究的是，综观中国哲学的整个历程，无论易、老、玄学，还是宋明新儒学，都无一例外地要在阴阳五行尤其是阴阳问题上开展一番论说，为什么这一学说有如此强大的吸引力和生命力？其中原因恐怕要归之于这一学说本身所展示的本体论意义。本体论是形而上学的生命，没有本体论的哲学就像没有神灵的宗教，阴阳五行的宇宙图式在客观上可以弥补诸子之学缺乏本体论的不足，从而为中国哲学形而上学的建构提供可靠基础，并通过不同时期的历史发展形成汉民族独特的思维传统。春秋时代，处于观念发生阶段的阴阳与五行，从一开始就强调了本体世界的多元性和真实感，并扬弃了对事实存在的分离与割裂。战国以后，阴阳与五行的合流又使得中国人的本体世界更为充实、饱满，更具有丰富的多样性和深广的可变性。董仲舒认为，"天地之气，合而为一，分为阴阳，判为四时，列为五行。"[①] 阴阳与五行的结合可以把宇宙天地、世间万物的构成解说得更加符合本体的原来面貌。五行之所以能够"比相生""间相克"，之所以有"始终""转移"，就是因为有阴阳作为两种彼此依存、相互补充的矛盾力量在其中作不断的运行、推动。[②] 只要阴阳消长不息、对待不止，五行图式的周转就不会间断，当然也就不会使现存世界停留、限制在某一"给定的"存在上，纯粹的、绝对的"在场"就不可能找到站稳脚跟的基础。

世界在流变，在场的东西注定是暂时的。"金、木、

---

① 董仲舒:《春秋繁露·五行相生》，第76页。
② 李泽厚:《中国古代思想史论》，人民出版社1986年，第161页。

水、火,各奉其所主,以从阴阳,相与一力而并功。其实非独阴阳也,然而阴阳因之以起,助其所主。"① 这里,值得注意的是:一方面,阴阳与五行已经相即相融、汇为一体了,正如戴震所说:"举阴阳则赅五行,阴阳各具五行也;举五行即赅阴阳,五行各有阴阳也。"② 另一方面,也诚如德里达所说:"游戏始终是在场与不在场的游戏。"③ 阴阳、五行之中,任何一者都不容许也不可能独立行事,"独阴不生,独阳不生",谁都离不开谁;大家都有一种"本体论上的平等"(onto*log*ical parity),谁都是真实的,谁都不比谁更具有真实性或缺少实在性。在这个开放的、动态的、无边际的系统或结构中,大家都得施展职能、发挥作用,都必须"相与一力而并功"。

---

① 董仲舒:《春秋繁露·天辨在人》,第69页。
② 参见戴震《孟子字义疏证·天道》,中华书局1961年,北京。
③ Jacques Derrida, Writing and Difference, University of Chicago Press, 1978, p. 292.

【卷二】

性情形而上学

一、无情、非情与反情
二、儒学哲学的特有门径
三、信念本体与宗教性的双重建构
四、性情的礼乐转化

西方传统哲学的主流,指自笛卡尔以来、对西方现代社会已构成实质性影响的哲学思想,几乎从不把注意力放在性情上。或许是因为没有性情,西方哲学才能够产生出系统、成熟的认识论,从而为近代科学的发生发展奠定必要的理性根基。但是,在中国,情况却全然不同。儒学哲学里,性情的问题因为几乎涉及着生活在世、安身立命、成家守业、社会交往、道德修持等人生实践的方方面面,所以始终备受关注。甚至可以进一步说,不懂性情就无法理解中国人,也无法把握中国的政治、文化、社会和历史。性情的问题牵动着整个中国哲学。

相对而言,与其说儒学哲学是道德哲学,还不如说儒学哲学是性情哲学。比较中外不同的思想态度，就可以发现，有情的哲学与无情的、非情甚至是反情的形而上学之间存在着明显而深刻的差异。

一 无情、非情与反情

问世间情为何物？无疑这是一个曾经、仍在并且还将继续困扰人们的问题。

究竟什么是"情"？

《荀子·正名》说："性之好、恶、喜、怒、哀、乐，谓之情"。《礼记·礼运》称："何谓人情？喜、怒、哀、惧、爱、恶、欲。"可见，中国哲学里的情，一般都得随性而出。情是性从本体境界走向存在表象的实际过程和外化经历。情在中国哲学里是实质、内容、成分，是本体之性流进现象世界后所生发出的具体实相。《白虎通·情性》说："性者，阳之施；情者，阴之化也。"这便从宇宙阴阳的构成角度论证出性情的来源和性质。荀悦也以为，情当来自于性："好恶者，性之取舍也，实见于外，故谓之情尔，必本乎性矣。"[①] 相比之下，还是韩愈的《原性》说得具体、透彻："性也者，与生俱生也。情也者，接于物而生也。"性乃本体自有，是人生来与俱的，而情则属于性与外物接触、发生联系后所产生的，"与生俱生"的性只有在向外流溢、在"接于物"即关涉于存在世界之后才能够产生出情。

---

① 荀悦：《申鉴·杂言下》，见《百子全书》第 1 册，第 876 页。

唐宋以后，性与情的关系得到了进一步的梳理和澄清。从李翱："情由性生，情不自情，因性而情；性不自性，由情以明"[①]；到王安石："性者，情之本；情者，性之用"[②]；再到朱熹："情者，性之所发"[③]"性是根，情是那芽子"[④]"性是体，情是用"[⑤]"性是静，情是动，……或指体，或指用，随人所看"[⑥]，这些都说明，一方面，性本情末或性体情用，情由性所生发，只有性才是情的根据和源泉；另一方面，性情都不可能离开对方而独自存在，既没有自本自根的情，也没有自展自现的性。情因为性而得以生发，性因为情才趋于彰显。

然而，性情在西方哲学中却始终处于被拒斥、被压制和被冷落的状态。在一定程度上，主流的西方哲学是一种无情的知性形而上学。在康德那里，不但"纯粹理性"（reinen Vernunft）与"情"没有一点关涉，而且"实践理性"（praktischen Vernunft）也不允许有"情"的干扰与介入。情是一切普遍有效的"道德法则"（moraliches Gesetz）必须排除的对象，是要摈弃的"主观的"实质性对象。中国哲学里的"情"是"性"之用、"性""接于物"之后所生发出来的现象存在，所以在古今汉语里，"情"常与"实"相

---

① 李翱：《复性书·上篇》，见《李文公集·卷二》，上海古籍出版社1993年。
② 王安石：《性情论》，见《王临川文集·杂著》，台北，鼎文书局1979年。
③ 黎靖德编：《朱子语类·卷五十九》，中华书局1981年。
④ 黎靖德编：《朱子语类·卷一百一十九》。
⑤ 黎靖德编：《朱子语类·卷五》。
⑥ 黎靖德编：《朱子语类·卷六十二》。

关联，一直有"情实"之说。但在康德却不同，他十分重视和强调形式（Form）对质料（Materie）的决定作用和支配意义。康德说："在现象中，与感觉相应的，我称之为现象的质料，但那个对现象的多样性能以某种关系予以整理的，我称之为现象的形式。"① 质料总在形式中被整理、被赋予意义，没有形式的质料只能够是一堆无用的杂物，世界的意义一定是由形式所给出的。进入实践哲学领域，康德便把全部道德法则都浸染于这种形式的纯粹性之中。康德说："一切赞仰，甚至效仿这种品格的努力，完全都依赖于道德原理的纯粹性。""道德表现得越纯粹，它对人心的影响力也就越大。"② 在认识领域，形式越是普遍、越具有一般性，就越客观、越接近于真理；同样在实践理性中，道德法则越是纯粹，在现实效果上，就越神圣、威严，就越具有震慑人心的力量。

相反，"所有实践的原理，假如把欲求官能的对象（实质）当作为意志决定基础，则都是经验的，并且都不可能成为实践的法则。"③ "意志的准则受制于经验条件，……因而它就不能够成为实践的法则。"④ 因为一切经验性的东西，都必须以感官发生作用为前提条件，都与复杂的、多样的、偶然性的外部对象相关涉，而感官又缺乏必要的确定性和足

---

① Immanuel Kant, Kritik der reinen Vernunft, Felix Meiner Verlag, Hamburg, 1993, Seite 64.

② Immanuel Kant, Kritik der praktischen Vernunft, Philosophische Bibliothek Band 38, Felix Meiner Verlag, Hamburg, Seite 179.

③ Immanuel Kant, Kritik der praktischen Vernunft, Seite 23.

④ Immanuel Kant, Kritik der praktischen Vernunft, Seite 31.

够的统一性,所以它就不可能是纯粹的、唯一的、必然性的,就不可能作为人的意志(Wille)的决定基础和道德法则的有效形式而存在。康德指出,"准则只有在摆脱偶然的主观条件的限制时,才是客观、普遍有效的。"① 比较起汉代哲学家董仲舒"民之情,不能制其欲,使之度礼。目视正色,耳听正声,口食正味,身行正道。非夺之情也,所以安其情也"②,康德的态度不是要"安其情",相反却是要"夺之情",即尽量摆脱各种"情实"对纯粹道德法则的干扰和限制。

康德一再强调,"没有任何经验能够给我们以理由,用来推导这种逻辑上确实的法则的可能性。"③ "道德的唯一原理就在于它独立于法则的所有实质(即欲求的对象),同时,还在于只能通过其准则必须具有的普遍立法的形式来决定所选择的意志。"④ 感性、经验中的实在,永远不可能成为确定道德法则的理由和依据,全部实践理性的第一原理或最高原则就是:道德学的"绝对命令"(kategorisch Imperativ)独立于一切"情实"之外,它优越于人们的实际经验系统,是人们在意志选择和伦理行为过程中必须无条件接受的先验法则。康德的结论是:"纯粹理性的形式的、实践的原理,……才是适宜作为提供绝对命令的唯一的、可能的法

---

① Immanuel Kant, Kritik der praktischen Vernunft, Seite 23.
② 董仲舒:《春秋繁露·天道施》,聚珍版本影印,上海古籍出版社1989年,第99—100页。
③ Immanuel Kant, Groundwork of the Metaphysic of Morals, Harper & Row Publishers, 1964, Page 76.
④ Immanuel Kant, Kritik der praktischen Vernunft, Seite 39.

则，才是实践的准则，……才是作为评价行为及用来决定人类意志的道德原理。"①"因此，这个法则一定是不由经验所给予的，但通过自由才有可能，因而，是超感性的自然系统的观念。②"于是，情，在传统西方的认识论哲学和道德论哲学里（至少在康德的批判哲学中）就没有获得理论的认可，并没能够取得合法化的地位。

因为康德哲学里没有性情，所以，才会不顾经验的实质对象而死守先验的绝对准则。同样，因为中国哲学里有性情并重视性情，所以，中国人才会讲求"经"与"权"或"常"与"变"的贯通，才会发明出原则性与灵活性的结合，才会造出"具体情况具体分析"的思想路线与处事方法。孔子说："可与共学，未可与适道。可与适道，未可与立。可与立，未可与权。"（《论语·子罕》）不仅承认了"权"的存在及其与"立"的对峙和矛盾，而且，似乎"权"比"立"还高深、重要。孟子更甚，明确反对"执中无权"（《孟子·尽心上》），仅有对绝对原则的教条恪守是远远不够的。而董仲舒则一方面认为："明乎经、变之事，然后知轻、重之分，可与适权矣。"③另一方面，也提出："夫权虽反经，亦必在可以然之域。不在可以然之域，故虽死亡，终弗为也。"④尽管董仲舒也强调经、权相宜，如"《春秋》之道，固有常有变。变用于变，常用于常，各止

---

① Immanuel Kant, Kritik der praktischen Vernunft, Seite 50.
② Immanuel Kant, Kritik der praktischen Vernunft, Seite 53.
③ 董仲舒：《春秋繁露·玉英》，第20页。
④ 董仲舒：《春秋繁露·玉英》，第二一页。

其科，非相妨也。"①

但是，究竟什么是"可以然之域"、如何"各止其科"？便成了十分关键的问题，不同的人在不同的情境下，有着不同的理解，也便形成不同的事件处理方法，于是，"权"便呈现出无穷的多样性和高度的复杂性，而这往往又超出了人们的掌握水平和把持能力。这样，理论上有经有权、经权相宜的假设，一旦到了行为操作的实际层面，则往往导致"权"高于"经""权"大于"经"的局面，原则、条例、纪律、规定等等，总会被置之度外，一般性、统一性总会被特殊性、具体性所取代或替换。如果说，"经"代表着群体的共同利益，那么，"权"则是个体的特殊利益所在。用"权"代"经"，实际上就意味着个体性、自主性对整体性、原则性的藐视、挑战和超越。这样，即使是"铁的法则"也会被有借口、有条件（实质是无条件）地打破。其实，按照逻辑的道理，"经"就是"经"，就是不容破坏的固定法则和放之四海而皆准的绝对真理，任何人在任何情境下都必须无条件地遵守，而没有任何商量的机会或讨价还价的余地。这在本质上，就排斥了"权"的存在的可能性。法就是法，是绝对的命令，在一切情况下都得无条件地服从，不能有任何非理智因素的干预和搅扰。这就是从西方知性形而上"形式化"演绎出来的西方人的原则观、规范观、秩序感和法治理念。所以，应该承认，知性形而上学是西方法治社会创设与建构的逻辑前提和精神基础。

与西方的情况正好相反，中国人在哲学的源头上就开始

---

① 董仲舒：《春秋繁露·竹林》，第16页。

容忍并认可"权""变"因素的存在,一进入实际的社会生活中,便一发不可收拾,情、实常大于并高于经、法,人情总凌驾于规章、制度之上。无论是"权"还是"变",所面对和关注的都是实际的情,都有屈服、委身于"情实"的意愿和态度,都有更改、否定"经"或"常"的希望与要求。一旦接受了"权"与"变"就意味着对"经"和"常"的背叛。于是,"对人负责"而不是"对事负责"、名义上是"合情合理"实际上却是"情大于理"、拉关系走后门、搞不正之风,诸如此类的现象,对于每一个中国人来说几乎都已司空见惯、习以为常。人治局面不可一世,蔚蔚壮观。可以说,性情形而上学才是中国社会人治现实在哲学思维上的真实渊源。[①] 而董仲舒在这种性情形而上学的发生发展过程中,起着不可忽略、不容低估的作用,正是他第一次用阴阳五行的宇宙结构理论为性与情确立了形而上的哲学地位。

佛教对于性情的态度则更为极端。"反情"二字几乎就是佛教哲学的基本立场。如果按《荀子·正名》所说:"性之好、恶、喜、怒、哀、乐,谓之情",那么,佛教哲学认为,情的这些因素都已近乎"欲"(梵文 Chanda 或 Raja),都是"烦恼"(梵文 Klesd)的源泉。《俱舍论·卷四》曰:"欲,谓希求所作事业。"人或有"五欲"——即人对色、声、香、味、触或财、色、饮食、名、睡眠的欲求,或有

---

① 在中国,流传盛广的"坦白从宽,抗拒从严"口号,是性情态度介入司法体系的最明显例证,也是对法治的反讽。犯罪嫌疑人只要事实确凿、依据充分,就可以按法律规定予以判刑,而根本不应该顾及其案发后的主观情感。

"六欲"——即人的色欲、行貌欲、威仪姿态欲、言语声音欲、细滑欲、人想欲,这些都指向"情识",在本质上都与"情识"相连通,是"情识"最原始的、本能的反映,都是导致众生烦恼、引起淫贪甚至堕落欲界的直接原因。因为有"欲",于是便有"烦恼"。《唯识述记·卷一》说:"烦是扰义,恼是乱义。扰乱有情,故名烦恼。"烦恼是因为扰、乱,而扰、乱又是因为有"情",归根到底,"情"才是一切烦恼的总根源、发生地。

据《大智度论·卷七》《大乘义章·卷六》《大集经·卷五十九》等说,众生因"情"所起的烦恼有108种之多。这"百八烦恼"扰乱众生身心,使人不得宁静寂灭。因为有烦恼,于是也才会生出"漏"(梵文 Asrava)。而"漏"又分"流""住"二义:一方面,烦恼污染灵魂,由眼、耳、鼻、舌、身、意泄露心识,流出贪、瞋、痴("三毒")等不净;另一方面,烦恼心住于"三界"(梵文 Trilokya,即欲界、色界、无色界),使众生执著于情而不得解脱。总之,众生有"欲""烦恼""漏",罪魁祸首还在于"情"。"情"是众生成就佛性的最大障碍。印度的原始佛教里,甚至直接把眼、耳、鼻、舌、身、意"六根"(梵文?adindriya,意为"能生")称为"六情"。

《金光明经》说:"心处六情,如鸟投网,常设诸根,随逐诸尘。"众生之心如果一直被"情"所占据,根本就没有解脱自性、超度烦恼的可能了。于是,众生必须将"情"禁锢、幽闭起来。正如《十住毗婆沙论》所指出的,修行者应该"禁六情如系狗、鹿、鱼、蛇、猿、鸟"。"禁六情"才能生佛性,才能看透尘世三界的一切法相。摆脱了

"情",也就意味着告别了"欲""烦恼"和"漏",所有众生也才能够像山河、大地、草木、土石一样无情无识地存在着。由此可见,"情"在佛教哲学里已经站到了"佛"的对立面,是众生成佛的阻隔和障碍,它遮蔽着佛光的照耀,让人沉迷、困惑、堕落。所以,《长尼迦耶》在表述佛教"四谛"的"灭谛"时要求:"完全舍弃和灭除欲求,摈弃它,放弃它,摆脱它,脱离它。欲求舍于何处,灭于何处。凡世上的可欲求者,可喜者,欲求舍于此处,灭于此处。"① 舍弃了人生的所有欲求,也就灭尽了一切苦蕴,摆脱了十二因缘,超脱了生死轮回,亦即达到了"涅槃"(nibbāna)的境界。

道家非情,几乎已是一个人所公认的事实。《老子》一书中,到处不乏无情、非情的主张。"天地不仁,以万物为刍狗;圣人不仁,以百姓为刍狗。"(五章)天地因为无情,所以并不存在着那种只有人类才会有的——仁人慈爱的心性和感伤悲悯的情怀,所以,从天地自身的视角看,作为百姓的人与无生命的万物及动物性的刍狗之间并没有本质的区别。"五色令人目盲,五音令人耳聋,五味令人口爽,驰骋畋猎令人心发狂。"(十二章)五色、五音、五味和驰骋畋猎等生理欲求的过度满足,恰恰就意味着感官功能的丧失。进而,《老子》要求人们"塞其兑,闭其门,挫其锐"(五十六章),与其不厌其烦地拒绝、抵抗各种来自感性的诱惑,还不如直接把感官与外界接触的路径给封闭、堵塞起

---

① 《长尼迦耶》(Dīghanikāya), Ⅱ. 310、311。参见郭良鋆《佛陀和原始佛教思想》,中国社会科学出版社1997年,第137页。

来，这样岂不更为彻底、干净，真可谓釜底抽薪、一劳永逸。于是，才有可能达到本体自身的那种"绝仁弃义""少私寡欲"（十九章），直至"解其分，和其光，同其尘"（五十六章）的最高境界。

比起《老子》，《庄子》把道家的无情、非情剖析得更为明晰，解释得也更为具体。虽然《庄子·大宗师》也曾讲过："夫道有情、有信，无为、无形。可传而不可受，可得而不可见；自本自根，未有天地，自古以固存。"即坚持和承认了"道"有情有信的观点。但是，庄子更以为，道家的"有情"之"情"，实际上是指道作为超越性或先验性的本体进入现象存在世界后，所具有的一种"可传""可得"的确凿性或现存性，它是与道的形上性质相对应的情实的方面，显然已不同于通常意义上的作为情感的情了。《庄子·德充符》记载了庄子与惠施关于"无情"问题的一段对话：

> 惠子谓庄子曰："人故无情乎？"
> 庄子曰："然。"
> 惠子曰："人而无情，何以谓之人？"
> 庄子曰："道与之貌，天与之形，恶得不谓之人？"
> 惠子曰："既谓之人，恶得无情？"
> 庄子曰："是非吾所谓情也。吾所谓无情者，言人之不以好恶内伤其身，常因自然而不益生也。"
> 惠子曰："不益生，何以有其身？"
> 庄子曰："道与之貌，天与之形，无以好恶内伤其身。今子，外乎子之神，劳乎子之精，倚树而吟，据槁

梧而瞑。天选子之形,子以坚白鸣。"①

庄子的态度非常明确,他所说的"情"已不是指那些源自人们感官的基本情感,他所说的"无情"其实也并不否认作为人性本能的一般欲情的存在合法性。然而,庄子所极力声张和大肆鼓呼的是:人可以随自然之性而具有感官的欲求,但却不应该因为这些好恶之情而使自己的身、心受到挫损和伤害。人可以有情,但如果一味地被"情实"所拘泥或局限,又怎么可能去获得大道"逍遥""齐物"的真实体验呢?

值得注意并应引发深思的是,佛学"反情"也好,道家"非情"也罢,它们都不切合于中国的国情,都没有被中国的历史、文化和社会所选中,因而也就都不可能发展成为中国社会的主流意识形态,而为什么只有主张有情哲学的孔门儒家能够在中国长期维持下来?这是中国哲学史的一个大问题。可惜的是,这个问题至今还没有引起人们的足够重视。佛学、道家虽然对本真世界的涉及甚深,但是,本体不可能一直都停留于自己的天地里,总得要被表出,还得要借助于现象而与作为社会性存在的人照面、交往。人应该有本体境界,但也不可能总与现象世界无涉。人还得要实实在在地活在现世中,总得要与表象存在相联系、相沟通。这样,人就离不开能够在实际层面起指导作用的意识形式来对性情予以整治、修理。于是,儒学的立论态度就具有了一定的合

---

① 《庄子·德充符》,见《百子全书》第五册,岳麓书社,1992年,第4540页。

理性和普遍意义。

二　儒学哲学的特有门径

不同于佛、道二家,孔子的哲学有性有情,有血有肉,栩栩如生。《论语》一书中,既有对道德律令的探讨,也不乏对感性情怀的重视。孔子说:

> 知之者不如好之者,好之者不如乐之者。(《论语·雍也》)

由"知""好"到"乐",境界不断攀升,从知性认识阶段,经实践理性而渐趋于审美的领域。世界已经从一个主体认知的对象物,逐步演变为主体组成的一个部分,直至融入到主体生存在世的内容中去。人类在"知"的阶段,可以不需要情的参与,但到了"好"的时期,则不可能没有情的介入,而处于最高境界的"乐",则必定是融知性、情感、意志于一体的综合体验了。这正好反映了人类心灵的历史由科学——道德——艺术的客观现实进程。西方知性形而上学从古代到今天的发展以及今后的走向都在验证着这一点。20世纪下半叶,后现代主义哲学兴起之后,对传统理性主义哲学、科学主义精神及自然和社会的双重生态危机所做的彻底反思,似乎已经表明了西方哲学由知性形而上学朝着精神心理哲学和感性审美哲学转向的必要性和迫切性。

经由理性分析的剥落,西方哲学把世界分成了两个近乎对立的存在,一是现象界,一是本体界。在这种两开的世界里，一方面，本体不可知，情根本就无法介入其中，所以情的存在是多余的；另一方面，现象虽可知，但为了保持认知结果的客观性、公正性和绝对真理性，知又不允许掺进任何情的成分，情的存在又是非法的。这样，只有那种能够扎根于现世性的哲学才会给情留下地盘。相对而言，西方式"两个世界"里的抽象思维可以不要情，但是，立足于"一个世界"的中国式意象思维却无论如何也离不开情。应当承认，儒学哲学的现实性、今世性在根本上就已经决定了情的存在价值和特殊地位。"子曰：谁能出不由户？何莫由斯道也？"（《论语·雍也》）道不在遥远的天国（如基督教），也不在超验的彼岸（如西方哲学的康德），而就在人们活生生的日常世界之中，就在人们嬉笑怒骂的生活情感之中，就在人们举手投足的普通行为之中。"用之则行，舍之则藏。"（《论语·述而》）道就在眼前的这个世界里，道可以"行"、可以"藏"，所以，它一定处于人们的伦常日用之内。"能近取譬，可谓仁之方也已。"（《论语·雍也》）从现实的人生、从今世的生活中甚至从身边微不足道的小事里去寻找本真存在，这才是获取仁、得到道的基本原则和首要方法。"非道远人，人自远尔。"[1] "徒事高远，未知其方。孔子教以于己取之，庶近而可入。"[2] 道并不是外在的对象，而毋宁已经消融于人生生活里，人与道简直就是一体的。重要的是看人有没有为道、成道的意识自觉。同样，"三人行，必有我师焉。择其善者而从之，其不善者而改之。"

---

[1] 朱熹：《四书章句集注·论语·雍也》，中华书局1983年，第89页。
[2] 朱熹：《四书章句集注·论语·雍也》，第92页。

(《论语·述而》) 师也在世间,而不在天上,师不是上帝(Lord)、神,也不是抽象的理性构造物(如逻格斯、理、无极、太极),而是与我们一样的活生生的人。于是,就不难理解为什么孔子还要特别强调对生活居处的选择了,即"里仁为美"(《论语·里仁》),因为居处作为生活的一部分,肯定影响到人生的道德践履和实际修行。

儒学有情,也反映在孔子本人的性格特征上。《论语》中的孔子,并不象后世那些一味板着脸面说教的"卫道士",而是一个有血有肉、生机活现的生活常人、性情中人。于是,作为"圣人"、"教主"和"万世师表"的孔子就:

不但有闲居的惬意和愉悦——"子之燕居,申申如也,夭夭如也。"(《论语·述而》)"里仁为美。择不处仁,焉得知?"(《论语·里仁》)

而且也有撕心裂肺的哀叹悲情——"凤鸟不至,河不出图,吾已矣夫。"(《论语·子罕》)"颜渊死,子曰:噫!天丧予!天丧予!"(《论语·先进》)

既有"一箪食,一瓢饮,在陋巷"(《论语·雍也》)的"孔颜乐处",也有"吾与点也"(即"浴乎沂,风乎舞雩,泳而归")(《论语·先进》)的盎然生活情趣。

曾经怀有过希冀和幻想——"加我数年,五十以学易,可以无大过矣。"(《论语·述而》)也有过不得志的失落和苦衷——"吾岂匏瓜也哉?!焉能系而不食?!"(《论语·阳货》)

更不乏发泄牢骚、愤慨的时候——"夫召我者,而岂徒哉?!如有用我者,吾其为东周乎?!"(《论语·阳货》)"不怨天,不尤人,下学而上达。知我者其天乎!"(《论语·宪问》)"文王既没,文不在兹乎?! 天之将丧斯文也,后死者不得与于斯文也。天之未丧斯文也,匡人其如予何?!"(《论语·子罕》)

孔子偶尔还会开一点玩笑,《论语·阳货》记载——"子之武城,闻弦歌之声。夫子莞尔而笑,曰:割鸡焉用牛刀?子游对曰:昔者偃也闻诸夫子曰:君子学道则爱人,小人学道则易使也。子曰:二三子!偃之言是也。前言戏之耳。"

《论语·乡党》载曰:"孔子于乡党,恂恂如也,似不能言者。其在宗庙、朝廷,便便言,唯谨尔。朝,与下大夫言,侃侃如也;与上大夫言,訚訚如也。君在,踧踖如也,与与如也。"这样,呈现在世人面前的孔子,不应是刻板、呆滞的单一脸谱,如后世人们所理解和想象的那样,而一定是洋溢着丰富表情的生动面孔。而这才是本真的孔子,才是活生生的孔子。西方的哲学家们,在现实的生活里,肯定也不乏"情"甚至还会有"情"的热烈与执著,但却没有一个人能够把他的活生生的人情世界直接写进哲学,更不可能将之作为自己思想体系的一个有机构成部分来对待、来处理,因为,他们的生活与哲学是有"隔"的,他们的本体与现象是两"离"的。

儒学反对寡情、绝情、无情,敢于面对"人有性情"这样的人生事实,从《荀子·性恶》的"治人情",到董仲舒的"安其情",甚至到朱熹的"革尽人欲""复尽天理"[1],都没有回避情对人性所起的现实作用,都在寻找着治理性情的最有效途径。其实,佛学、道家也没有间断过这

---

[1] 黎靖德编:《朱子语类·卷十三》。

种寻找,不过在儒学看来,他们所提倡的"反情""非情"甚至"绝情",与人们在实际生活中所能够做到的离得太远太远,如同治水,仅仅靠堵是堵不住的,堵得了一时,也堵不了一世。无论"反情""非情"还是"绝情",都是暂时的"短期行为",都不能为情导向道德之善提供强有力的支撑和根本性的保证。儒家看到了这一点,并将作为学术立论的前提,这实际上已经决定了儒学哲学在社会生活领域中将起着佛、道所不能替代的现实作用。但儒学还并不止于此,它还能进一步地在人们最一般的生理、心理结构基础上把情与性作有效的联结、勾搭,从而建构起独具特色的性情形而上学。《论语·阳货》曰:

> 宰我问:"三年之丧,期已久矣。君子三年不为礼,礼必坏。三年不为乐,乐必崩。旧谷既没,新谷既升,钻燧改火,期可已矣。"
> 子曰:"食夫稻,衣夫锦,于女安乎?"
> 曰:"安。"
> "女安,则为之!夫君子之居丧,食旨不甘,闻乐不乐,居处不安,故不为也。今女安,则为之!"
> 宰我出。子曰:"予之不仁也!子生三年,然后免于父母之怀。夫三年之丧,天下之通丧也,予也有三年之爱于其父母乎?!"

在孔子看来,食色声味不但是人性之情的正常要求,而且也是整个社会生活礼制规范(如"三年之丧")的心理基础。外在的法则律令不过是人的"前意识"(如 S. Freud 所言),

总离不开内在感性心理的支撑,一句"女安,则为之",蕴藏着整个儒学的天机。礼的守持、整体性的绝对命令的遵循,不但需要有非己因素的强制约束,而且更需要有对个体情感的高度依赖。只要自己问心不疚、无愧良知,一般说来,行为践履就不会有什么大的偏颇和闪失。孔子说:"信近于义,言可复也。恭近于礼,远耻辱也。因不失其亲,亦可宗也。"(《论语·学而》)于是,人伦生活最基本的情感心理就被确定为现实礼法和儒学立论的前提,父子、君臣、兄弟、朋友、夫妇"五常"关系也成为了社会管理与天下秩序的基础。这样就不难理解孔子为什么特别强调:"君子务本,本立而道生。孝弟也者,其为人之本与!"(《论语·学而》)与人心情感直接相连通的孝与悌,不仅是君子闻道求学的首要任务,而且更成为人生在世的一个最重要的本体性前提。孝与悌,既可以通过社会存在的制度形式予以保证,但最根源性的基础却还存在于人们的内心情感中。迫不得已的义务、责任并不能等同于发自肺腑的情愿与意欲。对于一个久病不起的老人来说,花钱雇来的护理工,与他(她)所期盼的"床前孝子"肯定有着截然的不同。

"人未有自致者也,必也亲丧乎!"(《论语·子张》)朱熹注曰:"致,尽其极也。盖人之真情所不能自已者。"①说明只有感性的亲子之爱、只有以一定血缘关系为基础的性情,才是人类最原始、最本初的心理真实状态。所以孔子要

---

① 朱熹:《四书章句集注·论语·子张》,第191页。

强调:"君子不施其亲"①(《论语·微子》),无论处事、做人,还是为学,都不要求排斥、放弃或背叛血缘亲情和感性心境,相反,而应该以此为实现人生抱负的立足点和出发点。一个人,如果真的"施其亲",即使能成就出再大的功业,也不足为世人所挂齿。这就是孝在中国社会历史上占有非常重要、十分特殊的地位的根本原因。在中国,"忤逆不孝"是最高级别的罪恶,同样,"六亲不认"总是无情无义的代名词。此外,似乎也没有比"众叛亲离"再悲凉残酷的下场了。

儒学把人性根基建立在日常生活的感性亲情上,而传统的西方哲学则不然。柏拉图以为人的灵魂里存在着三种基本成分:一是理性或理智(reason);二是欲望(desire)或情欲(appetite);三是包括愤慨(indignation)、怒火(anger)、脾性(spirit)等因素在内的激情(passion)。三种成分中,尽管激情总与理性相伴随,且每一部分都发挥着自己的功能,但是起领导和决定作用的还应该是理性,"理智既然是智慧的,是为整个心灵的利益而谋划的,还不应该由它起领导作用吗?激情不应该服从它和协调它吗?"只有"这三个部分彼此友好协调,理智起领导作用,激情和欲望一致赞成由它领导而不反叛"②的人,才能拥有"节制美德"。人们一般都以为,柏拉图是西方形式主义哲学的始作俑者,是知性形而上学之滥觞所在。本来,在柏拉图这里,还有

---

① "君子不施其亲"中的"施"应作"弛"解,意为"遗弃"。见朱熹《四书章句集注·论语·微子》,第187页。

② 柏拉图:《理想国》第四卷,441—E,442—D,商务印书馆1986年,第169、170页。

"情"的存在，只不过是处于服从、协调于理智的次要地位而已。但是，演化到后来，"情"便逐渐退隐、淡出，经近代笛卡尔"第一哲学"的推波助澜，① 至黑格尔的"绝对精神"，理性主义已将"情"全部淹没。

对于情、智，柏拉图的态度基本上可以归结为：引情入智，知大于情；而儒学却是：化智入情，情高于知。中国人虽然从来都讲情理交融、合情合理，但仅限于认识论上或口头上，一到实践行动的层面却往往把思想、理性诉诸情感，经常是理服从于情，情比理优先。不同于柏拉图的理智为欲望和激情之主，在儒学哲学里，情才是知、理、义、道的领导力量和决定因素。其实，即使中国人谈论"知"（或"理"），也绝不是西方意义上的"知"。"子曰：仁者不忧，知者不惑，勇者不惧。"（《论语·宪问》）这里的智、仁、勇既是理性，又是道德，又是感性，甚至还是艺术，根本不可能按照某一种清楚明晰的定义予以区分、划界。中国的"知"经常涵摄在情、意之中，一定没有了西方之"知"的那种纯粹性、绝对性与超越性。

首先，在中国哲学里，"知"的对象是人，而不是抽象的概念系统、逻辑构架。"樊迟问仁，子曰：爱人。问知，子曰：知人。"（《论语·颜渊》）

---

① M. Heidegger 在批判笛卡尔的"世界"存在论时就曾指出，把"世界"的存在论硬塞到某种确定的世内存在者的存在论中，这种旧形而上学的做法实际上"取消了感性知觉的存在方式，从而也就取消了得以就存在来把握在感性知觉中遭遇存在者的可能性。"又，"把显现在感性中的东西就其本身的存在方式彰显出来，以至规定这种存在方式本身，这对于笛卡尔来说的多么的无能为力。"参见 Sein und Zeit, Seite 97。

其次,学习的目的也不只是求知得理,而是达"仁",即掌握做人的根本道理和重要原则。

第三,孔子说:"朝闻道,夕死可矣。"(《论语·里仁》)为什么只要达到"仁"之境界,放弃生命都没有悔恨和遗憾?就是因为中国的"闻道"关涉着人生在世的基本存在状态,是本体论、生存论意义上的哲学活动,而不是远离生活世界的、纯粹知性的认识论或方法论。

第四,"知"的存在形态也有所不同,西方哲学所通行的是关于事实或事物的中性陈述,所追求的是普遍性、客观性和公正性的"形式",完全属于一种事实判断;而中国哲学的命题则总与情感态度、主观动机、心理情境相关联,大多属于价值判断,比较照顾与内容相关的"情实"。海德格尔存在哲学中的"此在"(Dasein)虽然也曾把人生在世的基本状态如烦(Sorge)、畏(Angst)、死(Tod)上升到哲学的形上地位予以强调和突出,但是由于"此在"是从西方形式主义传统中逐步推论、演绎出来的,缺乏情实的具体补充,所以他的生存本体论仍显得空洞、苍白,而与人有隔、与生活世界相分离。

第五,在西方,"知"可以客观、中立;而中国,"仁"却始终不离主体性情。柏拉图把"知"定格为灵魂之主,领导着欲望和激情,但这在中国哲学里却行不通,"仁"不同于"知",也有别于"理",它不是绝对的、纯粹抽象的道德律令。一方面,仁中有智,如:"子曰:里仁为美。择不处仁,焉得知?""唯仁者能好人,能恶人。"(《论语·里仁》)另一方面,仁也不乏情,如:"仁者不忧"(《论语·子罕》);再一方面,"仁"更不同于纯粹自然的本能宣泄,

"乐而不淫，哀而不伤。""人而不仁，如乐何？"（《论语·八佾》）"乐，然后笑。"（《论语·宪问》）"仁"存在于人的社会性与超越性之中，而绝不应该是一种动物性的自然。

总之，儒学的"知"显然已不是纯粹理性的认识运动，也不是一种抽象的知识体系，毋宁更趋向于本体性的"仁"。"仁"有理有情，有知有欲，有意有乐，是包容一切的心理原真。它比知、情、意的包容度更广大宽泛，涵盖着整个生存世界。

值得强调的是，没有了性情、没有了态度的形而上学一定会发展成为奴役人、扼杀人的恐怖哲学，同样，知性成分太淡、情实因素太多的形而上学则容易导致出专制或独裁的社会统治结构。《论语·雍也》说："质胜文则野，文胜质则史。文质彬彬，然后君子。"这里的"质"是感性、情实；而"文"则是理性、形式。一方面，"质"超越于"文"，意味着人还处于动物性的阶段，在很大程度上还会被"天之自然"的本能所左右，人变成了动物，情欲主义、本能主义泛滥，还没有真正意义的人的觉醒；另一方面，"文"胜过了"质"，就必然导致"异化"局面的出现，人被粉饰成为一种非己性的客观存在，人变成了"物"，最终发生出现代性背景下所谓"人是机器"的异化悲剧。孔子提出的"君子不器"（《论语·为政》）的批判精神，投射到现实的社会生活中，同样可以针对今日中国仍在盛行的唯技术主义和唯科学主义。过分专业化的社会分工、非常程序化和体制化的生活方式以及对数字化的执着追求，使得感性情义、精神价值失却了存在意义，人的存在状况、社会性的公共关怀和"天下为公"的意识遭受着被遗忘、被忽视的命运。

20世纪西方哲学法兰克福学派的代表人物 H. 马尔库塞、J. 哈贝马斯对"工具行为"的揭示和批判,以及对"交往行为"的强调和重视,从另一个向度说明了这一问题的迫切性和重要性。知性形而上学发达与烂熟后的直接灾害之一就是形式化、概念化向现实社会生活领域各个方面的细密渗透,"自然的定量化,导致根据数学结构来阐释自然,把现实同一切内在的目的分割开来,从而把真与善、科学与伦理学分割开来。""逻格斯和爱欲之间不稳定的本体论联系被打破了,科学的合理性呈现为本质上中立。"① 与性情相连接的善、美、正义的观念被驱逐进纯粹的个人偏好领域,而丧失了普遍的有效性。于是,性情不再与理性相干,而成为一种游离于人生生活之外的赘物。现代"科学"以及在之基础上发展起来的"技术",使得:一方面,人统治自然;另一方面,人又被社会所奴役。"趋于更有效地统治自然的科学方法,开始通过对自然的统治来为人对人更有效地统治提供纯概念和工具。"② 先进的科学、技术虽然提高了人类的生活水平,但在更大意义上还只是为新的、更有效、更灵活的社会控制形式的产生创造条件,本质上并没有使人类的性情获得真正的解脱和发挥。在科学、技术发展中不断得到合理化的只是人们的"工具行为",即人对自然的利用和改造,但人类奋斗的目的并不是使工具行为合理化,而毋宁是使"交往行为"合理化。"交往行为"是主体之间

---

① H. 马尔库塞:《单向度的人》,重庆出版社1988年,第124、125页。
② H. 马尔库塞:《单向度的人》,第134页。

通过符号协调的相互作用，以语言为媒介，通过对话，达到人与人之间的理解和一致。工具行为讲求的是客观、中立，根本上就不允许性情因素的参与和介入。只有在交往行为中，才能有性情生发的空间和存在的可能性。"科学已经可能使技术去支配自然的力量，今天也直接扩展到社会上；……但是，科学上得到了解决的技术支配〔自然界的〕问题，又以同样的规模变成了同样多的生活问题；……生活世界的问题要找到解释都必须通过同日常语言相联系的行为和谈判来解决。"① 同样，也只有生活世界里包括商谈在内的交往行为才需要性情。哈贝马斯建立"交往伦理学"（Kommunikationethik）或"商谈伦理学"（Diskursethis）的目的，就是要将道德的理性基础从单一形式的"意识理性"转换到具有社会"可通约性"的"交往合理性"上，从而，人不再是纯属于理性世界的，而应该同时与"客观世界""主观世界""社会世界"相关联，于是，才有可能克服知性形而上学无情无性、工具目的压倒价值判断的病弊，使"真实性""真诚性"和"正当性"确实成为具有普遍性和有效性的人类要求。

事极必反，西方知性形而上学发展至颠峰，必然产生出重性讲情的非理性或反理性的哲学流派。现代哲学之后，从叔本华、尼采的"意志"，到马克思的"实践"、弗洛依德的"力比多"、海德格尔的"思"、克尔凯郭尔的"情感"，再到拉康的"欲望"、福柯的"历史"、德里达的"游戏"、

---

① Jurgen Habermas：《作为"意识形态"的技术与科学》，学林出版社1999年，第90、91页。

列维拉的"异",等等,不断反映出知性形而上学在经过对西方哲学的相当长时间的主宰与统治后所遭受的冷落、反叛和扬弃。实际上,即使在西方知性形而上学传统的背后,也不乏对感性、对性情的重视和强调。

康德哲学就是最明显的例证。与《实践理性批判》十分强调道德法则的形式化、纯粹化不同,康德的《判断力批判》似乎把"感性"放在了一个极为重要、尤为显赫的地位。在康德,人的生存在世,如果真正要成为人,必须实现由自然向社会、由现象向本体、由主体向对象、由理性认识向道德伦理、由特殊个体向普遍总体的过渡、转移或提升,在这一历史进程中就得有一种具体的中介或连接。能够担当这一职责的是属于人的特殊心理功能的"判断力"(Urteilskraft)。一切审美判断所要求的普遍有效性并不是由知性范畴、理性概念所能直接决定的,而毋宁仍然只是一种属于人们主观内在的感性状态——情感。康德说:"这种判断之所以称为审美的,正因为它的决定根据不是概念,而是对各种心理功能的协调的情感(内在感官的),在它们被感觉的限度内。"[①] 决定审美判断的不可能是一般的知性概念,而应该是对人的各种心理活动都能起影响和作用的"情感"(Gefühl)。"这种表象所包含的各种认识功能,在这里处于自由活动中。因为没有确定的概念给它们以某种特定认识规则的限制。因此,在这种表象中的心情,必然是把某一既定

---

① Immanuel Kant, Kritik der Urteilskraft, Felix Meiner Verlag, Hamburg, 1993, Seite 68.

表象联系于一般认识的各种表象功能的自由活动的感情……。"[①] 在纯粹知性的逻辑判断中，因为有"认识规则"的限制，于是就不可能产生出那种能够自由自在地进行"协调"活动的情感来，"只有想象力是自由地召唤知性，而知性不会借助于概念的帮助而将想象力置入于合规律的运动中，表象于是才不会作为思想而是作为一种心情的合目的性的内在感觉，把自己传达出来。"[②] "人们传达他们的思想的技能也要求一种想象力和知性的关联"[③]，这里，"想象力"（Einbildungskraft）的作用也被凸现了出来，不是知性决定或主宰"想象力"，恰恰相反，"想象力"不但可以召唤知性，而且还可以自由地进行召唤。不应该忘记的是：康德的"情感"与"想象力"，在"批判哲学"的体系里充当着知性世界与道德伦理社会之间的媒接或桥梁，是跨越纯粹知性哲学进入实践哲学领域不可或缺的纽带，而这一切都与性情有着密切的关联。康德的伟大之处在于他已经从西方传统哲学理性逻格斯中心主义的浓厚背景中走了出来，真切地意识到了知性形而上学所潜藏的深刻危机——纯粹的知性形而上学不可能直接进入人们的生活世界，不可能打开人们广袤的心灵天地，不可能与人们的生存状态相关涉，不可能解决实践领域所存在的包括人性、政治、道德、伦理、生态、环境等一系列的社会问题。人类的未来不会再控制在知性形而上学的掌心中，而一定与性情形而上学结缘。

[①] Immanuel Kant, Kritik der Urteilskraft, Seite 55.
[②] Immanuel Kant, Kritik der Urteilskraft, Seite 147.
[③] Immanuel Kant, Kritik der Urteilskraft, Seite 147.

三 信念本体与宗教性的双重建构

儒学是不是宗教,向来是学界和民众所关注的问题,争论几乎一直就没有停止过。这里不妨以宗教的形成基础、本质性规定和基本要素为视角,来对儒学做一次鉴别。一般说来,宗教的产生依赖于三个并不兼容的前提的支撑:一是必须"神道设教"。"宗教"一词在拉丁语中有两种表达:一为 religare,意为"联结"或"再结",指"人与神的联结";另一为 religio,意为"敬神"。可见这二者都与"神"相关联。正如 F. Max 缪勒所主张的那样,必须有对作为"无限"(the infinity)存在体的神祇的崇拜①;二是作为信仰主体的个人必须有一定的神奇体验,R·奥托在《论神圣观念》(Das Heilige)一书中,把信仰者个人对神圣物的直觉性体验即对神既敬畏又向往的"感情交织"(Numinous)当作宗教的本质;三是必须发挥着特定的社会功能,如 M. 韦伯就认为,儒学既是一种伦理体系,又在社会生活中起到一定的宗教功能,它为中国人提供了一种终极的信仰或绝对的伦理。② 而构成宗教的基本要素则在于,一是属于人们主观的宗教观念、思想与感情、体验;二是属于客观外在的宗

---

① 穆勒甚至以为,"宗教,乃是领悟无限的主观才能。""宗教是一种内心的本能。""所有宗教知识的基本要素就是体验既不能由感觉领悟、也不能由理性领悟的存在,这种存在事实上是无限的而不是有限的。"见《宗教的起源与发展》,上海人民出版社1989年,第15、21页。

② 参见 Max Weber, *The Religion of China, Confucianism and Taoism*, New York, 1951。

教行为、活动与组织、制度。

如果以上述条件为参照，就可以发现，儒学似乎可以被判定为一种宗教。因为，在儒学的内容中，虽然没有一个能够牢固居于中心地位的神，但是肯定有对人心信念本体既敬畏又向往的"感情交织"，肯定有一种只有信仰主体才能够产生的特殊灵性体验。尽管儒学的长期发展始终都没有能够形成特定的教众阶层，但是在儒学内部，一直存在着浓厚的、近似于宗教经验的情感发生机制。儒学的这些复杂特性，都对"儒学是不是宗教"问题的裁决增添了难度。其实，在这一问题的裁决上，必须充分注意到中国的文化传统，不能脱离中国的文化传统去看待中国的宗教。德国神学家孔汉思（Hans Küng）曾经把——包括"道德"和"礼教"的儒学、"多神"和"炼丹"的道教、"虔诚"和"神秘"的佛教在内的——中国宗教称为世界第三大宗教的"河系"（river system），并强调"必须认真对待中国宗教，把它视作和其它宗教有同等价值的第三个独立的宗教'河系'。"① 这一说法倒还针对了中国的实际。中国的许多东西都没法用清楚明晰的概念去圈定，许多东西之间更不能用硬性的界线去划分。中国的宗教也是如此。在实际的宗教历程中，中国向来是儒、佛、道三教互相补足，各自针对不同人生的不同问题。明清以后，三教渐趋合流，孔子、老子和释迦牟尼同时受到一般中国人的敬奉和礼拜。三教并存、三圣同参成为中国文化多元特性的一个绝妙写照。儒学只有在与

---

① 秦家懿、孔汉思：《中国宗教与基督教》，生活·读书·新知三联书店1990年，第2页。

佛、道二教的依存中才能最大限度地发挥出作为真正宗教的功用。

儒学不是一种宗教，因为作为宗教基本构成的教义、仪轨和神祇崇拜在儒学内部并不同时具备。所以，儒学与宗教的距离还甚为遥远。尽管儒学并不是一种严格意义上的宗教，但是，儒学却先天地具有宗教性（religiousness）。如果从哲学内容的基本构成上判断，儒学不仅仅是通常所说的道德论哲学，而且还应该是有关性情的宗教性哲学。"子以四教：文、行、忠、信。"（《论语·述而》）孔子之"教"不再是唯一的"文"（相当于西方认识论哲学的"知"），而且还涉及实践性的"行"（道德论哲学）、人格化的"忠"和带有感性心理本体倾向的"信"（性情形而上学）。这当然已全然不可能等同于西方传统理性主义哲学所矢志追求的科学真理。"朝闻道，夕死可矣。"（《论语·里仁》）这里的"道"，绝对不是知性真理的认识论，而毋宁是与人的生命存在、意义世界、终极关怀息息相关的本体论。孔学的"道"已经联结了人的生与死，怎么可能以一个"真理"了断？

儒学内部没有人格化的神，但并不意味着儒学就没有对"无限"的关注和追求。"子在川上，曰：逝者如斯夫，不舍昼夜。"（《论语·子罕》）"日月逝矣，岁不我与。"（《论语·阳货》）"发愤忘食，乐以忘忧，不知老之将至"（《论语·述而》）。"知之为知之，不知为不知，是知也。"（《论语·为政》）"吾有知乎哉？无知也。"（《论语·子罕》）和几乎所有的宗教一样，儒学也非常认同人在宇宙总体面前的卑微，更首肯人在现存世界中的有限性，但不同的是，其它宗教似乎都力图从天国之中寻求超越、解脱之路而最终体验出那种与神际遇、与神合一的"无限",如基督教通过的是上帝、伊斯兰教通过的是真主,而儒学则以极为认真的心态正视着生活人生的实际情况,首先承认了自己的渺小和无能,接着便面对事实,看菜吃饭,把人生遭遇的所有问题定位在"就事论事"的层面上来解决。并且,还强调只有通过人自己才能把自身的事情处理好。救世主是活生生的人而不是不着边际的神。同时,人所做出的这一切,并不是出于某种外在的强制性压力,如上帝的拷问、审判与惩罚,而是对自己负责、对良心负责,为的是让自己的感性心理能够求得一生的安顿。

"居之无倦,行之以忠。"(《论语·颜渊》)又,"譬如为山,未成一篑,止,吾止也。譬如平地,虽覆一篑,进,吾进也。"(《论语·子罕》)也正是通过这种自强不息、奋进不已的追寻方式,儒学才有可能达到本体的"无限"、实现生的永恒。孔门儒学中,不但没有神祇的存在位置,而且还对之持非常理性的静观态度。孔子说:"未能事人,焉能事鬼。""未知生,焉知鬼。"(《论语·先进》)"子不语:怪、力、乱、神。"(《论语·述而》)"吾不与祭,如不祭。"(《论语·八佾》)"敬鬼神而远之"(《论语·雍也》),实际上都已经把那种无法通过理性知识和感性经验予以证实或证伪的鬼神存在悬置起来,采取了一种沉默、冷观的态度,不否定也不肯定,甚至也根本不需要对之作任何的思考、询问或怀疑。《论语·述而》记载了孔子与子路的一段对话:

> 子疾病,子路请祷。
> 子曰:"有诸?"
> 子路对曰:"有之。《诔》曰:祷尔于上下神祇。"
> 子曰:"丘之祷久矣。"

《论语》中的孔子言"天"、言"命",但就是不言"神",孔门儒学的兴趣与落脚点始终在人。孔子"无所事祷"① 的态度反映出儒学"尽人事而听天命"、不希图神赐奇迹的特殊佑护的主体性精神,天底下不可能有一种万能的力量能够绝对、彻底地主宰或控制人的命运,人生现实问题的最终解决还得依靠人自身,任何作为非人力因素的神意都是可遇不可求的。其实,"祭如在,祭神如神在。"(《论语·八佾》)极好地说明了孔子对于神的基本态度,一个"如"字就十分恰当地表达了儒学哲学中益已存在的信念本体。"如"是譬喻,是"感性"(如康德的 Gefühl)活动的产物,它要求人们充分发挥"想象力"(Einbildungskraft)的作用,把"神"虚拟为一种客观化的无限存在,就当有那么回事,相信它存在,它就存在。心里有就什么都有。反之亦然。"神"的存在与否,靠的并不是理论理性基础上的逻辑论证,而毋宁依赖于人的主观想象和心理信念。

"神是什么?"对于这一问题,董仲舒的回答似乎很能反映儒学的精神特质:"物之难知者若神。"② 即把神拉回到现世的物性存在和人生生活层面来予以理解、阐释。宗教产

---

① 朱熹:《四书章句集注·论语·述而》,第102页。
② 董仲舒:《春秋繁露·天地阴阳》,第99页。

生的根据不一定完全在感觉之中，或可根源于某种不可言说、不可认识的情感。人之所以造出神来，不仅有认识论、知识论方面的实际需要，而且也可以从信念本体论方面找到原因。正如 M. 缪勒所认为的那样："一切宗教尽管在其它方面有所不同，但有一点却是相一致的，这就是它们的证据不可能完全来自感性观念。这一点甚至也适用于物神崇拜，因为野蛮人在崇拜自己的物神时，不是在崇拜一块普通的石头。它除了是一块可触摸、可把握的石头之外，还被认作是我们的眼、耳、手所不能及的东西。""而这些不可见的东西很快被称作无限、超人和神圣。"① 换言之，人总倾向于将自己把握不了的东西（"无限"）归还给神。

千万不要以为儒学讲"祭"就推断出儒学一定有神灵的存在。其实，在儒学中，虽然孔子非常谨慎地对待"祭"，如"所重：民、食、丧、祭。"（《论语·尧曰》）董仲舒也说："重祭祀，如事生。故圣人于鬼神也，畏之而不敢欺也，信之而不独任，事之而不专恃。恃其公，报有德也。幸其不私，与人福也。"② 这里尽管也还是一种理性的冷观，但是对鬼神却又不敢不"信"、不敢不"事"。然而儒学终归还是儒学，即使是"信"、即使有"事"也不会"独任"、更不会"专恃"。值得注意的是，儒家的"祭"始终是没有神祇的，祭祀的对象绝不是一个人格化、形象化的神仙上帝，而可能更趋于一种存活于祭祀主体内心之中的

---

① 马克斯·穆勒：《宗教的起源与发展》，上海人民出版社 1989 年，第 115 页。
② 董仲舒：《春秋繁露·祭义》，第 91 页。

信念本体。儒家祭的对象无论是自己的祖先，还是万能的天，始终都没有离开人世，都只是一种功能性的、属于人主观心理的想象体，而不同于那个凌驾在人类之上的、超越于人、优越于人的真主、上帝。儒学的"祭礼"于是就同一切神祇宗教的"祭"（仪轨）区别了开来。这样看来，儒学也不可能是一种严格意义上的宗教。

毋庸置疑，性情是宗教建构的直接心理基础，是一切宗教产生的根据所在。宗教一经形成之后，在有的时段上可能是非情、无情或反情的，如被迫遵守教规教律、违心服从神祇旨意。比形态化的宗教更为原始的、更为基本的宗教性却始终与人的性情相连通。人可以不信仰任何宗教，也不一定非得成为某一门派的教徒，但人却不可能没有宗教性。人都有宗教性的倾向，人的宗教性永远不可能被消解、约减。宗教性已经成为人性的一部分。没有任何信仰、什么教徒都不是的人照样可以活在世界上，然而没有宗教性的人却须臾不能存在。儒学可以不被看作是一种宗教，但是，儒学一定有着可以向宗教转移、引渡的潜在因子。

一个极为重要的事实是，儒学的现世精神和神祇位置的先天阙如恰恰与后现代主义背景下，宗教的世俗化（secularization）、非中心化（non-centralism）的发展方向相契合。其实，这也可从另一个侧面反映出儒学哲学中所先天具有的宗教性气质。儒学的宗教性来源于以性情为基础的信念本体。无论宗教还是宗教性都离不开信念。比起形态化的宗教，信念本体似乎更具有源发性和直接性。信念本体总以特定的性情为根基。孔子的天、命，董仲舒的天，以及宋明儒学中的诚、敬，都没有通向神坛，只能是人的心理信念本体而已。

　　有性情才能有儒学宗教性的一切。性情是儒学宗教性建构和信念本体建构的基本前提。没有性情，就没有儒学宗教性，就没有儒学信念本体的成立。可以说，这一切都离不开性情。如果说，儒学不是一种宗教，但儒学实践活动中所含有的基本性情与宗教经验中存在的宗教情感之间却有着许多惊人的相似之处。包括学习、修行、为政、居处、祭祀、追求境界等内容的儒学实践活动其实已经不再是道德论层面上的或具有伦理性质的纯粹行为，它还有"不可触知的"（如M．缪勒所说）、更为深刻的、甚至永远隐含着的意义。

　　几乎所有的宗教都要求向神灵忏悔、甚至赎罪。儒学也强调人对自身的审察、反省。"吾日三省吾身，为人谋而不忠乎？与朋友交而不信乎？传不习乎？"这是《论语·学而》中记录的曾子言论。"曾子是儒学中宗教性道德的传人。"[①] 儒学实践主体审察、反省的内容不是基督教中被虚拟化了的人的"原罪"（original sin），而是现世人生生活中实实在在的人的伦常行为，"忠""信""习"等心理情感或社会理性都建立在"为人谋""与朋友交""传"等极为真实、确证的人的活动的基础之上。"默而识之，学而不厌，诲人不倦，何有于我哉？"（《论语·述而》）这里的"学"，已经不是一般意义上的求知、问学，而是一种持之以恒的宗教性的实践修行。"学"，不是人活下来的工具、手段而是生存在世的目的和存在状态本身。任何人，无论地位高低，哪怕是君主帝王都应该不断地检讨自己，《论语·

---

① 李泽厚：《论语今读》，安徽文艺出版社1998年，第33页。

尧曰》："帝臣不蔽，简在帝心。朕躬有罪，无以万方。万方有罪，罪在朕躬。""百姓有过，在予一人。"不同于基督教向上帝赎罪的悲痛忏悔，儒家的内省、审察意识完全是建立在积极的情感塑造上的。"见贤思齐焉，见不贤而内自省也。"（《论语·里仁》）"已矣乎，吾未见能见其过而内自讼者也。"（《论语·公冶长》）结合孟子的"反身而诚，乐莫大焉。"（《孟子·尽心上》），以及王阳明的"省察克治""克得自己无私可克"①"彻根彻底不使那一念不善潜伏在胸中"②，都在强调要通过实践主体的自身努力，从灵魂深处着手，在主观上下功夫，去塑造健康的人性情感本体。基督教的忏悔所走的是向上、向外的路径，而儒学哲学的审察、反省所开辟的则是一条朝着人自身的、内在的、心理化、现世化的路向。

敬与畏是所有教众对神祇所拥有的一种直接来源于性情的最基本的情感。朱熹说："敬之一字，真圣学始终主要。"③ 可见，敬对儒学之关键。敬是崇尚、仰慕的性情态度。儒学虽然并没有为世人造设出人格化的神，但却一直没有停止过建构敬、诚的宗教性情怀的积极努力。"子张问行。子曰：言忠信，行笃敬，虽蛮貊之邦，行矣。言不忠信，行不笃敬，虽州里，行哉？"（《论语·卫灵公》）作为事实化、客观化存在的行为功效的好坏，必须得取决于、依赖于持续存在于活动过程当中的那种属于人的主观的心理态

---

① 王阳明：《传习录·卷上·陆澄录》。
② 王阳明：《传习录·卷下·黄直录》。
③ 黎靖德编：《朱子语类·卷十二》。

度。把感性的心理功能作如此地放大、夸张，这不是宗教，又是什么？

因为与神圣相关联，所以敬似乎就有着一种极为神奇的力量，它可以感化一切，产生出一种不可限量的现实效果。"子路问君子。子曰：修己以敬。"（《论语·宪问》）"樊迟问仁。子曰：居处恭，执事敬，与人忠。虽之夷狄，不可弃。"（《论语·子路》）这里，"仁"不能没有敬的性情，道德化、伦理化的"仁"与"敬"已经不可分离了。敬也已成为君子修己养性的必修课。

如果说，对自身的审察、反省是儒学人格圣化过程的内在要求，那么，敬则是实践主体涉及于外时所必备的心情态度。在孔子那里，有没有敬、诚情感态度的参与，将形成不同的在世方式。"居敬而行简，以临其民，不亦可乎？居简而行简，无乃大简乎？"（《论语·雍也》）"居敬"与"居简"是两个不同的心理世界，一个是有性情的严肃、真诚的态度，一个是没有性情、一切都无所谓的态度。朱熹说："自处以敬，则中有主而自治严，如是而行简以临民，则事不烦而民不扰，所以为可。若先处以简，则中无主而自治疏矣，而所行又简，岂不失之太简，而无法度之可守乎？"①"居敬"是"中有主"，即以自己的性情去体贴民之性情，而"居简"则是"中无主"，本己如果没有敬、诚之心，当然根本不会去照顾民间、百姓的情实。

现代法制政治诞生以后，一般都要求执政者和普通公民对普遍性的法律、制度及规范作绝对的遵从，很少照顾甚

---

① 朱熹：《四书章句集注·论语·雍也》，第83、84页。

根本排斥人情的因素，法情矛盾、情理难融（即合理不合情或合情不合理）几乎成为现代社会中的常见现象暨突出问题，如何以人为本、实现法制前提下的人性化社会行政管理，则成为后现代政治哲学所面临的一个重要课题。在这种背景下，研究知性形而上学与性情形而上学之间的关系似乎更具有现实性和迫切性。

儒学起源于原始巫术，与最初的祭祀礼仪当有密切的关连。在原始儒学那里，崇敬、祭拜的对象可能还只指涉"天"，但到了孔门儒学，贯穿于崇敬、祭拜过程之中的敬的心情几乎已经渗透到人们宗教、政治、文化及日常生活的方方面面。于是，孔子所关心和注重的便是：如何通过与天交往、与人交往的礼仪活动中的具体操作行为培育出人们那种绝对真实、近似宗教的诚敬性情。《论语·乡党》记载：

> 君赐食，必正席先尝之。
> 君赐腥，必熟而荐之。
> 君赐生，必畜之。
> 侍食于君，君祭，先饭。
> 疾，君视之，东首，加朝服，拖绅。
> 君命召，不俟驾行矣。

又，"子见齐衰者、冕衣裳者与瞽者，见之，虽少，必作；过之，必趋。"（《论语·子罕》）从对君赐物品的接待、享用，到侍奉君主的行为举止，到日常生活的微小细节，几乎都要用一颗极度赤诚、万分谨慎的心情去尊重、仰慕。一个人的言行，只有做到这种在现代人看来简直迂腐可笑的程度，才能够达到"圣人之诚心，内外一者也。"① 这种"敬"与源于远古时期神祖祭祀或巫术活动中的崇拜、尊慕、畏惧、恭慎的情感经验有许多雷同、共通之处。在这里，重要的还不仅仅是某种外在的仪轨、姿态、方式，更关键之处还在于要获得这种情感体验，而这种情感体验既不是他律的客观要求，更不是抽象理念对现象世界的超越条件，而毋宁已经演化成一种主观内在的生存需要。有趣的是，这种感性经验，虽然在最初阶段是高度感性化、情感化的，但经历了一定的文化历史积淀后，其中所蕴涵的社会学意义、理性价值取向却隐约可见甚至大为彰显。儒学虽然不是严格意义上的宗教，但在中国社会的长期历史发展中却起到了几乎一切宗教所能够发挥的功能和作用，从而又形成了稳固的、极富汉民族精神特色的人文传统。

在孔子那里，敬甚至被要求到"思无邪"的地步。"子曰：《诗》三百，一言以蔽之，曰：思无邪。"（《论语·为政》）在心意萌动、性情未发之时就应该是纯粹清净的，就应该把私心杂念完全排除出去，这才是敬之极。孔子的"思无邪"演进到后世，便有王阳明所强调的"察之于念虑之微"②，及所反对的"自生意见"③或"私意安排之思"④；便有"文化大革命"中为林彪之流所鼓吹的"灵魂深处爆发革命""狠批私字一闪念"。实际上这些都是敬之至——诚的境界，都已经是一种准宗教的心灵状态。所以，程子

---

① 朱熹：《四书章句集注·论语·子罕》，第111页。
② 王阳明：《传习录·卷下·黄直录》。
③ 王阳明：《传习录·卷下·陈九川录》。
④ 王阳明：《传习录·卷中·答欧阳崇一》。

说:"思无邪者,诚也。"并还以为,"经礼三千,曲礼三千,亦可一言以蔽之,曰:毋不敬。"①

至于为什么要"敬"?大概是因为"畏"的缘故。在作为宇宙总体的"无限"的神圣威严面前,几乎所有的宗教徒都会产生出一种极为茫然的无法把握、无法控制甚至无法追寻、无法思虑的心理反映,这就是宗教性的畏惧、害怕情感。孔子说:

> 获罪于天,无所祷也。(《论语·八佾》)
> 吾谁欺?欺天乎?!(《论语·子罕》)
> 予所否者,天厌之,天厌之!(《论语·雍也》)
> 君子有三畏:畏天命,畏大人,畏圣人之言。小人不知天命而不畏也,狎大人,侮圣人之言。(《论语·季氏》)

尽管孔子的天远不是一种人格化的上帝,但是它所给予人们的震慑作用却一如所有的宗教神祇,因为,天在孔儒哲学中已经是一种具有"无限"的功能和意义的信念本体。在中国的人文精神中,天,毋庸置疑地已是人们心理信念本体的源泉。董仲舒一再强调:"不奉顺于天者,其罪如此。""(春秋)亡国五十有余,皆不事畏者也。"②"不谨事主,其祸来至显。不畏敬天,其殃来至闇。"③违天、逆天、不

---

① 朱熹:《四书章句集注·论语·为政》,第54页。
② 董仲舒:《春秋繁露·顺命》,第85、86页。
③ 苏舆:《春秋繁露义证·郊语》,中华书局1992年,第396页。

但要遭受谴告、惩罚甚至会获取罪责，而且连自己内心也要接受审判和拷问。可见，作为信念本体的天，在人们心目中已具有任何别的东西都不可替代的崇高而神圣的地位。

四　性情的礼乐转化

有了性情才会产生敬、畏的意识；有了敬、畏的意识，才会觉得有对祭礼的高度重视与严格讲究。孔子"所重：民、食、丧、祭。"（《论语·尧曰》）为什么"祭"能够与人生在世的生（"食"）、死（"丧"）及存在者本身（"民"）取得同等重要的地位？恐怕就是因为"祭"直接关系着人心基本性情的塑建和培育，也最能够体现出人在信念本体面前的一般态度。所以，《礼记·祭统》说："礼有五经，莫重于祭。"① 孔子曰："慎终、追远，民德归厚矣。"（《论语·学而》）"慎终"是丧礼，"追远"是祭礼。二礼之重要是因为它们牵连着天下之教化的成败，是帝国精神文明建设的大计所在。只有在这样的礼仪活动中，只有从最原初的"未发"状态下的心志开始抓起，才能够最有效地把人民引向道德化、秩序化和文明化的健康轨道。荀子说得好："祭者，志意思慕之情也。""圣人明知之，士君子安行之。官人以为守，百姓以成俗。其在君子，以为人道也；其在百姓，以为鬼事也。"② 让人民在不知不觉中把"祭"当

---

① 陈戍国点校：《周礼·仪礼·礼记》，岳麓书社 1989 年，第 472 页。
② 《荀子·礼论》，见《百子全书》第一册，岳麓书社 1994 年，第 201 页。

作一种习惯性、风俗性的生活活动,从祭的礼仪中获得领会,这样就可以提高全民的德行水平,强化全民尊崇信念本体的心理素质。

应该说,敬、诚的性情是事祭、成祭的心理前提。《礼记·祭统》云:"夫祭者,非物自外至者也。自中出生于心也。心怵而奉之以礼,是故唯贤者能尽祭之义。"① 又,《礼记·祭义》要求在祭祀过程中应该"虚中以治之"②。祭祀之礼,只有崇敬、虚心、虔诚之至才能够真正打动天帝,与神灵相际会、沟通,才能达到实现个体精神超越和情感提升的目的。而如何才能体现出敬诚之志,按照什么样的法式进行祭?《礼记》的《祭法》《祭义》《祭统》篇以及董仲舒《春秋繁露》的《郊义》《郊祭》《四祭》《郊祀》《郊事祭》《郊语》和《祭义》等篇都不厌其烦地作了大篇幅的记载。这既说明了祭祀在中国古人信念本体及实际生活两个层面里所处的重要地位,同时也正好从另一个侧面证明了儒学起源于巫术、原始之儒与祭祀活动密切相关的观点。

董仲舒说:"故君子未尝不食新。新天赐至,必先荐之,乃敢食之。尊天、敬宗庙之心也。尊天,美义也;敬宗庙,大礼也。圣人之所谨也,不多而欲洁清,不贪数而欲恭敬。君子之祭也,躬亲之,致其中心之诚,尽敬洁之道,以接至尊,故鬼享之,享之如此,乃可谓之能祭。祭者,察也。以善逮鬼神之谓也。善乃逮不可闻见者,故谓之察。吾以名之所享,故祭之不虚,安所可察哉?祭之为言际也与。

---

① 陈戍国点校:《周礼·仪礼·礼记》,岳麓书社1989年,第472页。
② 陈戍国点校:《周礼·仪礼·礼记》,第465页。

祭，然后能见不见。见不见之见者，然后知天命鬼神。知天命鬼神，然后明祭之意，明祭之意，乃知重祭事。"① 真正的祭祀，即能够称得上"君子之祭"的"祭"，一个关键的心理前提就是"诚"，致心意之虔诚以治祭之事，虚怀若无而期待与帝神之灵性相感通。整个祭祀活动不但要身自躬亲，而且自心首先要敬诚，与祭祀相关的物器也应该保持净洁，只有这样才能与至尊之天（神）相接引、相交通，这样的祭才是最纯粹、最神圣的。至于祭的功能，董仲舒指出，只有在祭的活动过程中，才能体验、领悟到平日心境下所不能体验、不能领悟的东西。又由于此，才能接引天、命、鬼、神的晓谕和神授。又由于此，才能明白祭的根本目的和真切用意。又由于此，才能对祭之事予以充分的重视，也才能在祭祀过程中投入足够的敬诚心情。

对于信仰者来说，也只有在体验、领悟了天本体的神圣和威严之后，才能有"死而后已""见危致命"的献身精神，才能确立并成就伟岸无私的宗教性人格。"子张曰：士见危致命，见得思义。祭思敬，丧思哀，其可已矣。"（《论语·子张》）这恰好与孔子所说的"朝闻道，夕死可矣。"（《论语·里仁》）相呼应，只有被自己的信念认定为具有某种"无限"品格的对象，才值得自己奉献出整个生命。同时，也只有感到自己生命的富足而不需要再作任何添加的时候，人才有可能放弃自己的人生生活，放弃自己在世的一切存在。于是，个人的精神在献身中得到升华、提炼，实现与作为宇宙总体之"无限"的交汇，人的身心统一了，人与

---

① 董仲舒：《春秋繁露·祭义》，第91页。

神统一了。存在世界中的个人,超越了自身的相对性和有限性而与信仰已久的绝对、无限在这一时刻也已融合、并存了。也正是在这一时刻,人,才能自然地获得那种"不忧不惧"的人格力量和个体尊严。

"曾子曰:士不可以不弘毅,任重而道远。仁以为己任,不亦重乎?死而后已,不亦远乎?"(《论语·泰伯》)只有通过长时期的艰苦践履或勤奋修炼,伟岸人格的塑建才是可能的。孔子曰:"岁寒,然后知松柏之后凋也。""三军可夺帅也,匹夫不可夺志也。"(《论语·子罕》)所烘托和渲染的都是一种垂世特立的宗教性人格。同样,正因为有了这样的人格,才能时刻做好精神准备以保证为神圣与无限奉献出生命存在。"君子不忧不惧""内省不疚,夫何忧何惧?"(《论语·颜渊》)哪里来的这种自信和豪放?为什么能有如此宽广坦荡的情怀?这其间若没有神圣性和无限性的支撑则是根本不可能的。"如果问心无愧,没有内疚,则证明如此一生和当下存在……都属于自己,不欠'天理'(道德),不欠别人,在情感上超然独立,深感自己生命的富有,而'不忧不惧'。"① 其实又何止于此,应该还有更为关键的原因,即孔子的"内省不疚"已不仅包括对自我言行举止的反思、审查,而且还应该直指与神圣无限的通汇和融合,人最终所实现的身心统一、个体与总体的统一,使得人能够自我感觉到:我终于能在此刻与作为"无限"的天神上帝相际遇了,我没有辜负长期以来的不懈修持和艰辛锤炼。只有在取得来自本己的外在行为与来自内在的信念本体

---

① 李泽厚:《论语今读·颜渊》,第281页。

的双方面的精神支撑后,人才会产生出"与天地参"的魄力和气概。

于是,才能够有"有限"包容着"无限"的那种超然、满足、优越、宁静、安详、仁慈、宽恕的百般感觉,这是一种宗教性的愉悦体验,在儒学这是一种"乐"的境界。但儒学的愉悦是乐感的而不是悲情的。孔子曰:"兴于诗,立于礼,成于乐。"(《论语·泰伯》)这是孔门儒学信念本体以"诗——礼——乐"为主轴的一套完善的性情建构系统。

诗之所以曰"兴",是因为人的思维绝不可能只有、也不可能只止于知性概念,还应该有更为幽深的、情感化的诗性思维,有如海德格尔晚年所追寻的"思"(Denken)。诗,不但可以激发人的性情,启迪心智,可以帮助人培育起丰富的感性世界,而且还可以在现实的社会生活中发挥重要作用。"诗,可以兴,可以观,可以群,可以怨。迩之事父,远之事君;多识于鸟兽草木之名。"(《论语·阳货》)

至于礼,不仅仅是一种准则性、规范性的客观化存在,其实它也必须以性情为根基、以信念为依托,这样才能在人与人之间架起交往和沟通的桥梁。礼之"立"的前提条件就是人有相同的性情、有可通约的心理,即"人同此心,心同此情,心同此理。"

有了"诗"的主观意志、有了礼的社会性制约,最后才能够成就出"乐"。乐,使人性品位得到了进一步的提炼、升华,感性的与理性的、主观的与客观的在这里实现了高度的统一,这才是完成了的人,即这样的人才是真正完善的。于是也就不难理解,乐为什么能在孔子哲学中始终被置于最高、最后的地位。"知之者不如好之者,好之者不如乐之者。"(《论语·雍也》)"知"(即作为"工具理性"的科学与技术)可以增长才干、技艺,但却不能满足只有人才具有的精神性需求,也不能消除人世的痛苦和烦恼。而"好",因为只与感性的情感相关,少了知的理性形式的支撑,又显得单薄无力。"其为人也,发愤忘食,乐以忘忧,不知老之将至。"(《论语·述而》)所以,只有那个经历了"知"与"好"的阶段并包容了"知"与"好"的成分的"乐",才是最完满、最使人愉悦的本体境界。

孔子之乐,不止是音乐。孔子的乐之境,也不可能只是纯粹的欣赏享受,而应该更是一种宗教性的愉悦体验。"子在齐闻《绍》,三月不知肉味。曰:不图为乐之至于斯也。"(《论语·述而》)与单纯技能性的求知、学艺不同,"为乐之至"应该是一种宗教而又审美的精神体验。"《绍》尽美又尽善,乐之无以加此也。故学之三月,不知肉味,而叹美之如此,诚之至,感之深也。"[1] 至知、至善、至美的东西最终在宗教性的精神体验中实现了统一。向来拒绝主观因素介入和参与的纯粹知性形而上学是不可能产生这种"叹美"的,也不可能有这种"诚之至,感之深"的心灵体验。"饭疏食,饮水,曲肱而枕之,乐亦在其中矣。"(《论语·述而》)如果没有一定的精神支撑,如果没有与神圣无限相际会的满足,一个人是不可能心甘情愿地在如此简陋的物质条件中生存下来的。孔子与学生的"孔颜乐处"、董仲舒的"目不窥园"以及程颐弟子的"程门立雪",其中所潜含的那种宗教性执著和虔诚,无不以"乐"的境界为根本动力。

---

[1] 朱熹:《四书章句集注·论语·述而》,第96页。

"颜渊喟然叹曰：仰之弥高，钻之弥坚。瞻之在前，忽焉在后。夫子循循然善诱人，博我以文，约我以礼，欲罢不能。既竭吾才，如有所立卓尔。虽欲从之，末由也已。"（《论语·子罕》）所描述的不正是一种已经进入"乐"的境界的宗教体验?!"有所立卓"说明已经发现、领悟到了那个宇宙总体性的"无限"，并已经与神圣上帝取得了灵性的联络和沟通。"欲罢不能"则意味着已经陷入、沉迷于一种"乐"的宗教体验之中。

把这种看似神秘的体验进一步确证化、具体化或现实化，则似乎就是董仲舒所谓的"圣化"："是故善为师者，既美其道，有慎其行，齐时蚤晚。任多少，适疾徐。造而勿趋，稽而勿苦。省其所为，而成其所湛。故力不劳，而身大成。此之谓圣化，吾取之。"① 董仲舒这里所说的"师"，已不是西方哲学知性真理的化身，而是集至善的道德伦理、尽美的艺术判断和辨证圆润的处事方法于一身的"圣"。在这里，董仲舒已把那种属于本体界的"乐"的体验推及于现象世界，而演变成为一种艺术化的在世方式与方法。美其道、慎其行、任多少、适疾徐、造勿趋、稽勿苦、省所为、成所湛、力不劳、身大成，既有对大道的信仰，又有对修行的要求，从时间速度、情感投入的基本样态，直止事情的最终功效，这种艺术化的在世方式与方法几乎关涉着、贯穿于人的生存的每一个领域。"吾取之"中的"取"，颇有似于R·奥托所说的"感情交织"（die Numinous），说的不只是一般性的行为举动，而应该更是一种对宗教体验深怀崇敬与

---

① 董仲舒：《春秋繁露·玉杯》，第13页。

向往的感性态度、是一种对神圣无限的执著的精神追求。而一向排斥性情的知性形而上学、反对性情的佛教智慧从哲学内容、思维取向直止思想的表达方式上似乎根本就不屑于这种感性态度和精神追求。

感应与想象力

一、感应观念之起源
二、天人感应的哲学论证
三、感而遂通：从逻各斯到想象力
四、感应问题的后现代变式

性情形而上学是感应学说的基本前提。有性情才可以沟通，才能够感应。与性情一样，感应也是中国哲学乃至整个中国文化的一个不可忽略的大课题，甚至可以说是汉民族人文精神传统中屈指可数的家当之一。完全可以说，感应学说是中国古代的思想家们建构作为信念本体之天的哲学的神经中枢。

议论感应问题，无论如何汉代的董仲舒仍是一个不可忽略的人物。在通常印象中，"天人感应"几乎就是董仲舒哲学的代名词。人是有性情地活在世上的，所以总得要信点什么，但怎样去信，怎样才能信得真实，这就要靠心把自我与"无限"、事与物、现象与本体、意义与存在作有益的连结、粘合或勾搭，而这便是人心的感应功能。也正是在感应思想的基础之上，董仲舒才能够走进天人相与之际，作为中国哲学重要命题的"天人合一"才得以有效地论证。可以说，没有感应的思想，天与人这两个在传统西方哲学看来是截然不同的世界存在，是根本不可能相遇并结合在一起的。然而，感应思维发展至极端，要么是宗教，要么是迷信。即，一方面可以产生出极为强烈的宗教性的信念、信仰；另一方面，也可以滋生出祥瑞、灾异之类的谶纬迷信。

一 感应观念之起源

中国古代哲学里的感应，在对象、内容上尽管偶尔也涉及物与物、人与物，但主要还是指天与人之间的感通与应合。天人感应观念起源很早，其痕迹散见于先秦的远古典籍之中。在《诗经》中，一方面有关于人与"天"（"昊天"、"上天"）、"帝"（"上帝"）之间的情感纠葛，如对天、帝的埋怨、叹丧甚至仇恨，"瞻卬昊天，则不我惠。"[1] "彼苍者天，歼我良人。"[2] "浩浩昊天，不骏其德。降丧饥馑，斩伐四国。"[3] 天、帝似乎已被当作一种类同于人的、有性情的对象存在；另一方面，也萌发出"克配上帝""顺帝之则"的原始感应意识。在远古先民的观念中，天虽可敬可畏，但也并不是不可以交流的。"文王在上，于昭于天。"[4]

---

[1] 《诗经·大雅·荡之什·瞻卬》。
[2] 《诗经·国风·秦风·黄鸟》。
[3] 《诗经·小雅·祈父之什·雨无正》。
[4] 《诗经·大雅·文王之什·文王》。

人可以与上天相沟通，人死后的灵魂可以在上天中存在。尽管"天命靡常"①，人无法予以正确地认知或确凿地把握，但还是应该尽心尽力地去"昭事上帝"②"克配上帝"③。因为"赫赫在上""天监在下""上帝临女"④，即有一个准人格化的上天、帝神在监视你、明察你。无论个人的行为、还是国家的政治都必须与上天相称合、相呼应，努力做到与上天、帝神相一致，惟其如此，才能够"顺帝之则"⑤。否则，上天就会通过异常的天文现象来予以谴告、警劝。"日月告凶，不用其行。四国无政，不用其良。彼月而食，则维其常；此日而食，于何不臧。"⑥日食和月食现象的发生一定与人事政治的好坏得失有密切的关连。王无善政、法度废弛、奸佞当道，上天就要通过日月之食来预兆凶险。

所以，人君国主应该时刻对自己敲响警钟，所作所为不可懈怠麻痹。《周颂》记述，周成王在规戒自己时，不断地反省：

> 敬之敬之，天维显思！命不易哉！无曰高高在上。陟降厥土，日监在兹。维予小子，不聪敬止。日就月将，学有缉熙于光明。佛时仔肩。示我显德行。⑦

---

① 《诗经·大雅·文王之什·文王》。
② 《诗经·大雅·文王之什·大明》。
③ 《诗经·大雅·文王之什·文王》。
④ 《诗经·大雅·文王之什·大明》。
⑤ 《诗经·大雅·文王之什·皇矣》。
⑥ 《诗经·小雅·祈父之什·十月之交》。
⑦ 《诗经·周颂·闵予小子之什·敬之》。

尽管天道高高在上，但还是能够感察出、知觉到人的德行和过失，还可以对人予以奖赏和惩罚。其实，在这里，一个重要的思想前提已经根植于远古先民的心灵深处，即人与天是可以相互感通的。而上帝如何能够对人进行感察、知觉呢？"维此文王，帝度其心"①，"度"即转授，就是用自己的性情去体贴、思量、领会同类的性情，将心比心，在关涉生存的本体论意义上、在感性（包括感觉化的知识论和感情化的审美学）的层面上实现着彼此的交流与通汇。

《尚书》中也有不少感应观念的萌芽。"休征，曰肃，时雨若；曰乂，时旸若；曰哲，时燠若；曰谋，时寒若；曰圣，时风若。"② 人间君主的从政态度和施政效果可以从天气的冷暖风雨阴晴的变化上得到反映。"休"是美好、至善，如果人君治政称得上"肃""乂""哲""谋""圣"，天下则畅和清明，那么就肯定会出现风调雨顺、晴朗温暖的天候征兆。这里，天人感应的思想基础似乎已经昭然若揭。

　　惟天阴骘下民……天乃赐禹洪范九畴，彝伦攸叙。③
　　天降威，知我国有疵、民不康。④
　　惟时怙冒，闻于上帝，帝休。⑤

---

① 《诗经·大雅·文王之什·皇矣》。
② 《尚书·洪范》，见张道勤：《尚书直解》，浙江文艺出版社1997年，第86页。
③ 《尚书·洪范》，见张道勤：《尚书直解》，第78、79页。
④ 《尚书·大诰》，见张道勤：《尚书直解》，第97页。
⑤ 《尚书·康诰》，见张道勤：《尚书直解》，第104页。

　　　　故天弃我,不有康食。不虞天性,不迪率典。①

天帝是保佑民众的,人君的施政行为如果顺从天意,天帝就会喜悦而行赏;但若违反天意,天帝则动怒而降罚。而且,"天命不僭,卜陈惟若兹。"② 天帝的意旨在人世所展现、所表陈出来的征候不会有任何的差错或失误。实际上,这里已肯定了天与人之间有一种互通(人理解天,天赏罚人)的关系。所以,人或人君就有必要遵天顺帝。"乃命羲、和,钦若昊天,历象日月星辰,敬授民时。"③ "若"是顺从,"象"是取法,都有人必须与天相应和、一致的含义。"天既讫我殷命,格人元龟,罔敢知吉。"④ "格",意为感通。"格人",即能够沟通鬼神、预测吉凶祸福之人。强调人应该善于猜度天意,体悟上天的性情,从而遵守天人共有的法则、规律。"以哀吁天"、"呜呼!天亦哀于四方民,其眷命用懋,王其疾敬德。"⑤ 人有哀悲可以向天申诉、呼吁,天动情也可以怜悯、体恤人,这不是一种源于性情的天人感应又是什么?

　　春秋前期,辅佐齐桓公"九合诸侯,一匡天下"的管仲,对于天人感应似乎也有自己的见解。《管子·形势》说:"山高而不崩,则祈羊至矣。渊深而不涸,则沉玉极矣。"人之君王如果德性颇有建树、修持甚为厚重,则必然

---

① 《尚书·西伯戡黎》,见张道勤:《尚书直解》,第69页。
② 《尚书·大诰》,见张道勤:《尚书直解》,第101页。
③ 《尚书·尧典》,见张道勤:《尚书直解》,第2页。
④ 《尚书·西伯戡黎》,见张道勤:《尚书直解》,第68、69页。
⑤ 《尚书·召诰》,见张道勤:《尚书直解》,第130页。

会有各种祥瑞呈现于世。"万物之生也,异趣而同归,古今一也。"既然缤纷繁复的世界万物都可以"同归",那么,人与天之间当然也就有可通约性了。有了这种人与天有相互呼应、感通的可能性,人才能够与天相协调、相顺和。

> 其功顺天者,天助之;其功逆天者,天违之。天之所助,虽小必大;天之所违,虽成必败。顺天者有其功,逆天者怀其凶,不可复振也。①

管子进一步认识到了人事政治与天地自然的关系:凡人的所作所为,顺于天,那么天也会助其成功;如果逆于天,天则会将其置于绝境。凡得到天助的,虽所为甚少但也能成就出大的功业;凡被天所抛弃的,即使自己有所建树但也必然导致最终的失败。顺天者必有利益可就,而逆天者则必遇凶险。上天所行使出的奖惩赏罚一定与人的所作所为有着必然性的关联。《管子·五辅》曰:

> 天时不祥,则有水旱。地道不宜,则有饥馑。人道不顺,则有祸乱。此三者之来也,政召之。②

一方面,天地也有表示自身性情的欲求,以反映自己的喜好,天地不祥、不宜的征兆是通过水旱、饥馑来呈现的;另一方面,天道、地道与人道原本是统一的,都维系在"政"

---

① 《管子·形势》,见《百子全书》第二册,第1261、1262页。
② 《管子·五辅》,见《百子全书》第二册,第1284页。

之得失上。这是天人感应所依赖的现实基础。

在孔子的哲学思想中，建基于信念本体之上的天，与人之间也有一种相感通、可应合的取向。这表现在以下两个方面：首先，天似乎与人一样，不但有喜怒厌恶的性情，如："予所否者，天厌之，天厌之。"（《论语·雍也》）而且还有生、丧之功能，如，"天生德于予，桓魋其如予何?!"（《论语·述而》）"颜渊死。子曰：噫！天丧予！天丧予！"（《论语·先进》）而且天还有知与行的功能、作用，如，"不怨天，不尤人，下学而上达。知我者其天乎！"（《论语·宪问》）"天何言哉？四时行焉，百物生焉。"（《论语·阳货》）

其次，天人之间以圣者为中介才可以进行沟通，"巍巍乎！唯天为大，唯尧则之。"（《论语·泰伯》）人是天在尘俗世界里的延续，天人合体而不隔，天之则即是人之则，人事与天道实乃一体，人间治道所应该遵循、顺从的也是天道。

于是，天与人，这两个在形式上截然不同、两相分离的存在体系实现了统一，而真正形成了所谓"一个世界"，宇宙、自然与社会、人生被等同了起来，被视作一回事。儒学与上天入地的巫术的渊源关系，于此可以窥得一斑。此外，在孔子的观念里，人如果违拗天意，则必然遭受惩罚，"获罪于天，无所祷也。"（《论语·八佾》）说明天如同人一样，有感知、有判断，它可以觉察、审视人的一切所作所为。

春秋后期，协助越王勾践灭吴称霸的范蠡，也曾提出过"人事天应""人事与天地相参"的思想。《国语·越语》记载有范蠡与越王的对话。范蠡劝告越王说：

> 人事至矣，天未应也。王姑待之。
> 天应至矣，人事未尽也。王姑待之。①

这里所蕴涵着一个重要的前提是：天是有"应"的，即天可以对人事做出表态和反映。一切政治军事行动要想取得成功既要有人的主观努力，也得依赖于天所提供的条件。可以看出，在范蠡，天已不再是一种独立于人并与人无关的外物，而毋宁已经变成了人的一部分。范蠡还认为，帝王君主如果没有德性，就必然会引来"天地之殃"："彼其上将薄其德，民将尽其力，又使之望而不得食，乃可以致天地之殃。"② 所以，人应该以天、以地为一切国家政治和个人行动的参考坐标，积极主动地与天、地相应合，只有这样才能立于不败之境，"夫人事必将与天地相参，然后乃可以成功。"③

在中国古代天人感应思想酝酿和发育的过程中，《周易》的作用是不允抹杀的。甚至可以说，只有到了《易经》，天道、地道、人道三者才真正实现了哲学意义上的统一，天人感应或天人合一才获得了一个形而上的根基。"《易》之为书也，广大悉备：有天道焉，有地道焉，有人道焉。兼三才而两之，故六。六者，非它也，三才之道也。道有变动，故曰爻；爻有等，故曰物；物相杂，故曰文；文

---

① 李维琦标点：《国语·越语下》，岳麓书社1988年，第187、186页。
② 李维琦标点：《国语·越语下》，第187页。
③ 李维琦标点：《国语·越语下》，第187页。

不当,故吉凶生焉。"①《周易》中,每一卦有六爻,分处六级高低不同的位次,由下至上依次递进,分别名之曰:初、二、三、四、五、上。初、二象征"地"之位,三、四象征"人"之位,五、上象征"天"之位。六爻叠合,组成为一卦,于是天、地、人"三才"被纳入在一个卦体中。这在卦象形式上就已经预设了天、地与人的统一性和可沟通性。

《易经》中的"咸"卦专涉感应的问题。《易传·彖》曰:

> 咸,感也。柔上而刚下,二气感应以相与。……天地感而万物化生,圣人感人心而天下和平:观其所感,而天地万物之情可见矣。②

一方面,有感应,才有世界万物的产生,感应从一开始就与事物的存在状态相联系了;另一方面,感应离不开性情,当以性情为基础。天地万物之间可以感应,这从另一个侧面说明:性情是事物存在的普遍样态,是这个世界不可或缺的构成内容。性情是普遍的,那么感应也就不只是个别性的现象了。在"咸"卦中,不但天与人之间可以感应,甚至,人身体的不同部位也可以相互感应,如"咸其拇""咸其腓"

---

① 《易传·系辞下》,见高亨《周易大传今注》,第592、593页,齐鲁书社,1979年,济南。
② 《易传·彖·咸》,见高亨《周易大传今注》,第289、290页。

"咸其股""咸其脢""咸其辅颊舌"①。

《易传》以为：

> 同声相应，同气相求。水流湿，火就燥，云从龙，风从虎。圣人作而万物睹，本乎天者亲上，本乎地者亲下，则各从其类也。②

在性质、功能上有着相同特征的事物之间是可以应和、感通的。相同就意味着可以相通，水与湿、火与燥、云与龙、风与虎之间存在着盘根错节的、永远无法澄清的瓜葛和联系。从天上源出的事物一定具有高、上、阳的情结，生自于地里的事物一定会具有低、下、阴的属性和品格。大千世界尽管事繁物复，但有一个共同特点还是十分清晰可见的，即它们都"各从其类"，都可以通过彼此之间的感应而聚合在一起。"圣人"之所以高明就在于他们能够向世人指明这一共同特点，使之在世人面前昭然若揭。

> 方以类聚，物以群分。③

无论物，还是人，只能存活于一种可以与同类进行交往互动的世界之中，也只有在这样的世界之中，才能形成类的价值和个体的意义。在《易传》中，就连日月、寒暑等天体及

---

① 《易经·咸卦》，见高亨：《周易大传今注》，第 291、292、293、296 页。
② 《易传·文言·乾》，见高亨：《周易大传今注》，第 65、66 页。
③ 《易传·系辞上》，见高亨：《周易大传今注》，第 504 页。

其功能之间都可以相互感通。"《易》曰：憧憧往来，朋从尔思。子曰：天下何思何虑？天下同归而殊途，一致而百虑，天下何思何虑？日往则月来，月往则日来，日月相推而明生焉。寒往则暑来，暑往则寒来，寒暑相推而岁成焉。往者，屈也；来者，信也。屈信相感而利生焉。"① 正因为可以感通，于是才会有日月的推移、转换，才能够产生出普天的光明；于是也才会有岁月寒暑的往来交替，才可以泽惠天下生命。

不仅如此，《易传》还极大地突出了圣人在沟通天人过程中的作用。其实最先能够体会和领悟天人之间的感通的要么是能够凝合天人的巫师之类的神职人员，要么就是那些有着体恤民众疾苦、记挂百姓生存的情怀的早期知识分子，如儒者。

> 仰以观于天文，俯以察于地理。②
> 圣人有以见天下之动，而观其会通，以行典礼。③
> 《易》无思也，无为也，寂然不动，感而遂通天下之故。非天下之至神，其孰能与于此？夫《易》，圣人之所以极深而研几也。唯深也，故能通天下之志；唯几也，故能成天下之务；唯神也，故不疾而速，不行而至。④
> 是故天生圣物，圣人则之。天地变化，圣人效之。

---

① 《易传·系辞下》，见高亨：《周易大传今注》，第570页。
② 《易传·系辞上》，见高亨：《周易大传今注》，第511页。
③ 《易传·系辞上》，见高亨：《周易大传今注》，第518页。
④ 《易传·系辞上》，见高亨：《周易大传今注》，第533、534页。

> 天垂象，见凶吉，圣人象之。河出图，洛出书，圣人则之。①

天和地是神圣的，只有"圣人"才有资格去谈论天、评议地。同样也只有圣人才能把天地的大道彰显出来，展示给普通人看。无论"观于天文"，还是"察于地理"，或者"见天下之动"，都要求圣人用性情之心去"会通"。并且，这颗性情之心，还应该一直处于"深""几"的零点状态，因为只有在极敬、极诚的性情中，才能够了彻天地的意志、窥得万物生成的奥妙。从而直达心理信念中的"无限"本体，有感必应的天地万物便神妙地消融在一己之心中（即"感而遂通天下之故"）。这岂不是一种准宗教的神境?! 西方哲学中一向排斥性情的知性认识、理性逻辑或佛教智慧永远把天地（自然）当作了可征服的对象性存在，而不可能实现与它的交流和汇通，更不可能把它与自己融为一体。

"汤武革命，顺乎天而应乎人"②"乾，阳物也；坤，阴物也。阴阳合德而刚柔有体，以体天地之撰，以通神明之德。"③ 面对于天，人的使命和责任就在于把天之则主动地援引到现世生活中来，或者在本己生存的细微实践中积极地去体会、领悟天道的伟大，从而实现与天、与神（"无限"）的协调与统一。"天地变化，草木蕃。天地闭，贤人隐。"④ 这就是人与天相通应的一种最直观的现象学描述。"与天地

---

① 《易传·系辞上》，见高亨：《周易大传今注》，第540页。
② 《易传·彖·革》，见高亨：《周易大传今注》，第408页。
③ 《易传·系辞下》，见高亨：《周易大传今注》，第579页。
④ 《易传·文言·坤》，见高亨：《周易大传今注》，第86页。

相似，故不违。"① 人与天之间，不是对立的两极（如西方近代科学主义），而应该存在着一种同步共趋的联系。天不是作为人所征服、开发的对象即一种无知无情的物而存在，而毋宁与人一样有血有肉，有性情，似乎已经成为人生活世界的一个组成部分，甚至还是人们信念本体的最直接来源。所以，天在中国人的观念世界里始终占据着神性的位置，这便注定了现代化运动在中国也不可能走完它的完善成熟的进程。相反，后现代主义所倡导的许多内容，如反主体性、情感主义、多元化、环境主义，却有可能在中国扎下根来，并最终会彻底消融到中国精神的血液中去。

成书于秦汉时代的《吕氏春秋》似乎对感应问题也独有见地。相传原系驺衍遗说的《应同》篇指出：

> 类固相召，气同则合，声比则应。鼓宫而宫动，鼓角而角动。平地注水，水流湿。均薪施火，火就燥。山云草莽，水云鱼鳞，旱云烟火，雨云水波，无不皆类其所生以示人。②

这与《易传·文言·乾》的"同声相应，同气相求。水流湿，火就燥，云从龙，风从虎"的主张似乎如出一辙，抑或是对《易传》"各从其类"观念的直接继承。尤其坚信的是，同一类型的事物原本就是可以相互招引、相互唤应的，

---

① 《易传·系辞上》，见高亨：《周易大传今注》，第 512 页。
② 杨坚点校：《吕氏春秋·有始览·应同》，第 87 页，同时见诸《吕氏春秋·恃君览·召类》，岳麓书社 1988 年，第 188 页。

它们在本体状态上起先并没有任何差异,只是在进入现象世界后,由于事物形式多样性的阻隔,所以才有同类与不同类的区分。也正是在这一时候,才开始从气、声的现象存在中寻找"合""应"。《有始》篇说:"物之从同""同则来,异则去""成其类同皆有合"①。"仁也者,仁乎其类者也。"② 物是现象界的存在,它依据"各从其类"的法则与和自己近似的别物相感通、应合。这是从普遍意义上来理解"类固相召"的。而具体到天与人,《吕氏春秋》则以为,二者之间无庸置疑地存在着可感通之处,甚至按"类固相召"的原则,天、地、万物与人也可以形成共通。"天地万物,一人之身也,此之谓大同。""天斟万物,圣人览焉,以观其类。"③ 与《易传》一致,这里同样也强调了圣人在天地、人及物之间所起的枢纽和沟通作用。再进一步地具体化,人事政治也必定是与天相感应的:

> 凡帝王之将兴也,天必先见祥乎下民。④

如黄帝之时,地出"大螾大蝼";禹之时,草木秋冬不杀;汤之时,金刃生于水;文王之时,天有赤火,赤鸟衔丹书集于周社。总的看来,在感应问题上,《吕氏春秋》与《易传》当有一定的承接关系。从成书时间上分析,《易传》当在战国晚期至秦汉,而《吕氏春秋》编撰的下限则应在秦

---

① 杨坚点校:《吕氏春秋·有始览·有始》,第86、87页。
② 杨坚点校:《吕氏春秋·开春论·爱类》,第202页。
③ 杨坚点校:《吕氏春秋·有始览·有始》,第86页。
④ 杨坚点校:《吕氏春秋·有始览·应同》,第87页。

代。所以，极有可能的是，《吕氏春秋》受到了《易传》的影响。但从《应同》篇所讲述的内容看，《吕氏春秋》中对感应问题所做论述的深度和广度都没有超出《易传》。

　　散见于原始典籍中的天人感应思想，对中国哲学文化、思维方式乃至整个民族精神的最初塑建起着决定性的影响。因为有了天与人的感通、应合，所以，一方面，人，这种宇宙之中近乎唯一的生命存在，才不会觉得寂寞、空虚，人才会觉得：此生总有上苍天帝与我相伴随，尽管自己经受磨难、屡遭挫折，但还是相信天会注意到我，天总会出来主持公道和正义，而不会置我于死地。天不灭我，天助我也。天一直是与我在一起的。这便又是中国人把天扎根于自己信念本体之中的生动体现。正因如此，中国人群中就不容易产生出佛教式的寂灭感——空，也不会有基督教中慑于上帝威严的那种孤独感；另一方面，天与人拉近了距离。天，不再是遥远而不可企及的彼岸世界，它与人息息相通、随时可以施感于人。天，简直就是人的另一半。天既不是高于人、优越于人的"主"（Lord），也不是大彻大悟、常人极难修证的"佛"（Buddha），而是与人平等同构的存在者。人与天之间并没有拉开级差，于是人对着天，既可以举杯盛情邀请，又可以发出哀叹、感慨、怨恨甚至咒骂，但就是不会有那种基督教式的原罪感。中国人始终追求天人之乐、天伦之乐，天人和合的观念一直根植在人心的最深处。也正是因为如此，所谓"乐感文化"的产生才有了真正的心理学基础。再一方面，涉及于存在世界，天（自然）在中国人的心目中，从来就不是一种外在化的、对象性的存在，更不是肆意征服、开发甚至掠夺的对象物，而恰恰相反，天（自然）是人的一部分，人也是天（自然）的一部分。天（自然）不是近代科学主义意义上的工具、手段，而与人一样是目的、是人的本体存在的必要构成。这样就可以说，中国人有最原始而且又是最彻底的环境主义。这恐怕也是以强调人与自然相和谐的中国传统风水学，虽曾深经磨难却断没有沦为绝学，从来都是"好之者不绝"的深层原因。

然而，这种天人感应思想在对中国哲学文化、思维方式乃至整个民族精神产生良性作用的同时，也先天性地带来了许多难以克服的病弊。《易传·系辞上》所说的："感而遂通天下之故。非天下之至神，其孰能与于此？夫《易》，圣人之所以极深而研几也。唯深也，故能通天下之志；唯几也，故能成天下之务；唯神也，故不疾而速，不行而至。"似乎已经暴露出了感应思维的两个最为典型的致命弱点：即一，如何"感"？物物之间或天人之间的感应通过什么样的机制来完成？这种机制的发生基础又是什么？原理如何？等等，从《尚书》到《易传》，再到董仲舒，没有一个能说得清、道得白，大家重视和强调的都是感应的实用性，而对于感应的机理谁都没有真正的建树。这就如同中医、气功一样，有运用而无理论。二，感应思维的前提是感性，而感性的内容不仅有情感化的"情"，而且还有感觉化的"知"。虽然不应该过分强化理性的功能，但也不可能离开知性的分析和逻辑的推论。感应思维似乎一直都在强调以情去呼应、顺情而沟通，如《易传·系辞下》所曰："以通神明之德，以类万物之情"，却从来都没有提及作为"知"的认识论的一面。实际上，没有理智因素的介入和参与，感应就有滑入心理化、神秘化的危险。因为感应本身所具有的直接性、个体性和私密性,所以它就不可能获得一种普遍性的形式和一般性的规则,也就无法进入社会领域,无法进入意识形态,无法在更为广大的人群中进行交流。

感应,作为一种性情化的思维,本来的目的似乎是要感通天下万物,而恰恰在入口处就取消了理解的可传递性和公共性,过分的个人化、心理化倾向,反倒使得物物之间的可通约性失去了可靠的基础。一旦理性投以充分的逻辑推演,感应的防线便瞬间崩溃。适当的天人相分完全是合理的、必要的,认识论的存在也是人的生存在世最基本的需要之一。天人紧密地通合在一起,说明人的存在还没有走出原始的、混沌般的本体状态,也说明人的思维还粘合、附属在异物的身上,还没有达到纯思自身,人心还没有被完全地打开。没有经历过天人相分的阶段,对自然也就不可能有足够的认识,于是以儒家为主干的中国文化便先天地缺失了现代科学产生和发展的思维基础。把天人感应这种思维方式放到现实生活层面上思考,其作用和意义尤值推揣。今后中国社会的发展(其实说"推展"似乎更妥帖,因为"发展"一词已经被染上了浓厚的现代性特色,即意味着社会只朝着更高、更快、更强的维度进化,而很少理会更真、更善、更完美的方向。发展并不等于就是好的、就是完善于人的)可以说是——成也感应,败也感应。我们能否在天人感应、天人合一思维的大传统下,发展出先进的科学技术和法制化的制度文明,在保护自然生态与满足人类需要之间寻找一种张力,而获得可持续发展。也许,这是一种完美主义心态下的绝对化追求。也许这并不是一个很好的答案,但作为现时代中国的知识分子却没有理由不对这一问题做出思考。

二　天人感应的哲学论证

先秦典籍中关于感应的记载是零散的，大多属火花式的迸发，感应的观念还处于意识萌发的初始状态，还没有在理论化、体系化和知识化背景下被论述、被理解。中国古代感应思想的集大成者，当属董仲舒。到了董仲舒这里，感应，尤其是天人之间的感应，已被建构起一套完整的系统，他提出了系列的概念、论述了一般性的原则，有"逻辑"的推演，也有实际的应用，感应思想被推向了成熟的形态。

（一）天道各以其类动

董仲舒的感应学说中有一个核心概念："类"，在语义学上它含着象、似、类比、类推的之意。董仲舒以为，物物相感、天人相应的根据就在于：同类相动、以类度类。董仲舒说："天道各以其类动"①"同者相益，异者相损"②。相同类型、相同性质的天下万物是可以互动、可以彼此沟通的，甚至只有相同事物之间才有可能相互助益，而相异事物之间却容易导致彼此损丧，这是自然世界及人类社会的一条普遍性法则，也是感应发生的基本前提。"天道施，地道化，人道义。圣人见端而知本，精之至也。得一而应万，类之治也。"③ "类"是世界存在之间的可通约性，通过

---

① 董仲舒：《春秋繁露·三代改制质文》，聚珍版本影印，上海古籍出版社1989年，第44页。
② 董仲舒：《春秋繁露·天地阴阳》，第99页。
③ 董仲舒：《春秋繁露·天道施》，第99页。

"类",才能建立起物与物之间的交汇。天、地、人三者之间在本体状态上是统一的,而进入现象世界,它们之间也存在着性质、本质和品格上的类似和相通。找到了这种类似和相通也就找到了"类",抓住了天、地、人之中的"一",从而就有可能与万事万物建立起感应的联系。《春秋繁露》中有《同类相动》一篇专门论述怎样通过"类"而实现感应。在这篇非常重要的论述里,至少蕴涵着董仲舒感应思想的五层基本内容。

首先,从存在方式上讲,世界万物总有一种"去所异"、"从所同"的趋向。"以类相召"是现象事物的共同属性,是现存世界的一般规律。如《易传·文言·乾》所说的平地注水、去燥就湿,均薪施火、去湿就燥,云从龙、风从虎之类。美好的事情一定可以招致出美好一类的事情,而坏恶的事情则当唤引来坏恶一类的事情,同类之事一定会相应合而生起。"天地之符,阴阳之副,常设于身。身犹天也,数与之相参。……于其可数也,副数;不可数者,副类。皆当同而副天,一也。……以此言道之亦宜以类相应"[①]。甚至,天与人之间在"数"和"类"双重意义上都可以比附、通合,可数的地方,人与天等同;不可数的地方,人与天类似。

其次,从感应的发生机制上看,因为气同则会、声比则应,所以,阳之气当益助于阳性的物事,而阴之气也一定会益助阴性的物事。从阴阳之气的沿袭、继接关系上,可以明确地推断出同类与异类物事的益、损情况。譬如,在琴瑟的

---

① 董仲舒:《春秋繁露·人副天数》,第75页。

一根弦上，敲打出宫音，那么其它弦上的宫音也会有响应；而若击以商音，那么其它弦也会发出商音。董仲舒甚至以为，宫、商、角、子、羽五音中相近者可以引起共鸣，这并非有神灵在起作用，而是"数"的必然、"类"的必然。这里，声学力学中的共振现象被董仲舒当作了阴阳之气作用的结果。在董仲舒的哲学里，感应的中介、媒接或感应发生的前提，来自于两方面，一是阴阳之气，一是性情。但说到底，这两个方面又是统一而不可相分的，如"阴阳之气，在上天，亦在人。在人者，为好恶喜怒；在天者，为暖清、寒暑、出入、上下、左右、前后平行而不止。"[①] 性情乃阴阳之气在人身上的表出和反映。感通必定因阴阳之气而生起，经性情（不止于人，物也可以有性情）而呼应，才能得以最终的完成。

至于阴阳之气、阴阳之行如何促使同类事物间的相动、"相报"，《春秋繁露·阴阳终始》作了详细的说明：由阴阳之气所决定的天体运行，其基本轨迹和规则是：冬至以后，阴之气开始入归于西方，而阳之气则开始从东方生出。到了春夏之时，阳气多而阴气少；到了秋冬之时，阳气少而阴气多。阴阳之气的出入与损益，一定与它们的同类有着互相应就、彼此证验的关系。阴阳之气相交合（"侠"），则产生出万千事物的复杂更变。春、秋均位于阴阳运行的中正状态（"合别"），阴阳之气调和适宜。至春之时，少阳从东方而出应就于木，它所带给世界万物的是生之性；至夏之时，太阳从南方而出应就于火，它所带给世界万物的是暖之性。少

---

① 董仲舒：《春秋繁露·如天之为》，第97页。

阳、春、东方、木之间有着性质和本质上的接近,同样,太阳、夏、南方、火之间,少阴、秋、西方、金之间,太阴、冬、北方、水之间也一定能够在构成、品格、功能、趋向等方面进行交汇与并合。这就叫"各就其类",也是世界存在的一般规律,即事物"经""伦"或"正"之所在。

第三,感应不只是单向的、一维的,而毋宁是双向的、多维的。感应所面对的总是一个性情化的存在体,所以感应就总是在相互之间进行的,而不可能是一方绝对地有、另一方绝对地无,不可能是一方向另一方的颁布或施予,如基督教的上帝对于人、康德的道德律令对于人。在董仲舒,天有阴阳,人亦有阴阳。如果天地的阴气生起,那么人的阴气也必然随之应出。同样的道理,人的阴气生起,天地的阴气也会随时作出反映。通晓了这种应合关系后,如果要求雨,就应该充分发动、彰显人的阴性因素,这样可以使得天阴之雨随感而出;而如果要止雨,则必须积极调动、激活人的阳性因素,这样就可以使天暴出晴朗之阳。其实,包括祸福在内的世界上的许多物事都是由阴阳之气的进退、交感、类动而产生的。

第四,人如何领会感应?这是感应获得可传递性、走向社会交往领域的核心问题。"《诗》云:他人有心,予忖度之。[1] 此言物莫无邻。察视其外,可以见其内也。"[2] 董仲舒以为,应该借助于"度",即用心去思量、比拟、揣测、感通对象。《韩诗外传》强调说:"圣人以己度人者也。以心

---

[1] 《诗经·小雅·小旻之什·巧言》。
[2] 董仲舒:《春秋繁露·玉杯》,第14页。

度心，以情度情，以类度类，古今一也。类不悖，虽久同理。"① 而又如何实现"度"呢？则应该依靠"内视反听"。"反听"为聪，"内视"为明，而这一切都得凭借本己之心去领会、感应。于是，一方面，感应可以通向性情形而上学，与"气"一样，性情在理论上也当然地成为了物物感通的不可或缺的媒介和中接。在心情类同的情况下，以心才能度心，以情才能度情；另一方面，感应的演进则必然导致神秘化、个体化和心理化倾向的出现，儒学的宗教性似乎已成了感应观念中的应有之意。

第五，紧接着《易传》，董仲舒在这里又强调了圣人在沟通物类过程中的作用。对于琴瑟奏宫、它宫鸣应这样一类的事实，对于万物去其所异而从其所同、气同则会而声比则应这样一类的道理，常人总以为肯定有某种神秘的东西在背后起作用。其实，此间并不存在神的因素，而只不过是感应的缘故。美物召美物、恶类引恶类，这种事情似乎都可以从感应中找到原由。"天道各以其类动，非圣人孰能明之？"② 常人不以"心"去应和天地物事，不理解"类"相感通的必然性，所以就相信了命、神因素的存在。

至于物与天之间，董仲舒认为，也是可以相互感应的。"物莫不应天化"③ 从发生学意义上看，世界万物的生成都禀受于天，来源于天，因而就都具有与天相感通、相应合的潜质。"故天地之化，春气生，而百物皆出；夏气养，而百

---

① 苏舆：《春秋繁露义证·楚庄王》，中华书局1992年，第15页。
② 董仲舒：《春秋繁露·三代改制质文》，第44页。
③ 董仲舒：《春秋繁露·王道通三》，第68页。

物皆长；秋气杀，而百物皆死；冬气收，而百物皆藏。是故惟天地之气而精，出入无形，而物莫不应，实之至也。"①天地阴阳之气在春天的时候开始发出，于是便有万物的产生；到了夏季，阴阳之气侧重于养，于是便有利于万物的成长；在秋季，阴阳之气有一种肃杀的品性，于是便导致万物的死亡；而在冬令，阴阳之气偏于收、萎，所以万物就不得不开始敛藏起自己。尽管天地阴阳之气很精微而不太彰显，其运行出入也没有可触可辨的形迹，但是它可以通过与每一个世界存在物的感通与应合而把自己表现出来，天与物的互通、物与天的相应并不玄虚、飘渺，而毋宁是非常确凿的客观事实。

"天道各以其类动"，但异类事物之间是否有"感"？能否因"感"而"动"以及如何因"感"而"动"？这是董仲舒感应学说里的又一方面内容，是"感应"能否获得普遍意义的关键。既然如《易传·系辞上》所说："感而遂通天下之故"，感应是存在世界的一般法则或普遍规律，那么，感应就不可能只在同类事物之间可以发生，而且在异类事物之间也应该是存在的。在《春秋繁露·郊语》篇中，董仲舒提出了他的异类感应的观念：醋，可以驱散烟味；鸥，一种鹰类之鸟，其羽可以清除入眼的异物；磁石可以吸引铁器；颈金乃真金，聚焦于日光之下即能够燃出火来；蚕之将老，腹中之丝，正黄，自外视之，如日月之晕，吐出后，非常干脆，而五声之中，商音最为细急，所以，蚕在作茧时候，切忌弹奏商音之乐；谷物丰收了，说明田野里的杂

---

① 董仲舒：《春秋繁露·循天之道》，第92页。

草就不是太多；那种能够杀虫防蛀的芜菇只适宜在燕北之地生长；而橘枳在荆楚区域成活的可能性却不是太大。这里，董仲舒把光学物理学、声学物理学、植物地理学、农学、植物学等自然学科中的常识也拉进了哲学体系，以为他的感应思想提供进一步的客观依据，也不顾这些事实能否真正地有利于感应原理的论证和说明。董仲舒的结论是："造化之性，陶甄之器，非为同类相感，亦有异类相感者，若慈石引针，琥珀拾芥，蚕吐丝而商弦绝，铜山崩而洛钟应，其类烦多，难一一言也。"① 从同类相应到异类相感，董仲舒这一步似乎跨得太大、太快。如果说"天道各以其类动"，还能够从阴阳之气的运行角度得到一点证明，那么，"异类相感"就显得苍白、空乏而无说服力，"感"得未免太悬乎了，与天道哲学体系本身还有隔膜不润之处。中国哲学家对许多哲学命题的论证都是无法进入其核心的，往往一到关键的地方就骤然而止、语焉不详，把剩下的疑难、困惑和问题全都留给读者去想象、去发挥。

（二）由阴阳性情而感通

感应的中介或媒接在阴阳之气、在性情。情与气，作为沟通天人或连接物物的桥梁，其实是一致而不相悖逆的。"夫喜怒哀乐之发，与清暖寒暑其实一贯也。喜气为暖而当春，怒气为清而当秋，乐气为太阳而当夏，哀气为太阴而当冬。四气者，天与人所同有也，非人所能蓄也。故可节而不可止也，节之而顺，止之而乱。人生于天，而取化于天。喜

---

① 苏舆：《春秋繁露义证·郊语》，中华书局1992年，第395页。

气取诸春,乐气取诸夏,怒气取诸秋,哀气取诸冬。"① 人从天出,取法于天。人情之喜,为暖性,与少阳、春天相当;人情之怒,为清性,与少阴、秋天相而;人情之乐,为太阳、暑日相当;人情之哀,则与太阴、冬日相当。情与气,在人也在天;情与气,通人也可以通天。《春秋繁露》的《同类相动》篇曾论述过同类事物经由阴阳之气而实现的感通。

至于同类事物的应合如何由"情"而发,董仲舒在《天辨在人》篇中以天人关系为例,做了这样的分析。在董仲舒看来,原本属于人的喜、怒、哀、乐之情,天也有。而原本属于天的春、夏、秋、冬之气,人也有。一方面,人有春天少阳之气,于是才会去博爱、宽容;人有秋日少阴之气,才有可能立严、成功;人有夏时太阳之气,才可以盛养、乐生;人有冬令太阴之气,方能够哀死、恤丧。另一方面,天如果没有喜气,也不可能生出暖阳而化育万物;天如果没有怒气,则不可能澄清世界而实现事物的新陈代谢;天如果没有乐气,万物阳的属性就不可能得到疏展并获得养长;天如果哀气,万物阴的属性就不可能被激活并处于闭藏状态。这样,天与人就都具备了感应活动本身所要求的双向性和多维性。这是感应发生所依据的前提条件。也正因为有了这样的条件,四时与人情之间才有了性质、品格、作用等方面的可比拟性,如春与爱、夏与乐、秋与严、冬与哀都是可以相配称的。这样,天与人的"合类"才有可能实现。

感应,不同于逻辑推理或知性演绎对性情因素的一味拒

---

① 董仲舒:《春秋繁露·阳尊阴卑》,第66页。

斥，相反它一定要由"情"而发才能够产生和实现。同时，也只有由情而发才能够导致出至深、至真、至切的感通与应合，董仲舒说："故声发于和而本于情，接于肌肤，臧于骨髓。"① 惟有那种以情为本、动之以情的"声"（或音乐，或语言，或诗歌，等）才能暴发出震撼灵魂的力量，才能由感官、存在而直达本体的意境，才能入心入骨，才能起到"类"感应的最佳效果。所以，董仲舒才说："孔子作《春秋》，上揆之天道，下质诸人情，参之于古，考之于今。"② 没有了天道、没有了性情，参古考今无论如何是不可能的。可见，情是感通的枢纽。

天与人的感应，是董仲舒感应学说乃至其整个哲学的重要组成部分。《春秋繁露》中，董仲舒曾从"情法于天""治道"与"天道"、政制人事与天相应、"人副天数"等方面对感应问题进行了详尽论述。

如果承认天人合类而为一，那么，这个"一"的形式是什么？以及二者是如何相"一"的？一如《天辨在人》篇所说，喜怒哀乐的性情，不独为人所有，同样也为天所有，这是一种天与人的副和。另一方面，春秋冬夏之气，天具备，人也同样具备，这是一种人与天的类通。天人本属一类，春——喜——生、秋——怒——杀、夏——乐——养、冬——哀——藏，这四种属性和功能是天与人所一样具有的。正因为如此，天与人才能够共同遵循一样的规则，实现

---

① 班固：《汉书·卷五十六·董仲舒传》，岳麓书社1994年，第1096页。
② 班固：《汉书·卷五十六·董仲舒传》，第1104页。

真正的统一。这就解决了天人相"一"的形式问题。至于如何相"一",董仲舒以为,首要的一点就是,人道与天道的一致。人道与天道同合,天下大治,诸事大吉;而与天道相异,天下则一定大乱,凶祸必至。涉及于政治学领域,人君国主应当深明"身"与"天"相感通的道理,能够从四时有条不紊的运行现象中,领悟出:自己的喜怒发出一定要符合"义"的原则,从而使得为政之策德化多于刑罚,就如同天之阳气多于阴气。这样,天与人就实现了统一。"天人之际,合而为一。同而通理,动而相益,顺而相受,谓之德道。诗曰:维号斯言,有伦有迹。此之谓也。"① 天与人因为类同而遵循一致的原则,两在于天人的阴阳之气由上下、左右、前后、出入路径的协调运行,交感互动,彼此相生、相授,于是便进入了真正的"天人合一"。天与人的相合,是宇宙大道在天人之际的表现、具出,所以也可称为道的具体落实,即所谓"德"。

(三) 人副天数

董仲舒天人感应学说中的一个最为著名也是非常重要的命题是"人副天数"。既然"人生于天,而取化于天。"② 那么,人的形体结构、血气性情乃至德性政制也必定与天有着许多相同或相似的地方。"人生于天,而体天之节。"③ 人为天所生,所以人的一切都必然要取法于天、效仿于天。因

---

① 董仲舒:《春秋繁露·深察名号》,第60页。这里的"有伦有迹"亦作"有伦有脊",见《诗经·小雅·祈父之什·正月》。
② 董仲舒:《春秋繁露·阳尊阴卑》,第66页。
③ 董仲舒:《春秋繁露·官制象天》,第46页。

为造设出人的是天，天是人之为人的源出，这就从根本基础上决定了人与天的可比拟性、可通合性。尽管其它万物也由天所造设，但由于"唯人独能偶天地""所取天地多者"①，所以只有人，才是天的副本，能够与天相符合、相配称的非人莫属。天之数可以育化出人之形体，天之志通由人之血气而能够成就出仁，天之理被融进人的教化德行后所表出的则是义，天的暖清寒暑化入于人心则变为好恶喜怒的性情，人的受命当然也得禀受天之四时才能完成。"求天数之微，莫若于人。……人之与天，多此类者，而皆微忽，不可不察也。"② 董仲舒极为有效地把天数、人体、官制纳入了一个近似完整的系统结构之中：

天数	四时	每时三月	十二月	岁数终
人体	四肢	每肢三节	十二节	形体立
官制	四选	每选三臣	十二臣	事治行

在这个系统结构中，一方面，人体、官制的形成以天为源泉，人自身以及由人组成的系列社会体制都从天那里获得存在根据；另一方面，天、人、政制形式之间的"相参相得"、彼此感通，又构成、导致了整个系统结构的稳定与和谐。人与天这种类合，经常可以从这些极容易被忽略的精微现象、不显之事中获得证验。

董仲舒的《春秋繁露》中专有《人副天数》一篇，具

---

① 董仲舒：《春秋繁露·人副天数》，第75页。
② 董仲舒：《春秋繁露·官制象天》，第46页。

体形象地说明出人与天相副、相合的情况。在现代科学普及的今天看来，董仲舒的这些观念几乎没有一点根据而只是违背生活基本常识的生硬比附，显得相当荒唐、可笑。但在中国古人的心目中，这些比附却是上天造人事实的显著标志，是人与天合信念的现象根据。无论在形体、器官方面，还是在功能、属性、数目方面，人与天的一一对应，都是人所生来与俱的。人与天的比偶、弇合，在可数之处一般都会与天之数相等同；至于不可数之处，则在性质、作用等方面肯定与天相一致、相类通。其实，作为天人感应学说的一个部分，天人相副的观念在汉时代已经是相当流行，从《淮南子》，到《黄帝内经》，直至东汉的大量纬书，几乎没有一个不大讲特讲天人相应、人副天数。董仲舒还只是其中的一个环节。

比较之下，《淮南子》（主要反映在《天文训》《精神训》篇中）偏于简略、粗放，只有单纯的物理类比，而不及精神心体；《黄帝内经》（主要集中在《灵枢·邪客》篇）则趋于细密、完备，但也只涉于医学现象学的直观描述；而发展到纬书时期，人与天副则过多地掺入了主观想象或人为虚拟的成分，从而又被推向了迷信的极端。董仲舒在此间的作用和地位体现在：他把"人副天数"纳入了"天——人"系统结构中加以消化和吸收，从而使人对天的"副"（或合、应、通、感等）具有了宇宙本体和信念本体的双重性质。董仲舒的天，不可能是纯粹的天空（sky），也不可能是绝对的神（God），而是人——包括自然化的身体形状和社会性的伦理政制构成两个基本层面——心理信念的来源，并由此成为人间治道的最高根据。

可以说，董仲舒的"人副天数"，已经扬弃了那种物理的、自然的现象描述，已不是一种知识论层面上的求证；而毋宁已渗进了心理学、宗教学、社会学的生动内容，成为一种本体论意义上的关怀。透过董仲舒的那些无法经得起现代科学眼光审视的类比与副合，也可以看他的体系与内容的矛盾。即，一方面，阴阳五行的结构框架要求人在自然形体直至社会政制方面有与天的绝对符合和无条件统一；另一方面，无论天的性情，还是人的性情，都有照顾情实、面对特殊的要求，随时都有突破这种结构框架中那些僵死原则乃至砸碎这种结构框架本身的可能性。所以，仅仅通过"人副天数"的表面陈述，而一味嘲笑董仲舒的简单或无知，未免显得过于粗暴。

（四）因五行而用事

人与天的感应，从理论目的上看，是要以天为借口、以本体为理由而对人事行为进行有效地限制与约束，从而建立起一种高度稳定而又可以无限绵延的伦常世界秩序。切入感应的进路不只有一条，除了阴阳之气之外，还应该有五行之运转。如果只停留在阴阳之气这一步，说明董仲舒对感应所做的建构工作远没有完成，他还应该再从五行运转的视角予以论证或确认。在董仲舒那里，人事行为与五行之间也存在着彼此感应的关系。

《春秋繁露》中专有《治水五行》一篇，其文指出：一年三百六十日，从冬至算起，以七十二日为单位，天时之主分别为木、火、土、金、水。

（1）从冬至到惊蛰的第一个七十二日，是木主事，天地之气燥浊而青。在此期间，人应该顺木性而行事，要具备温良、谨慎的品德。到立春之时，解除桎梏束缚、排去稽留污垢，打开门阖，清理障塞，怀念幼孤，同情寡独，注意切不可砍伐林木。

（2）从惊蛰到小满的第二个七十二日，是火主事，天地之气惨阳而赤。在此期间，凡人所为应当取法火性，勘疆勒土，耕治田畴。到了立夏的时候，选拔贤良，封赏有德有功之士，也可以派使节前往各国进行外交活动，此间最忌讳纵火焚烈。

（3）从小满到大暑的第三个七十二日，是土主事，天地之气湿浊而黄。人在此时应该遵循土德，敬养长老，心存幼孤，情系寡独，行施孝弟，普施恩泽，但不可兴土动工。

（4）从大暑到寒露的第四个七十二日，是金主事，天地之气惨淡而白。在此期间，人当依据金性行事，可以建城筑郭，修缮墙垣，行谨言慎，饬养甲兵，警儆百官，诛杀不法之徒，尊奉长老，万不可焚烈金石。

（5）从寒露到冬至的第五个七十二日，是水主事，天地之气清寒而黑。当此之时，人之所为应以水性为范则，关闭门闾，整顿内事，决断并实施刑罚，修饬关驿桥梁，禁止旅行迁徙，绝不可开堤毁坝。

这里，董仲舒已经把包括人心、生活和社会政治在内的世界全部纳入到他的五行构架中，人在什么时候应该做什么，似乎一切早已被天所预设、所决定了，人自己所能做的不允许跳出这个固定死板的框架。这样，人就不会是属于自己的，而毋宁是一种先天的产物。人不再是一种生成性（becoming）的存在者，而已变成为一种现成性（being）的物质存在。这也难怪司马谈在评论阴阳家时曾指出:"夫阴阳、四时、八位、十二度、二十四节,各有教令。顺之者昌,逆之者不死则亡。未必然也。故曰:使人拘而多畏。"①本来,在"中民之性"的性情理论中还给人留有能动、自主的地盘,但到了感应学说里,董仲舒却几乎置人于不顾。尽管感应是双向的,天人是可以互感的,但董仲舒所执著强调的还是人对天的绝对遵从。这不能不是董仲舒思想的矛盾所在,是天学哲学体系乃至整个汉时代学说粗拙性的一个明显反映。

三 感而遂通:从逻各斯到想象力

感应的观念是中国哲学乃至整个中国文化的一个大课题。感应所牵动的问题领域不只是人对天的信念依赖、人与天的交流和沟通,还应该涉及包括意象、类比、隐喻、感通、想象等方式在内的人的思维。而这就与向来重视并崇尚理论理性的西方哲学思维传统形成了鲜明的比照。理性(reason)是西方哲学的起点,也是希腊精神的核心。自苏格拉底主张"美德即知识"②、柏拉图的"理念论"出现之后,理性在整个西方哲学中几乎一直占据着垄断、统治的地位。经中世纪和近代的发展、完善,最终形成所谓"理性逻各斯主义"。理性思维的一个最为显著的特点就是:以范

---

① 司马迁:《史记·卷一百三十·太史公自序》,岳麓书社1988年,第941页。

② 柏拉图:《美诺篇》,86D—89D,见《古希腊罗马哲学》,商务印书馆1982年,第163页。

畴、概念、判断为基点,以逻辑、演绎、推理为方法,以确定性、清晰性和统一性为目的。但是,中国的哲学和中国的思想在主导方面,却与西方有着明显的不同。中国人思维的主要倾向在于少用甚至不用逻辑、演绎、推理的方法,甚至连确切的范畴、概念、判断都找不出来,更谈不上思维过程与最终结果的确定性、清晰性和统一性了。

(一) 意象思维与想象

中国人的思维不是逻辑型的,而毋宁是一种意象型的,或可称之为"意象思维"。这种意象思维在本质上是一种直觉思维,它讲求在具体、当下的实际情境中由象及意、由现象直达本体。从而,思维与对象、人与物、主观与客观、知性与感性、存在与本真之间实现了有效的、真正的统一,于是才不致于"有隔"。这种意象思维以一定的性情为发生基础,非常重视通过心理情感去挖掘对象的意义存在,探究出特定境遇下的感受和体验,而达到思维主体与对象的拟人化衔接,因此,它在性质上也算是一种"感应思维"。由于逻辑、演绎和推理实际操作的需要,所以理性思维就产生出对概念、语言的高度依赖。没有概念、没有语言,思维就失去了传递的标志,理性甚至根本就无法展开。而如果没有逻辑、没有演绎,理性思维则不可能迈出一步,因为理性是按照因果锁链一步一步地推导出来的,逻辑和演绎是必然性所能产生的根据。但这一切对中国哲学来说并不必要。中国哲学所强调的是"意"的重要,一般只重视对象在人心中的意义存在,认为得意可以忘象、得象可以忘言。

既不重概念、语言,又不要求逻辑、演绎,那么,中国的意象思维靠的究竟是什么？或者说，意象思维的根据何在？最直接的回答可以是：人同此心，心同此理。也就是中国人常说的推己及人、将心比心。这在中国人的观念里、在中国的传统哲学里几乎是不言自明的道理，根本无须任何实证化的理论分析与解释。但如果非得深入追问下去，就会发现，进一步的答案则应该是：人心内在的想象力以及由此而引发出的建基于物莫无邻、以类相召之上的感通与应合。《说文解字》曰："感，动人心。"① 可以看出，心在感的过程中充当着至关重要的作用，惟有心才是感与动的主体、来源。感是依赖于"心"的，感是心在发动之后所产生出的精神现象。康德曾经说过："人类的知识有两个核心，即感性和知性，也许它们产生于一个共通、但又不可知的根（Wurzel）。"② 这里，感性与知性的发生之"根"不是别的，就是人所共有的"性情"（Gemüt），在这个近乎神秘的"根"里，感性与知性以及心中存在的一切都是可以相通的。因此，这个根、这个心就只能是与感应有关的人的"想象力"。想象力在知识形成和思维发生过程中扮演着重要的、不可替代的角色，是人的"统觉"实行综合统一的先验条件，康德说："总之，综合是想象力（der Einbildungskraft）的纯粹功能，想象力是心的盲目的、但又不可缺少的功能，没有想象力，我们就完全不能有知识，但是我们却

---

① 桂馥：《说文解字义证》，第910页。

② Immanuel Kant, Kritik der reinen Vernunft, Felix Meiner Verlag, Hamburg, 1993, Seite 58.

很少能够意识到它。"① 想象力是人类知识能够形成甚至是情感意志所发生的前提。董仲舒说："心之所之谓意。"② 作为"心之所"的"意"，不仅是人的一种意志能力，而且更是人心的一种想象、意象能力。

想象通于意象，类似于英文的"Image"。在英语世界里，Image 既可以是心理学层面上的表象、映象、心象，也可以指语言学层面上的象征、隐喻、比拟。而这些无疑都是人心想象的产物。由 Image 衍生出来的"Imagination"则就是想象或想象力。意象对于解决思维与对象、人与物、主观与客观、知性与感性、存在与本真之间的对立和矛盾起着一定的积极作用。逻辑、演绎和推理的一个致命缺陷就在于，作为一种纯粹的知性形式，根本无法让心与物、思与物粘合到一起，这中间还缺少一个必要的中介或过渡。康德以为，这个必要的中介或过渡就是人的"判断力"（die Urteilskraft）。判断力是人心的一种把特殊包涵在普遍之下来进行思维的能力。"在高级知识能力的家族里，在知性与理性之间的确还存在着一个中间体，这就是判断力。""在我们的知识能力的总体秩序里，判断力，是介于知性与理性之间的中间体。"因为审美判断作为人的主观性的判断力，具有一种包容、摄纳（enthalten）的能力，在它自身里，想象力的自由与知性的规律相互激活，最终甚至，判断力也使得"从

---

① Immanuel Kant, Kritik der reinen Vernunft, Felix Meiner Verlag, Hamburg, 1993, Seite 116.
② 董仲舒：《春秋繁露·循天之道》，第 93 页。

自然概念的领域到自由概念的领域的过渡成为可能。"① 知性的立法功能与理性的纯思形式通过判断力而得到结合。而这个判断力又依存于人心所发挥出的想象力，甚至就是想象力的一个现象。康德在《判断力批判》一书中非常强调"想象力"。有了想象力，思维意识与客体对象之间就可以搭起桥梁，实现连结。审美意象与具象是想象力所形成的形象显现，但是，审美意象是与理性相对待的，它不仅具象化，而且还在具象化的过程中达到理性的最高程度，显得甚至比理性还要圆满，同时也使纯粹的自然本身相形见绌。

至于想象力在人心思维各种能力中的作用，哲学史上，亚里斯多德曾经说过："知识或理智是永远是正确的，想象不能和它相比，是可能错误的。"② 但康德却以为："想象力是创造性的，并且把知性的各种观念（理性）的功能带进了运动，使得在一个表象里的思想……大大地多于在这个表象里所能够把握和明白理解的。"③ 康德的这句话真是恰倒好处，令人叫绝。知性的概念永远是没有生命的死物，它本身是不能够自行运动的，只有且必须依靠心的想象给它以一定的推动力，它才能够与感官、与外物相粘合，于是也才能有知觉、认识和理性等一切意识的发生与形成。

想象力及其审美观念，能够产生出许多思想却不会局

---

① Immanuel Kant, Kritik der Urteilskraft, Felix Meiner Verlag, Hamburg, 1993, Seite 12, 2, 137, 34.

② 亚里斯多德：《诗学·心灵篇》第3卷，商务印书馆1987年，第3章。

③ Immanuel Kant, Kritik der Urteilskraft, Felix Meiner Verlag, Hamburg, 1993, Seite 169.

限于某一个特定的思想或概念,因为没有一种特定的思想或概念能够与它相切合,也没有语言能够完全地表出它、达到它本身。它比任何范畴、概念、语言都要来得更多更丰富。譬如,诗人、艺术家有了想象力,就可以把不可见的精神观念具体化,同时又能够把经验界里的特殊事例在完美的形式下具体化。而这似乎又与《周易》从具象到意义的追求相一致,《易传》曰:"夫《易》广矣大矣!以言乎远则不御,以言乎迩则静而正,以言乎天地之间则备矣。"① 特定的、具体的卦爻之象及其变化所涵摄、所象征的已经远远超出了它自身,而已经是整个的宇宙世界,或者说,意义总体在具象的形式下、具象在意义总体的结构中实现了自身。

黑格尔也意识到理论理性与感性思维之间的距离,他说:"艺术美实际上以一种显然和抽象思考相对立的方式来表现。"② 美只能是感性的而不可能只是知性化或理性化的。感性来源于主观,正如康德所说:"欣赏判断因此不是知识判断,从而不是逻辑的,而是审美的。至于审美的决定根据,只能是主观的,而不可能是别的。"③ 没有主观的因素参与,欣赏是不可想象的,单凭范畴、概念和推理永远是堆积不出美的判断的。作为美的现实载体,艺术不是抽象的思想或概念的罗列,艺术的特性就在于,它是以感性形象化的方式显现出真实。但是艺术又同样不可能没有理性的介入和

---

① 《易传·系辞上》,见高亨《周易大传今注》,第516、517页。
② G. W. F. 黑格尔:《美学》第一卷,第16页。
③ Immanuel Kant, Kritik der Urteilskraft, Felix Meiner Verlag, Hamburg, 1993, Seite 39.

参与，因为任何艺术都一定是现实中的艺术，又都是人的理解的结果。这样，艺术是感性与理性的统一，是理念的感性显现。

至于想象的任务，黑格尔以为，就是把理性化为具体形象和个别的现实事物去认识，所以想象，"一方面要求助于常醒的理解力；另一方面要求助于深厚的心胸和灌注生气的情感"①。很清楚，感性已不再是单纯而无意识的、只能够通向知识论的一般感觉，感性已经包括了人的理解和人的情感两个部分。也就是说，感性及其想象力是作为思想与情感、理性与感性的统一而出现的。正如美国意象派诗人E. 庞德所说，Image是"思想与感情的复合体""是在刹那间所表现出来的理性与感性的情结"②。同康德一样，黑格尔也把想象力放在人的各种意识能力的非常高的位置上予以对待，"最主要的艺术本领就是想象。……想象是创造性的。"③ 又，"真正的创造就是艺术想象力的活动。"④ 再，"艺术家的这种构造形象的能力不仅是一种认识性的想象力、幻想力和感觉力，而且还是一种实践性的感觉力，即实际完成作品的能力。这两方面在真正艺术家身上是结合在一起的。"⑤ 值得揣摩的是，一个在西方哲学史上把"绝对精神"的哲学推至颠峰的理性主义大师竟能如此

---

① G. W. F. 黑格尔：《美学》第一卷，第348、349页。
② Ezra Pound：《严肃的艺术家》，见伍蠡甫《现代西方文论选》，上海译文出版社1983年，第266页。
③ G. W. F. 黑格尔：《美学》，第一卷，第357页。
④ G. W. F. 黑格尔：《美学》，第一卷，第50页。
⑤ G. W. F. 黑格尔：《美学》，第一卷，第361页。

强调想象力的作用，可见，感性（及其想象力）对于人的思维发生来说是如何的重要。

（二）象，作为汉字文字及哲学意蕴

中国人意象思维的形成和发达，应该与中国的文字也有密切的关连。有学者甚至提出："中国文化在其深层结构上是以'字学'（Science of Words）为核心的。"① 一方面，汉字是一种象形文字，汉字从初文（本字）到小篆都保留有鲜明的模写物象的特点。许慎《说文解字》曰："苍颉之初作书，盖依类象形，故谓之文。其后形声相益，即谓之字。文者，物象之本；字者，言孳乳寖多也。"② 另一方面，汉字的创设以"指事"为主导原则，强调字与事之间的联系，要求字不离开事本身，字的所指一定得朝向实在之事，甚至其象征、意义的孳生和繁衍也不允许超越到事的背后。

汉字的"六书"之中，作为"字之体"的"指事""象形""形声""会意"都直接与意象思维相联系。"指事者，视而可识、察而可见"，要求字的创设必须具有一定的可视性和可接触性。"象形者，画成其物、随体诘诎"，这几乎就是把眼前的物直接搬到了书面上，从事中来、从物中取是造字所必须坚持的基本原则。"形声者，以事为名、取譬相成"，先有语，后有言，文字是要在生活世界中进行交流的，所以文字的创立当以现成的物象和既已成型的口语为基础。

---

① 叶秀山：《美的哲学》，人民出版社1991年，第26页。
② 桂馥：《说文解字义证》，第1313、1314页。

"会意者,比类合谊、以见指㧑",文字语言总得要描述出那种不可能与现成物一一对应的意识世界,它总得要具有超越的功能,所以,又必须发挥心的想象功能,从意义的领会与感悟中去启迪文字的创造。甚至连作为"字之用"的"转注""假借"也都与意象思维有关。"转注者,建类一首、同意相守",这就是意象思维的类比和附合。"假借者,本无其字、依声託事"①,则是意象思维虚拟功能的实际运用。"六书"之中,"指事"是汉字创造的根源,关涉着意象思维的意义世界;而"会意"和"象形"则是汉字创造的基本方法,与意象思维的理解能力和视觉吸收有着内在的联系,直接通向意象思维的运作;"形声",因为与言语相联系,而成为意象思维又一个不可或缺的基本方面;至于"转注"和"假借",作为汉字创造后的发展形式,则是意象思维向日常生活各种层面的延伸。"六书"作为汉字构造的普遍性法则,从文字载体的形式上为中国哲学思维奠定了意象化的基础。汉字是非表音文字,"形声"在"六书"中的作用始终不居主导性,而只属次要的、辅助的方面。

建基于象形文字的哲学思维的一个显著特点就是书写重于言说、蕴涵在人心之中的意义会远远多于声音中所表出话语的所指。"察而可见""画成其物""取譬相成""比类合谊""同意相守"等等,这些构造法则实际上都已经不知不觉地在言语与意义之间安插进了一个既理性又感性、既是物又非物、既是意又不只是意的"象",言—意的双重结构被

---

① 桂馥:《说文解字义证》,第1314、1315页。

打碎，而演变成言—象—意的三向维度的思维统一体。

《易传》曰："书不尽言，言不尽意。然则圣人之意其不可见乎？子曰：圣人立象以尽意。"① 文字、语言要实现与意义的沟通，还得有一个"象"出来作为中介或过渡。惟有这个"象"，一如康德所说的，才能真正把范畴、概念和判断带入运动。语言以及与语言相关的范畴、概念、判断可以反映或表现出具有确定、明晰性质的理论理性，即那些所谓在场的东西。但是，对于不确定的、原发性的情态感性即另外一些不在场的东西，却始终无能为力。在这个时候，就需要有一个能够聚合、粘连知与情、在场与不在场的东西存在。"象"的创设和安插便成为一种必然。这正是圣人"立象"的原因、目的和高明之处所在。于是，人在思维的过程中，就不得不在"象"的环节上作适当的逗留、停顿或迂回，而正是在此时此刻，想象力便开始发挥出一切可能的联想或意想功能，而把那些不在场的东西拖到思想的前台。由文字到意义，中经意象，逻辑思维便失却了概念推理所必须依赖的传递的直通性。所以，汉字思维就不可能发展出西方式的那种纯粹的理论理性。千万别低估思维在"象"的环节上的逗留、停顿或迂回，也正由于此，才能够为想象、审美、性情、精神、态度等感性学内容开辟出宽广的发生空间，才造次出与理性思维进路截然不同的感应式的思维样态，也是中国哲学与西方哲学在思想方式与原则方面有所区别的一个反映。

如果说，汉字是一种象形文字，所重视的是书写，那么

---

① 《易传·系辞上》，见高亨《周易大传今注》，第541、542页。

欧洲文字则是一种表音文字，所侧重的是言说。后现代主义哲学大师 J. 德里达曾经指出，表音文字在实质上是一种言语中心主义（phonocentrisme），是逻各斯中心主义的特殊形式。因为表音文字是形而上学的真正秘密所在，它总与言说主体的在场、与先验的说话者、与自我呈现的语言、与显现的"现象"（即所谓的存在、真理、思想、意义）之间有着本质性的关联，而无法渗入那个早已存在着的、更为丰富却鲜为人知的不在场的空间。表音文字的重要特点在于"说"，而忽略"写"。语音的对象通常总是在场的，而书写的对象却一般都不在场。所有文字都不可能对心灵观念作出忠实的表达，都无法实现对对象做始终遵循着逻辑同一性的摹仿和复制，都不可避免地要产生偏离和差异。既然如此，书写就一定会与言说、"现象"和作为对象的真实体分道扬镳，而把逻各斯打上引号，悬置起来，并进一步开辟出属于自己的文字学的"新空间"。存在于这个新空间里的"游戏"始终是不在场和在场的游戏，"存在必须根据游戏的可能性而被设想为在场的或不在场的"[①]。而这种游戏又必然性地要消解一切所谓的"所指"和"能指"。

德里达甚至主张，"在文字中，哲学不过是这种书写活动，它抹去能指以及已经恢复的在场欲望，抹去光彩夺目的所指存在物。所以，文字的发展以及文字的确切结构哲学朝抹去能指的方向前进"[②]。所指在本质上不是能指，不是一

---

① Jacques Derrida, Writing and Differance, University of Chicago Press, 1978, Page 292.

② J. 德里达：《论文字学》，汪堂家译，上海译文出版社1999年，第416页。

种差异游戏的"痕迹"(trace),所指的形式本质乃是在场。"朝抹去能指的方向前进"就是要为不在场腾出新空间,甚至连文字都应该被抹去,只留下无统一性、无规则性的痕迹。但是,德里达对非表音类的文字似乎情有独衷。他说:"与发音彻底决裂的文字也许是最有效、最合理的科学机制。"① 在这方面,汉字不失为一种理想的文字。"汉字模式反而明显地打破了逻各斯中心主义。"② 汉字因为有意象的介入和参与,所以就为思维开辟出更加广阔的想象空间,从一开始就是向不在场敞开的。通过感应和意象,汉字把在场与不在场结合到一起。

意象思维是如何进行的?这好像是一个不可发问、更不可回答的问题。因为它是一种极具模糊性、不确定性及跳跃性的复杂思维(complex thinking),而绝不是一种能够用直线推理把握的实证思维(positivism thinking)。在这个问题里面存在着许许多多根本无法用理性逻辑、语言概念来予以理清楚、说明白的东西。尽管困难重重,但还是要说,并且是不得不说。说不可说之说,这才是哲学真正的为难之处。中国人的意象思维,一般通过类通、譬喻、隐喻来进行。而这又与源自人心的感、度、象、比、类、应、合之类的功能性概念密不可分。这种意象思维的方法在《论语》中随处可见,如,"觚不觚,觚哉!觚哉!"(《雍也》)"八佾舞于庭,是可忍也,孰不可忍也?!"(《八佾》)由物器制造规格的丧失、舞蹈编排等级的混乱而引申出礼乐制度的崩溃。

---

① J. 德里达:《论文字学》,汪堂家译,第453页。
② J. 德里达:《论文字学》,汪堂家译,第115页。

"子在川上曰：逝者如斯夫！不舍昼夜。""子曰：岁寒，然后知松柏之后凋也。"(《论语·子罕》)"知者乐水，仁者乐山。"(《论语·雍也》)从河中流水可以感悟出人生时光的易逝，从松柏经历严冬寒雪的考验可以联想到人性品格的完善，智慧之师总与山岳的性质相接近而仁人之士总能够与水川的特点相沟通。甚至，连孔子所倡导的教育方法也是以这种意象思维为基础的。"子曰：不愤不启，不悱不发。举一隅不以三隅反，则不复也。"(《论语·述而》)由刺激而获得启发，因疑惑而迸发出灵感，这就是意象思维所具有的情境性特征。不强调抽象的逻辑分析，也可以不要综合的感觉归纳，而只凭某种说不清楚、道不明白的体会、醒悟、暗示、点拨而茅塞顿开，直达本体，于是生命之智慧便可以豁然呈现于心灵之中。这是任何理性思维都无法企及的"上乘法门"，是人所获得的本真体验的最高境界。

这种意象思维在孔子那里是"举一反三"，起码要有所"举"然后才能有所悟，而到了禅学哲学中便连"举"都不要了，一切语言、文字、概念、思维、物象都得抛弃，主张通过形象直觉甚至是肢体对真如的直接触及等方式方法传递那些原本无迹可求、无法传递的东西。《五灯会元》中曾记载了许多要求"不立文字"的著名"公案"，如，"乃白祖曰：某甲有个会处。祖云：作么生？师云：说似一物即不中……"[①]。"问：如何是第一义？师曰：我向你道是第二

---

① 普济：《五灯会元·卷三·南岳怀让禅师》，中华书局1984年，第126页。

义。"① "且如今直下承当,顿豁本心,皎然无一物可作见闻。"② "一人问:如何是禅河深处,须穷到底?师擒住,拟抛向桥下。"③ "州曰:'何不问堂头和尚,如何是佛法的大意?'师便去。问声未绝,檗便打。"④ 这些都是意象思维发展至成熟阶段后的极端形式。排除掉这些言之过激的顿悟形式,仍不难看出感性想象和自由直观在真理获得过程中所起到的积极作用。

人的创造性的灵感,尽管必须以一定理性思考的积淀为基础,但常常直接来自于类似所孔子提出的那种与人的生存状态、与人心的感性形式始终相勾连的"愤""悱",而较少源于那种公式化、非情化的机械推理。"子曰:学而不思则罔,思而不学则殆。"(《论语·为政》)"学"是知识积累,而"思"则为想象发挥,"学"离不开"思",同样,"思"也必须以"学"作为前提条件。科学史上的重大发现经常起源于一种理论理性的"不可预见性"(unexpectedness),遵循必然性固然重要,但偶然有时却更为难得、可贵。思考的连续被折断后,有时反倒能够产生出意想不到的效果。"为伊消得人憔悴""众里寻他千百度"是理性基础,而"蓦然回首,那人却在,灯火阑珊处"⑤ 则是顿悟突破。科学在其终极形式上一定是与艺术相通的。

在中国哲学里,"象"的意义幽深难测、趣味无穷。

---

① 普济:《五灯会元·卷十·清凉文益禅师》,第 563 页。
② 普济:《五灯会元·卷十·灵隐清耸禅师》,第 578 页。
③ 普济:《五灯会元·卷十一·定上座》,第 662 页。
④ 普济:《五灯会元·卷十一·临济义玄禅师》,第 642 页。
⑤ 王国维:《人间词话·人间词》,群言出版社 1995 年,第 21 页。

《易传》曰："《易》者，象也。象也者，像也。"① 可以说，易学就是象学。"象"的前提就是对象物的呈现，并且这种对象物必须至少有两个，有对象物才有可能进行类比和附合。

> 是故夫象，圣人有以见天下之赜，而拟诸其形容，象其物宜，是故谓之象。②
>
> 八卦成列，象在其中矣。……象也者，像此者也。③
>
> 古者包犧氏之王天下也，仰则观象于天，俯则观法于地，观鸟兽之文，与地之宜，近取诸身，远取诸物，于是始作八卦，以通神明之德，以类万物之情。④

在这里，象或像，是要有条件的，即必须有一个"此"先行存在着，必须有一个可接触的东西与主体相靠近，否则，象的活动就无从展开。《易》的生成及创作都得益于取象的方法，从天地宇宙，从鸟兽百物的身上获得灵感和启发。《易》无论在形式上，还是在内容上，本身就是一个巨大的象。"象"在甲骨文里纯被画作动物大象的形状，这正好映证了《说文解字》的解释，"象，南越大兽。长鼻牙，三年一乳，象耳牙四足之形"⑤。但是至《老子》，"象"的内涵

---

① 《易传·系辞下》，见高亨《周易大传今注》，第568页。
② 《易传·系辞上》，见高亨《周易大传今注》，第543、544页。
③ 《易传·系辞下》，见高亨《周易大传今注》，第555、557页。
④ 《易传·系辞下》，见高亨《周易大传今注》，第558、559页。
⑤ 桂馥：《说文解字义证》，第824页。

似乎就发生了大幅度的置换,《老子》曰:"大象无形"(四十一章)、"执大象,天下往"(三十五章)、"无物之象"(十四章),等等。"象"如何从名词转化为动词?如何从一个动物名称演变、改造成一个哲学的范畴?何时开始被注入了"意象""想象"的内容?这似乎是一个十分令人费解但又一定是非常关键性的哲学难题。一种可能的解释是,殷商或更为遥远的时代,黄河流域还曾盛产大象,"传书言,舜葬于苍梧下,象为之耕。"[1] 但后来气候变暖,导致大象南迁,而在北中国渐趋灭绝,于是,黄河流域的先民便对活的大象开始陌生,甚至都不知大象的残骸为何物,如《战国策·魏策》就产生出"白骨疑象"[2] 之推测。《韩非子·解老》曾说:"人希见生象也,而得死象之骨,案其图以想其生也。故诸人之所以意想者,皆谓之象也。"[3] 由死象之骨而意想、推测出活象的情状。象从生存变为死亡,是一个过程;而在人的思维里,从物的存在形式的"无"衍生出心理空间的"有",又是一个过程。这两个过程的交错激荡,导致出心对物的构建。

这就更好地说明:象作为客观的对象物(非物自体本身)、作为表象,完全是由人的性情(Gemüt)所造设出来的,正如康德所说:"一切表象,都来自心的变相(Modifikationen),而属于内在之感,并又这样作为我们的一切表

---

[1] 王充:《论衡·书虚》,见《百子全书》第四册,第3246页。
[2] 李维琦标点:《战国策·魏一》,岳麓书社1988年,第204页。
[3] 《韩非子·解老》,见《百子全书》第二册,第1683页。

象的结果及内在之感的形式条件。"① 人心的功能及其经常会犯的错误都一一被康德指了出来。一方面，物自体在心外，但作为经验所能够感觉到的物，是现象，却一定在心内。《韩非子》所说的那个通过"意想"而得来的"象"，其实就是象作为物的方面，即象的表象，源自人心的构造。一如康德所说："我们对事物仅有的先天认识，不过是我们自己所放置进去东西的而已。"② 也如佛教哲学所说的"万法唯识"；另一方面，人心又极容易把心所造设出来的表象当作物自体本身，即物的表象又会在一定程度上演化成为心的经验对象或理性运动时的先在条件。这恰恰就深刻地揭示了一切唯物论哲学所赖以产生的思想根源。可见，象的动词化关涉着人心与世界的整合以及物的哲学范畴的最初形成。

《易传·系辞下》中所说的"象也者，像此者也"一句中，不应该忽略对"此"的分析与理解，因为它通合、类似于孔子"能近取譬"（《论语·雍也》）一句中的"近"。"此"与"近"所强调的都是从生活世界出发，把高深玄妙的宇宙规律与感性的、可亲触的物事联系起来，将人生哲理融入到天地自然中去理解，从而开辟出一条极具中国特色的精神超越之路。西方人在经历了二元对立的漫长哲学里程之后，终于发现出自己哲学所具有的那种远离人生、与生活世界相隔膜的致命缺陷，也开始谋求一条切近于人的哲学之路。海德格尔哲学中的那个在世界之中存在的

---

① Immanuel Kant, Kritik der reinen Vernunft, Felix Meiner Verlag, Hamburg, 1993, Seite 142, 143.

② Immanuel Kant, Kritik der reinen Vernunft, Seite 21.

"空间性"(die Räumlichkeit),就是一种关涉存在者生存状态的"去远"(Entfernung)。通常所谓的容器式、坐标化的物理空间并不具有此在的存在特征,而只是存在的世界性或意义的总体性被孤立后的结果。因为此在向来已经是先验地在世界之中的,是注定要生存着的,于是,"近,即是说,处在寻视着的首先上手(Zuhandenen)的东西的包围之中。接近不是以执着于身体的我这物为导向的,而是以操劳在世为导向的,这即是说,以首先遭遇到的东西为导向。"[1] 这里,"近",就排除了理性论、知识学的性质,而成为一个与人的实践活动直接有关的存在论范畴。所以,海德格尔说:"在此在之中有一种趋近(auf Näch)的本质倾向。""去远必须被把握为生存论环节。"[2] 这样,人的存在就一定是处于关系总体或因缘总体意义上的存在,哲学也就被看作是通达用具方向的、朝着实践世界的人的活动。

海德格尔"空间性"向"趋近"靠拢,所传达出来的就是中国的"道"不离日用纲常的思想。《易传》说:"显诸仁,藏诸用。"[3] 不同于西方哲学的逻各斯对现象世界的绝对超越,中国的道从来就没有离开过人,没有离开过人的日常生活经验。所以中国哲学不会象西方哲学那样急迫地呼唤人性的关怀和价值理性的重建。孔子说:"仁,远乎哉?"(《论语·述而》)、"谁能出不由户?何莫由斯道也?"(《论

---

[1] Martin Heidegger, Sein und Zeit, Max Niemeyer Verlag Tübingen, 1993, Seite 107.

[2] Martin Heidegger, Sein und Zeit, Seite 105.

[3] 《易传·系辞上》,见高亨《周易大传今注》,第515页。

语·雍也》)儒学及整个中国文化的今世性决定了中国人体验本体、达到真理的方法既不在彼岸世界,也不在现象存在的背后,而就扎根在现世的实践生活之中。

有"象"就得有"类",有"类"才可以"喻"。应该承认,取类及隐喻、譬喻的方法在中国的整个哲学思维、文学艺术创作等领域获得了极为广泛的运用。孟子说:

> 理义之悦我心,犹刍豢之悦我口。(《孟子·告子上》)

人心对于理义的喜好就如同、相象于口舌对于刍豢的喜好,至于其中的玄理不必作过细的解释,也没有必要弄得一清二楚,甚至也不能对之发问。如果非得要探究出心对理义的感觉,那么,也只能用类通的办法,从其它感官在需要满足之后的感觉中去获得领会、体证。不用明晰的逻辑论证,也不用实证化的义理分析,凭借的就是那颗连通各种感官机体的心的能力的发挥,甚至感官之间也可以相互沟通,一种感官机能被触动后,另一种感官机能也会被随即调遣起来。所以,北宋的程颐说:(孟子)"此语亲切有味。须实体察得理义之悦心,真犹刍豢之悦口,始得。"[1] 一个"犹"字极为生动地传达出了中国儒学哲学的神韵。孔子曰:

> 吾未见——好德如好色者也。(《论语·子罕》)

---

[1] 朱熹:《四书章句集注·孟子·告子上》,中华书局1983年,第330页。

在作为理性自觉的"好德"与作为本能欲求的"好色"之间，巧妙地用了一个"如"字作连结。孟子说："仁，人之安宅也；义，人之正路也"（《孟子·离娄上》），直接将抽象的仁、义喻为感性的"安宅""正路"。中国古代的哲学文献中，以《诗经》中的诗歌来作劝喻的几乎随处可见，在《论语》《孟子》等经典著作中，《诗经》的引用率都很高。而庄子的哲学简直就是中国古代的寓言汇编。哲学的思考不是在这文学化的种种形式下被扼杀了，相反，通过与感性的连接，哲学的意义却能够得到极大的张扬与传承。

　　隐喻、譬喻的方法在本质上就是类通、比附。《易传·系辞下》："其称名也小，其取类也大，其旨远"，这就把"取类"的意义予以揭示了出来。"称名，举事物之名而言之也。取类，取类似之事物以为喻也。《易经》常举小事物以喻大事物。"[①] 一物之名，所关涉的仅仅是一物，但如果把这一物放到类族的背景下去观照、审视，那么，就可以发现，这一物绝不是一种孤立的存在，还可获得一种普遍的意义，而变得充实、丰富。《易传·同人·象》曰："君子以类族辨物。"又，"方以类聚，物以群分。"[②] 没有"类族"、没有"类聚"或"群分"，感应就失去了前提保证，就不可能实现。《孟子·公孙丑》曰："麒麟之于走兽，凤凰之于飞鸟，太山之于丘垤，河海之于行潦，类也。圣人之于民，亦类也。"孟子把类的具体样态又作了细化分析。那么，类通靠的是什么？荀子、董仲舒的答案都是"度"。荀子说：

---

① 《易传·系辞下》，见高亨《周易大传今注》，第581页。
② 《易传·系辞上》，见高亨《周易大传今注》，第504页。

"故以人度人，以情度情，以类度类。""类不悖，虽久同理。"① 董仲舒说："以身度天。"② 人与人是同类，而且都是性情化的存在者，所以，人与人之间才可以进行相互的感通与应合。这个"度"又是如何发生、如何操作的呢？在中国哲学里，没有人能够回答这个问题，抑或就不应该期待中国哲学能够回答出这个问题，甚至在许多中国哲学家的眼中，这简直就是一个多余的问题。度就是度，感就是感，根本没有必要作那么多的追问。其实，如同中国哲学里的许多问题一样，这又是一个不能"打破沙锅问到底"的问题。如果硬要追究下去的话，按照意象思维的"逻辑""度"的发生与操作，必定是靠心与心的感通而实现的，显然这里又陷入一种概念的循环论证。而这对于中国哲学来说又是显得多么累赘、罗嗦。

（三）康德的"连结"与墨子的"比"、"类"

西方哲学中，康德从知识论立场上所提出的心的"连结"功能，似乎可以与荀子的"度"相类通。关于"连结"，康德说："一切范畴都建立在判断的逻辑功能基础上，在这样的功能中早已就存在着连结（Verbindung），并在其中，概念实现着统一。范畴的确立因此早已就以连结为前提了。"③ 连结，在康德那里，是非常重要的概念，因为它是构建"统觉"（Apperzeption）的本源的综合统一的基础，

---

① 《荀子·非相》，见《百子全书》第一册，第 141 页。
② 董仲舒：《春秋繁露·郊祭》，第 83 页。
③ Immanuel Kant, Kritik der reinen Vernunft, Felix Meiner Verlag, Hamburg, 1993, Seite 140.

而"统觉"又是人类全部知识的最高原理。表象、范畴、判断这些东西都不可能自发地进行连结,而必须由心的功能为它们创造、提供连结的条件,"连结并不存在于对象之中,也不能从对象中获得"①,连结是心的表象能力所具有的自发性活动。但是,荀子与康德之间还有着本质的不同,如荀子的"度"具有性情,而康德的"连结"还只是纯粹的知性功能;如果说荀子的"度"具有某种生存论性质,那么,康德的"连结"最终则可能通向发生认识论。《庄子·庚桑楚》曾指出:"知,接也。"这似乎已经说明,人类知性认识的形成,仅有纯粹的物自体,或只凭一己之心意,都是不行的;而毋宁必须依赖于心与物的连接。心在主观与物自身之间相沟通,"知"才是可能的。《庄子》用"接"解"知",很容易让人想起海德格尔在分析"我"的现象内容时所指出的:"'我思'意味着'我连结'。一切联系都是'我连结'。在一切集合与关系中总已经有'我'作为根据。"②人靠什么思维?显然要靠一己之心在这物与那物之间做勾连,甚至,一切因果关系也只是我心在事物现象之间所作连结的结果。于是,一切科学都离不开我心的连结功能。

墨子曾经对类通思维的具体方法进行过总结。《墨子·小取》曰:"摹略万物之然,论求群言之比,以名举实,以辞抒意,以说出故,以类取,以类予。有诸己不非诸人,无

---

① Immanuel Kant, Kritik der reinen Vernunft, Felix Meiner Verlag, Hamburg, 1993, Seite 144.

② Martin Heidegger, Sein und Zeit, Max Niemeyer Verlag Tübingen, 1993, Seite 319.

诸己不求诸人。或也者，不尽也。假者，今不然也。效者，为之法也；所效者，所以为之法也。故中效，则是也；不中效，则非也。此效也。辟也者，举也，物而以明之也。侔也者，比辞而俱行也。援也者，曰：子然，我奚独不可以然也？推也者，以其所不取之，同于其所取者，予之也。是犹谓也者，同也，吾岂谓也者异也。"① 假（借助）、效（模仿）、辟（喻比）、侔（等同）、援（引牵）、推（转嫁）、犹（似通）都是类取、类予的具体法则，在意象思维的实际操作过程中都曾被广泛地采用。"以类取，以类予"在墨子已成为一种普遍的思维方法。理解深刻的哲理必须取法于某一物的形象存在，以某一物作意象依托，否则就不能对哲理有准确的把握。

然而，有趣的是，如果再向前迈进一步，把"类"无限制地推至整个世界的可通约性，那么，"类"便不可避免地趋近于西方哲学的统一性认识了。《老子·二十三章》说："圣人抱一而为天下式。"这已趋向于那个具有统一性、本质性和基础意义的"逻各斯"（logos）了。董仲舒说："得一端而多连之，见一空而博贯之，则天下尽矣。"② 以及，朱熹所言："万物各具一理，万理同出一源，此所以可推而通也。"③ 毕竟，"类"还不全是"一"，"类"与"一"之间还存在着一定的距离。因为，在"类"之中，似乎还或多或少地存有感性的成分，其还可以作为人与物之间或人

---

① 《墨子·小取》，见《百子全书》第三册，第2467页。
② 董仲舒：《春秋繁露·精华》，第24页。
③ 黎靖德编：《朱子语类·卷十八》。

与天之间相互感通、应合的基础而存在，还可以保留着世界的丰富性和可憧憬性，但是一当"类"演化成为"一"，则意味着人的思维已堕落至机械的认知能力，又将滑入基础主义哲学的行列中去。

哲学上的感应或意象思维最明显的好处就是：活力呈现，生命感突出。康德说："精神，在审美意义上，就是心的生命性的原理。"① 具有生命感的东西，才能够具备美的性质。充满活力的思维，一定不是逻辑机器的单调运作。所以，中国的哲学就可以与诗歌文学、艺术绘画、音乐山水有机地融合在一起，而不会有半点隔膜或夹生。"中国思维之特征与'诗'有关。它之不重逻辑推论，不重演绎、归纳，不重文法句法（语言），而重直观联想、类比关系……。此种类比既有情感因素，又有经验因素，故无固定秩序，而呈模糊多义状态；非线性相联，乃网状交叉，如云从龙风从虎之类；固非纯理性，乃美学方式。"② 由类比而获得启发或领悟，思维幅度大，直觉性强，至少便于引发出、调动起人心内在的三个重要因素：即，一、创造性灵感；二、情感参与；三、审美判断。这种思维是以感性为主导特征的，毋宁已经趋近于审美之学。"言—象—意"的结构模式在理论上就已把哲学的思与感性捆绑在一起了。其实，Aesthetik 一词，在康德那里是指"感性"，如 die transzen-

---

① Immanuel Kant, Kritik der Urteilskraft, Felix Meiner Verlag, Hamburg, 1993, Seite 167.
② 李泽厚：《论语今读》，安徽文艺出版社 1998 年，第 204 页。

dentale Ästhetik 被称着"先验感性论"①。所以,把 Aesthetik 译为"感性学"要比译为"审美"应该更妥帖一些。A. G. 鲍姆嘉通也曾指出,"理性事物应当属于凭高级认识能力作为逻辑学的对象去认识,而感性事物……则属于知觉的科学或感性学(Aestheticae = die Aesthetik)"② 提出应该建立一门研究感性认识主要是美和艺术的新科学。

同时,从另一个侧面看,感应或意象思维也存在着许多致命的缺点。无论是"象其物宜"③,还是"象事知器"④,在思维前提上,所重视和强调的都是对有形之物的依赖。"仰则观象于天,俯则观法于地,观鸟兽之文与地之宜,近取诸身,远取诸物,于是始作八卦。"⑤ 其实,无论是"远",还是"近",都还粘合在物的身上,根本没有进入纯粹思维领域的理想和追求。这样,在感应或意象思维中就蕴涵着一种极为强烈的向物靠近的倾向,极容易接受原始唯物主义、机械唯物主义的种种观念。"《易》之为书也,不可远。"⑥ "象也者,像此者也。"⑦ 于是,"不可远""此"便发展成为中国哲学主导思维的基本原则和一般要求。而"不可远""此"又是现世性、功用性的直接标志,所以,中国

---

① Immanuel Kant, Kritik der reinen Vernunft, Felix Meiner Verlag, Hamburg, 1993, Seite 64.

② A. G. Baumgarten, Philosophische Betrachtungen über einige Bedingungen des Gedichtungen, Felix Meiner Verlag, Hamburg, 1983, Seite 87.

③ 《易传·系辞上》,见高亨《周易大传今注》,第 544 页。

④ 《易传·系辞下》,见高亨《周易大传今注》,第 596 页。

⑤ 《易传·系辞下》,见高亨《周易大传今注》,第 559 页。

⑥ 《易传·系辞下》,见高亨《周易大传今注》,第 587 页。

⑦ 《易传·系辞下》,见高亨《周易大传今注》,第 557 页。

的哲学人要想进入西方哲学的传统,如德国式的纯粹的形式思维、先验观念,就是一件极为困难的事情。迄今为止,中国人大规模接受西学的影响已经有100多年的历史了,但还是无法掌握西方哲学的精髓,普遍地都停留在前康德哲学的水平上,能够升堂入室或与西方哲学家平起平坐地讨论那些纯粹的形式思维上的哲学问题,似乎还是一件很遥远的事。

感应的目的是要"通"。"通"不仅仅是手段,还应该是目的。惟有"通",才能打破彼与此的阻隔。有象才能通,有类才可以通。通,应该是中国哲学的一个重要范畴。关于"通":

> 是故形而上者谓之道,形而下者谓之器,化而裁之谓之变,推而行之谓之通。①
>
> 《易》无思也,无为也,寂然不动,感而遂通天下之故。②
>
> 阴阳合德而刚柔有体,以体天地之撰,以通神明之德。③

器、道分别所代表的是事物存在的两种不同的状态:本体与现象,而化、变则分别反映着事物本体与现象之间的实际联系。在《易传》,本体与现象之间绝不是一种相互阻隔、不可逾越的关系。相反,彼此感通、相互应合才使

---

① 《易传·系辞上》,见高亨《周易大传今注》,第543页。
② 《易传·系辞上》,见高亨《周易大传今注》,第533页。
③ 《易传·系辞下》,见高亨《周易大传今注》,第579页。

《易》真正成其为"易"。这样,通就与康德哲学中"物自体"的不可知性形成了强烈反差。康德曾经强硬地区分了本体与现象,把人的认识严格限制在现象界,为近代科学的发展扫清了道路。而意象思维把本体与现象笼统地裹在一起,现象世界里的东西得不到澄清,就无法接受认识论的洗礼,最终,实证科学产生所必须经过的道路就被堵死。对于本体,意象思维并不强调去"知",但却承认可以去"感"。人心达到本体的路径只有一条,那就是感通。由"道"涉入"器",本体完成了自身向表象世界的推展和延扩。通是天地大道向实际存在层面("器")转化、过渡的具体落实。通产生于"阴阳合德",也就是董仲舒所说的:"阳兼于阴,阴兼于阳。"① 阴阳交感,则天下万事万物都可以相互沟通。感,已经超越了时空的基本特性,感是无限制的,可以通天下、纵古今。所以,由感而通就具有了一种神妙玄奥的特征,有似于本如真体之境界,又几近心灵世界的愉悦意会。

四 感应问题的后现代变式

因为感通,中国哲学里的人就不会产生出真正的孤独和绝望。感通,在前提和结果中都已经为人注入了一种可沟通性或可通约性。逻辑思维因为自身所具有的直线性和非情感性,决定了它不可能触及除它自己以外的任何东西,不可能向自身以外延伸,不可能实现人与人之间、哪怕是概念与概

---

① 董仲舒:《春秋繁露·暖燠孰多》,第73页。

念之间的沟通。逻各斯中心主义所导致的直接祸害反映在实践领域里，就是对人与人的沟通、交往的忽略。没有感应，连知识论范围里的问题都解决不好。如，理性还无法达到事物本体，思维发生过程中主体如何能够实现与对象的联结，更不用说能够在生活世界里处理好人与人的沟通和交往之类的事情。为了弥补西方哲学的这种缺失，哲学家们只能从各自不同的角度寻求沟通，为哲学面向人生生活闯出一条血路。康德曾经从判断力的普遍意义中挖掘出这种沟通的可能，在论述欣赏的"共通感"（sensus communis）时，康德指出：欣赏判断虽然是一个主观性的原理，但是其必须在被视为一种共通感的前提下，审美才有可能进行。"共通感""在它的反思里顾及着每一个他人在思想中先验的表象形式，以便把他的判断似乎紧密地聚拢着全人类的理性""具有鉴赏力的判断者……可以假定出主观的合目的性，亦即把他对客体的愉悦推介给别人，把他的情感作为可以共同传达并无须概念的中介。"[①] 否则，就谈不上感性的可传递性。

然而，康德的作用与意义又绝不仅止于此，其"第三批判"试图用"判断力"把解决哲学问题的总路标设置在生活化的实践世界内而跳出纯粹理性领域，进而使人类的哲学注意力不再仅仅集中并局限于知识论、认识论，而转向更为广阔的实践论、社会论、存在论和生存论。一种看得见的可能性在于：康德的《判断力批判》将成为21世纪哲学关注的新亮点。20世纪以来的哲学发展似乎益已呈现出这一

---

① Immanuel Kant, Kritik der Urteilskraft, Felix Meiner Verlag, Hamburg, 1993, Seite 143, 144.

态势。康德以后,马克思的"生产关系"、胡塞尔的"主体间性"(Intersujektivit？t)、海德格尔的"共在"(Mitsein)、马丁·布伯的"你—我相关性"以及哈贝马斯的"商谈伦理学",在实质上都隐含着为西方哲学重建共通性的企图。如海德格尔在《存在与时间》中就曾坚定地主张,存在论上的此在(Dasein)在本质上是一种共在,"只要此在存在,它就有了杂然共在的存在方式。"作为此在的我们在世界之中存在,世界总以整体性存在的方式呈现了出来,世界对所有世内存在者具有先行决定作用。"作为展开了的此在实际上以共他人存在的方式生存着。它把自己保持在一种公共的、平均化的可理解状态中。"① 而这种共在首先并一向从周围世界中所烦忙的共同世界中获得照面与领会。

毕竟,人是社会中的人,一个人要想进入社会,就必须与别人沟通。人生在世离不开沟通,沟通是我们存在的方式,是我们生活的一个部分。逻各斯中心主义因为过分地强调理性的主宰作用,必然滑入一种不可抵抗的统一性的威权主义之中,于是在前提实质上也就没有任何沟通、感应可言。而后现代主义哲学因为片面追求多元化、差异性的不同文化、不同信念、不同宗教、不同人生的差异性等等,又失去了人心思考和社会存在意义上的所必须的那种统一性和稳定性,最终难免又陷入了虚无主义的泥潭。哈贝马斯敏感地意识到,当代哲学家所面临的最大困难就是如何解决"沟通"问题。于是便提出"沟通行为理论"(Theorie des Kom-

---

① Martin Heidegger, Sein und Zeit, Max Niemeyer Verlag Töbingen, 1993, Seite 125, 410.

munkativen Handelns),而在人与人之间建构出一种实用意义上的普遍性。这种普遍性,已完全不同于现代哲学中的那种形而上学的或人性本质意义上的普遍性。沟通行为是一种以理解为导向的、以对话为形式的、符号化的互动行为,这种行为所遵循的规范至少被两个行为主体所接受、理解和承认。于是,主体性必然延伸、扩展为主体间性。

现代哲学由于主体主义的特征,人为地在自我与他人之间、主体与客体之间、对象与意识之间设立了一道屏障,封杀了探讨主体间性和进行正当对话的正常渠道。在中国天人感应的观念中,天人相与,同感互动,从没有主体与客体的严格分别。在哈贝马斯,沟通是双方的,是 Interaktion,即互动、互解,是"互为主体性",是多个行为者的行为的相互协调与相互联系,① 而不是一方相对于另一方的权力的绝对控制。从哈贝马斯沟通的基础——"有效性要求"上,可以发现,他的沟通行为理论已在范围上大大超出了传统哲学中的绝对统一性或客观普遍性,它远不止于理论形式,还应当涉及外在世界、内在意向及共同规范等方面的实际内容。包括可理解性、真实性、正当性和真诚性等四个基本条件在内的"有效性要求",其实已不仅覆盖了事实性的真理领域,而且也已覆盖了价值性的伦理领域和生命性的情感领域。而这就在发生基础和构成因素上与中国感应所具有的精神走向取得了一致。

---

① Jürgen Habermas, Nachmetaphysisches Denken, Suhrkamp Verlag Frankfurt am Main, 1988, Seite 68.

【卷三】

道德法则的内化与超越

——比较康德的实践理性与王阳明的致良知

一、康德的分裂及其困难
二、"心即理"与道心即人心
三、良知与万物一体
四、本体与克己功夫的统一及意志自律

自古迄今,真正的哲学家几乎无一不是非常关注并积极投身人类道德实践活动的。在西方,康德在《实践理性批判》中曾指出,教诲人们什么是"至善"的概念,并指导人们如何才是求得"至善"的行为,把"至善"观念从实践方面充分加以规定的智慧(die Weisheitslehre)就是古希腊原始意义上的哲学。哲学可以被理解为"求得至善(das höchste Gut)的学说"①。而在古代中国,透过无极、太极、

---

① Immanuel Kant, Kritik der praktischen Vernunft, Philosophische Bibliothek Band 38, Felix Meiner Verlag, Hamburg, 1990. Seite 125.

理、气、道、欲、心、性等抽象哲学范畴的遮蔽，宋明时代的理学家、心学家们所执着追求的理想和热烈讨论的主题也无外乎伦理实践中道德法则与主体行为的统一与融通，亦即所谓"必然"与"应当"的结合。

在理学家们看来，绝对的、普遍的道德律令似乎只存在于伦理主体（Ethical Subjectivity）之外，人们只有格尽万物之知，才能穷透万物的必然之理。而稍后的心学家们则强调心理不二，离却人心便不可能有所谓天理、德性的存在。王阳明的"致良知"学说贯通心物，化解内外，消融超越的道德法律令于人伦日用的心性之中，从而将天理的、外在的强制规范顺利地转化为良知的、内在的心理需求，成功地克服了理学本体论中心与理的隔膜，从而走出了一条与西方思维截然不同的哲学道路。康德道德哲学中所提出的关于"人类认识能力与实践本分"的巧妙配合问题，似乎在阳明心学中早已获得了原初的解决。

一　康德的分裂及其困难

康德的实践理性批判，其实是对纯粹理性由于自身所具有的实践力量而在实践范围内的运用中所表现出的对意志动机、官能对象的处理及扩展思辨认识的总体能力的审查、考察与反思。在康德，实践的规则永远是理性的一个产物，道德法则永远是与理性维系在一起的，理性既为自然立法，而且也为人类的实践确立规则。因为源自理性的、普遍的立法性质，康德一直强调道德法则的一般性、纯粹性和形式化，而不愿有任何经验的、实质的成份相掺合。康德所理解的道

德实践法则显然是那种放之四海而皆准、带有普遍性质的一般教条。康德指出:

> 如果一个理性的人必须把他自身的准则思想为实践的普遍性法则,那么,他就只能把它思想为这样的原则,它们并不依靠实质(der Materie)而纯粹依靠形式(der Form)决定其意志。①

这里,康德的"实质",不妨理解为汉语中的"情实",即照顾到物与事的实际存在状况。但是,关于"形式"的概念,中国人则缺乏足够的思维认同基础,因为中国民族的思维根本就没有经历过理性化、形式化的充分洗礼。康德乃至整个西方哲学的"形式"绝不是中国人常说的包装、外在面目或物事的表象样态。其实,形式的问题,非常重要,是中国人读懂西方的关键所在,它关系着对康德哲学乃至整个西方哲学的阐释与理解。②

在康德的道德哲学里,理性以一种必然性规定着纯粹实践法则,而且这种必然性又要求把一切经验条件都排除出

---

① Immanuel Kant, Kritik der praktischen Vernunft, Seite 31.
② 形式化的问题,其实也与"经""权"或"常""变"的哲学范畴相关连。中国古代哲学里的"经"与"常"本来似乎也可以朝形式化、抽象化的思维方向发展、演化,但及至孔儒时代,人们对"权"与"变"的重视显然已经远远超出了"经""常""权""变"甚至还被放在更为突出、更为优越的地位。《论语·子罕》中,孔子曾强调说:"可与共学,未可与适道。可与适道,未可与立。可与立,未可与权。"《孟子·离娄上》中"男女授受不亲"的著名案例,似乎也在强调当"礼"与"权"发生冲突时,"权"比"礼"来得更为重要,更能够体现出人的道德心,当然也更难把握。

去。对于普遍的道德法则的理解，对于绝对的"理"的体认，必须从法则或理本身出发，才是可能的，只有在法则上领会法则，在理上感悟理，才行得通，如果与之相颠倒，总从具体的、经验的物事身上来把握属于总体的、一般的准则，那么必然陷入实在性的泥潭，而玷污甚至失却道德法则的真理性和客观性。

于是，这就与王阳明在"心体"上对"私念"作绝对排斥的态度走到了一起，王阳明说："心体上着不得一念留滞，就如眼着不得些子尘沙。些子能得几多，满眼便昏天黑地了"。"这一念不但是私念，便好的念头亦着不得些了。如眼中放些金玉屑，眼亦开不得了"。[1] 康德把人的意志也看作是独立于经验条件之外并被道德法则的单纯形式所决定，认为这个决定原理是一切准则的最高条件，纯粹理性凭着其自身具有的实践力，能不依靠任何经验东西，单靠自己就能决定意志。经验的、实质的、主观的原理永远不可能作为最高的道德法则，而只有纯粹理性的、客观的、形式的、实践的原理才是能对主体发出命令的唯一的、可能的来源，才是评价实践行为并用以决定人类意志的、一般的道德原理。所以康德说：

> 这样的行为，其意志的准则必须在任何时候都能够同时被看作是一条普遍的立法原则。[2]

---

[1] 王阳明：《传习录·卷下·黄以方录》。
[2] Immanuel Kant, Kritik der praktischen Vernunft, Seite 36.

并将之视为纯粹实践理性的基本法则。在现实的感性世界中，主观的、自然发生的决定人们动机（或自由意志）的那些准则、规律，并不能自行建立一个合乎普遍法则的世界，不但如此，那些准则、规律反而就是个人的好恶，这些好恶可以构成一个符合感性现实规则的世界，但却并不能构成一个单由我们意志依照纯粹实践理性法则所确立的世界。人作为一种类存在，总在不断寻找之所以成其为人的本质性因素，尽管后现代主义哲学家们力图解构这种本质，而把人还原为一种不断流变的主体存在。

道德原则作为一种群体存在的必然要求，它总要与一般性、普遍性联系在一起。孔门儒学之中，从子贡所说的"我不欲人之加诸我也、吾亦欲无加诸人"①，到孔子本人所说的"己所不欲、勿施于人"②，其实都是在强调道德原则的可共度性或可通约性。人所"应当"成为人对自己类存在的觉醒，"正是由于他是类的存在物，他才是有意识的存在物"。③ 如果说一个特殊的个体，并且正是由于他的特殊性使他成为一个个体和现实的、单个的社会存在，那末，同样地"他也是总体、观念的总体，可以被思考和被感知的社会之主体的、自为的存在"④。正如在现实中，他既作为社会存在的直观、表象，又作为属于人的生命表现的总体而存在一样。这种"总体"意识的觉醒就是人性处于自觉的、

---

① 李泽厚：《论语今读·公冶长》，安徽文艺出版社1998年，第131页。
② 李泽厚：《论语今读·颜渊》，安徽文艺出版社1998年，第278页。
③ 马克思：《1844年经济学——哲学手稿》，人民出版社1979年，第50页。
④ 马克思：《1844年经济学——哲学手稿》，第76页。

自为的、必然的本质状态,就是所谓"启蒙"的真正含义,而只有在这一层面上,人类才真正突破出其自然性、生物性和物质性的限制,接受着主体意志、道德自律和伦理责任的武装,从而获得理性的、普遍的提升和超越。一切人性,无论是朱子的"理"、王学的"良知",还是康德的道德法则(Moral Code),都必须依靠人类主体精神的自我建构而并非天生自有或自然获得。康德那"在我之上的灿烂星空、在我之内的道德律令"①,张载的"民吾同胞,物吾与也""为天地立心,为生民立命,为往圣继绝学,为万世开太平"②,以及王阳明"念斯民的陷溺,则为之戚然痛心,忘其身之不肖,而思以此救之",③ 所体现出来的都是对人的类存在超越精神、主体意识的真切关怀和责任自觉。

然而,这种类存在的总体意识或超越精神不可能总滞留于一般形式之中,也不可能总封存于纯粹形式的理性世界里,它还必须与人们的生活世界和感性存在相关涉,并于实践的经验行为中获得自身价值的实现。于是,便必然产生出这样的问题:纯粹理性如何能够直接地成为意志的动机?亦即,"理性存在者"实现对象所依凭的"原因性根据"是什么?康德对理性与实践、超越与感性的分裂使得这一问题在他的道德哲学中成为人所公知的悬案。康德的困难在于,他一方面拚死捍卫着纯粹实践理性的超验性、普遍性及客观性,认为道德法则是作为人类先天意识到而又必然确实的一

---

① Immanuel Kant, Kritik der praktischen Vernunft, Seite 186.
② 张载:《张子全书·西铭》,光绪三年刊本。
③ 王阳明:《传习录·卷中·答聂文蔚》。

种纯粹理性事实而预先给与人类的。只有一个形式上的法则才能够先天地成为实践理性的一个动机；另一方面，康德又特别强调道德法则必须具有"客观实在性"，纯粹理性必须具备实践力量，才能使抽象的伦理法则介入人的现实世界。

"至善如果不能依照实践规则而成为可能，那么，那命令去增进这种至善的道德法则也必定会流于幻想，指向空虚幻想的目的，因而其本身也就是虚妄不实的了。"[1] 任何东西凡是需要从经验方面证明其现实性的，就都必须依靠经验的原则，才能使其存在的可能性获得根据，相反，纯粹实践理性只有通过理性的努力，借助演绎、推论才能予以证明。纯粹实践理性不可能依赖于后天的经验原则，或以之为存在基础。这样，意志如何在纯粹理性与感情动机之间架设起联络的桥梁，便成了《实践理性批判》的唯一任务和"最高原理"[2]。

康德认为，纯粹理性在确立道德法则并确保这些法则能够自作主宰后，在理性、法则成为意志的直接动机后，纯粹理性的客观实在性（即实践理性对象）才能表象为意志的对象，此时的意志才初次依其形式先天地被决定。在这一过程中，有一个重要条件绝不应被忽视掉，那就是——作为一个自由的意志，必须仅仅被道德法则所决定、所命令，它不但不需要感性冲动的协助，甚至还要排斥、挫抑一切与道德法则相抵忤的好恶心情。意志动机的发生和作用也是纯粹、客观而又具有理性之必然的，它拒绝和摆脱任何感性条件。

---

[1] Immanuel Kant, Kritik der praktischen Vernunft, Seite 132.
[2] Immanuel Kant, Kritik der praktischen Vernunft, Seite 55.

康德的实践理性在方法论意义上就是专门探究使纯粹实践理性的法则如何直接进入人心并影响其准则的，目的就是要使在客观上原本具有实践力量的理性在主观上也能够成为现实的实践力量。显然，康德的意图是要为普遍的道德法则寻找出感性的经验化出路，是要把"逻辑的必然"具体落实到"伦理的应当"上去。在康德，"道德法则是纯粹意志的唯一动机"的结论，似乎又把他引入了在《纯粹理性批判》中所陷入的僵局："一条法则自身怎样直接地能够成为意志的动机（全部道德性的本质正在于此）的这个问题，乃是人类理性所不能解决的问题，而这与自由意志如何可能的问题如出一辙。"① 理性的局限和疲软已超出认知领域蔓延到了实践世界。

二　"心即理"与道心即人心

康德的分裂很容易让人联想起南宋朱子析心理为二的哲学主张。朱熹一向强调，人之所以为学者，心与理而已，朱子在《大学或问》中说："析之有以极其精而不乱，然后合之有以尽其大而无余"。但王阳明却对之嗤之以鼻，甚至不屑一顾："恐亦未尽，此理岂容分析？又何须凑合得？圣人说'精一'，自是尽。"② 心与理、普遍法则与感性现实在本体意义上原是无可分离、不容解析的。这里，王阳明一方面用普遍的理来规定感性人心，"心也者，吾所得于天之理也，

---

① Immanuel Kant, Kritik der praktischen Vernunft, Seite 85.
② 王阳明：《传习录·卷上·陆澄录》。

无间于天人，无分于古今"①。既然心是"得于天"的，是禀受于超越人自身的"大全"或如康德所说的"大智"的，那么，尘世中的人心便没有任何理由拒绝或违背"天"所颁布的一切律令，并且，理只有以天赋的形式才能构成主体意识的内容。"身之主宰便是心，心之所发便是意，意之本体便是知，意之所在便是物。"② 一心流布，便成万事之则，心衍生万物的过程，使是理以成事的历史。心与理的统一由形式转化为实质，先验的法则，不再抽象，心体自身也避免了陆九渊的空疏寂灭。普遍之理在个体自心中获得了展开，形成了具体的现实规定。

另一方面，王阳明又强调理、义乃人心之本然功能。他说："人心本自说理义，如目本说色，耳本说声。"③ 就像人的生理器官对相应物质对象的趋好一样，人心对于道德法则的认同与遵从是当然而不可避免的。正是人之心，才为人类克服单纯生物性达到超越的无限性提供了可能条件。然而，不同于康德，王阳明以为，纯粹意志要从理性法则那里获得绝对命令还必须借助感性经验作为过渡和中介条件，还必须——

> 从自己心上体认。
> 人只要成就自家心体，则用在其中。④

---

① 《王阳明全集·卷二十一·答徐成之二》，上海古籍出版社，1992 年。
② 王阳明：《传习录·卷上·徐爱录》。
③ 王阳明：《传习录·卷上·薛侃录》。
④ 王阳明：《传习录·卷上·陆澄录》。

在王阳明，所谓的"自己心""自家心体"构成了道德法则的现实实在性，它把理性普遍立法的形式带入了经验的、有血有肉感性世界，进而使法由外来变为法由己出，化道德规范的外在强制为人心内在的主观需要。应该说，这是一个伟大思想家之所以伟大的方面，因为他具备了一种穿透人心、入骨入髓的思想力量。

穿透人心、入骨入髓，当然是好的，因为它有利于人们自觉地接受道德教化，实现最大程度的道德性。但是，问题的另一个关键甚至是致命之处则在于，人心终归叵测，随时都有滑入私害之蔽、七情之欲的危险，"道心惟微，人心惟危"是宋明理学家们所共同关心并十分担心的问题。王阳明指出：

> 率性之谓道，便是道心。但着些人的意思在，便是人心。①

道心，无形无色，无声无嗅，捉摸不定，无法用经验的手段加以把握、证明；尽管理已经融入在人心之中，但如果一味按照人心意欲去展开道德的实践，则又会产生许多与道德原则相悖逆的、有损于纯粹理性的错误行为。如何协调这两个似乎来自不同世界的东西？如何在理性的法则与感性的人心之间寻求合理又合情的张力？朱子竭力主张以理制欲，以道心限制人心，"有道心则人心为所节制""恰似那无了人心

---

① 王阳明：《传习录·卷下·黄勉之录》。

似的，只是要得道心纯一"，① 要求主体的情感、意欲必须绝对地接受普遍的理性道德法则的命令和支配。并"必使道心常为一身之主，而人心每听命焉。"② 于是，道心与人心被隔绝在对立的两极，一如康德的纯粹理性法则，道心对于人心而言完全是一种外在的命令或异已的主宰。

表面上看，朱子、康德的这种办法似乎极大地高扬了道德法则的尊严，但实际上却把它推到了危险的边缘，一方面，形式的原理远离了人们的生活世界，道德原则被架空、被抽干了鲜活的人生内容，康德所担心的那种"绝对虚妄"终不能免于发生，另一方面，压抑的人心也必将侍机举起反叛的旗帜。在王阳明的眼里，朱子的办法未免太粗糙而又漏洞百出。"心，一也""天理、人欲不并立，安有天理为主，人欲又从而听命者？"③ 人心本来只有一个，哪里来的道心、人心之分别，如果单从方便于语言指称、义理推演、境界呈现的角度看，可以折一为二，但从本体实在处讲，就根本没有必要离出二心。本体论与认识论的区分于此可见一斑。

无论心即理的统一，还是道心与人心的不二，在王阳明，都强调着普遍的道德原理与主体的道德意识的有机结合，鲜明地凸出了将类存在的、共通的理性规范与个体的知觉、情感、意志相联系的倾向。比起朱子、康德来，王阳明的办法显得更为本质、地道而又更具有渗透力，更能够深入人心。因为，从意识形态的建构角度上看，道德毕竟不同于

---

① 黎靖德编：《朱子语类·卷七十八》。
② 黎靖德编：《朱子语类·卷六十二》。
③ 王阳明：《传习录·卷上·徐爱录》。

法律，它不可能以外在的、强制的硬性方式迫使主体作无条件的接受与顺从。连康德自己都承认个体行为"含有合法性"与"含有合道德性"之间的明显区别。客观的、形式上的道德律令，只有在转化、落实为主观的、实质的个体道德意识后，才可能有效地影响主体的道德实践行为。虽然康德不屈地坚持：

> Also muß die Sittlichkeit auf das menschliche Herz desto mehr kraft haben, je reiner sie dargestellt wird.[1]
> （于是，德性呈现得越纯粹，它在人心中就必然越有力量。）

但他仍然还承认存在着一种由道德原理渗入人心中所形成的"人格""品格"，他说："虽然人是足够罪恶的，但是存在于他人格中的人道（die Menschheit）对于他来说则一定是神圣的。"[2] 这一点常被后来的康德研究者们所忽略。实际上，伦理规范浸入个体心性的过程，也是普遍的道德律令与主体精神相融合的过程，并且，正是由于这一浸入、这一融合，道德才会形成崇高、尊严、超越的力量，而对人的实践施以客观有效的影响，进而在人的心中确立起人之为人、超越有限生命的理性丰碑。一切外在的、客观的律令规范才能转变、升华为人的内在的道德意识、主体自觉与意志结构。在这一方面，王阳明的努力，的确要比朱子和康德来得技高

---

[1] Immanuel Kant, Kritik der praktischen Vernunft, Seite 179.
[2] Immanuel Kant, Kritik der praktischen Vernunft, Seite 102.

一筹而又意义深远。

一切道德原则、宗教信条与人生理想只有在真正地融入人心之后，才能转化为现实并坚定的生活信念。所有能够获得一定历史意义与社会影响的宗教在原始草创阶段几乎无一例外地都采取了化理入俗、融教条于实在的发展策略。王阳明成功地把理融入人心的尝试，在今天看来，也不乏非常重大的现实意义。仅仅依靠树立高、大、全式的典型模范或英雄人物，或者仅仅依靠提倡一些绝对排斥人性私欲的、理想主义式的标语口号，其实并不能缩短人们与道德法则的距离，并不能提高人们的德性自觉，反倒会让人们觉得那些被广泛宣传的英雄模范、道德理想、标语口号实在是高不可攀、远不可及，今生今世即使尽了最大的努力也都永远无法实现。所以，深入人心、落实具体、与时俱进、同生活世界相联系而力戒空洞无味的机械说教，似乎早应该成为执政党思想政治工作的基本方法与第一原则。在一切道德理想、宗教准则与政党旨意中，让人发自内心地觉得"我想这样做"，总优越于通过强制性的外在压力迫使人"必须这样做"。

王阳明心即理、道心即人心的主张，在道德原则与人心自我之间做了有机的融合。这一做法牵涉了道德原则诸多根本性的问题。譬如，道德原则的来源是什么？难道它们果真外在于我们内心吗？一切道德原则的根本性质是什么？现代精神分析学派创始人 S. 弗洛依德曾把人的意识分成意识、前意识和无意识三部分，而把经由社会的道德规范、宗教准则、价值观念而形成的良心、理想、信仰等全都归入前意识之中。① 个中意趣，颇值玩味。

原来，包括一切所谓"理"、纪律、原则、教条在内的道德规范并不如我们通常所以为的那样，完全是一种外在于我的、非本己的约束或对主体自身的强制性的苛求，而早已就是作为类存在的我们在意识深处所预先设定好了的"共识"，在本质上也不过是一种意识，是一种由人心所构建出来的虚拟表象。于是，道德的一切法则、规范又怎么可能游离出人的心体之外呢？从个体角度看，似乎理在心外，道德法则总是由外而内强加给我的，但是再从类特征、再从发生学意义上看，所有的道德法则不过都是人与人之间的一种约定而已。这样看来，理不在人的心中又出自何处、又能安在何处？那么，一切道德法则的积极建构当然也不应该离开主体自心而向外寻求。

三　良知与万物一体

既然普遍道德原则与个体身心相统一、相融合，那末，内在的心又如何与外在的物、事相沟通，以促使"所以然"向"所当然"的转化呢？这样，对"心之本体"的探究便显得尤为重要。"良知者，心之本体，即前所谓恒照者。心之本体，无起无不起""夫良知也，以其妙用而言谓之神，以其流行而言谓之气，以其凝聚而言谓之精，安可形象方所

---

① Sigmund Freud：《精神分析引论新编》，商务印书馆1987年，第54、55、56页。

求哉？"① 与"心即理"的规定同构，王阳明的良知，不仅仅是心之本体，而且还构成万千物事存在的"原因性的决定根据"。康德以为，这种"原因性"只有在理性世界中才能发现，这已成为一条排除一切感性条件的、决定性的、无可抗辩的"客观原理"，这一原理既不待外求，也无须捏造，它一直存在于人们的理性之中，已和人的本质融为一体。但与康德的纯粹理性原则不同，王阳明的良知不仅能自主本体、消融内外，而且还能发见流行、化生万物，完全是一个活泼泼的宇宙之源。

在王阳明，心之本体即是天理，即是心性，即是良知，而这个本体廓然大公，在"未发"时，寂然不动，无内亦无外。在本原处，心、性或良知既与理不分，又与物相一。

> 天下无性外之理，无性外之物。
> 讲学讨论，未尝非内也；反观内省，未尝遗外也。②

显然，王阳明强调要反对两种最应避免的倾向：一是由于"用智"，如果认为道德修行必须从外求得，肯定是将个体自性（即良知）看作是外在的了；二是由于"有我"，而如果认为反观内省只是向性内求索，肯定是把一己之性仅仅看作是内在部分。实际上，二者都"不知性之无内外也"。人只有真切体认良知，克服内外间隙，消融主客、物我的对

---

① 王阳明：《传习录·卷中·答陆原静书》。
② 王阳明：《传习录·卷中·答罗整庵少宰书》。

立，掌握良知的主宰处，"朴实用功"，才能达到良知的莹彻透明，自然便能内外两忘，心事合一。

《传习录》中王阳明时常关注并议论良知的原始本体状态，或言其"无知无不知""无起无不起"，或称之"无前后，无去来，无动无静"，或指以"未发之中"。从现象上看，这似乎是违反了科学知识和理性精神而在人为设定一个本不存在的世界终极或绝对本体，而这正是后现代主义哲学家们所大肆反对并力图解构的。但是，本质地说，这种人为设定的真正意图却在于要说明道德本体世界相对于感性实践领域的流变性、主观性、任意性和有限性而言所具有的绝对性、真实性、原始性和无限性，进而展示出本体相对于现象、总体相对于个体、大全相对于具体的独特地位和主宰优势。这是心学通向神学的伏笔，也是自孔子以来儒学宗教性逐步发展的必然结果。于是，我们便不难理解为什么心学良知推演到后来竟近乎出神入化，为什么二程、张载都要大谈一通"无极""太极"，以及为什么康德在纯粹实践理性辩证论中不得不推出永生、自由和神的存在三个顶峰塔尖般的"悬设"。

但是，纯然良知不可能永远只停滞在本体世界里，它总得与感性外物、经验实践相关涉并于其中实现自身，完成对现象世界、现实人生的主宰。

> 心外无物，如吾心发念孝亲，即孝亲便是物。[①]
> 此心在物则为理。如此心在事父则为孝，在事君则

[①] 王阳明：《传习录·卷上·徐爱录》。

为忠。①

原来，良知心体是天地万物的"所以然"，是世界的灵魂所在，它先天地就具有一种不可抗拒、不可思议的开物成务的"实践力量"，一旦其"发见流行"，遇物成形，遇事成理，自然而然，犹若造化。"良知只是一个，随他发见流行处，当下具足，更无去来，不须假借。然其发见流行处，却自有轻重厚薄，毫发不容增减者，所谓天然自有之中也。"② 这便是"良知之妙用"，它没有形态体积，无穷无尽，超越时空。说其妙用之大，整个天下都可能运载；说其妙用之小则没有任何东西能破间而入。这几乎就是康德所谓的那个"至善至美的神明意志"。更进一步，王阳明指出："人的良知就是草木瓦石的良知。若草木瓦石无人的良知，不可以为草木瓦石矣。岂惟草木瓦石为然？天地无人的良知亦不可以为天地矣。"③ 天地万物与人（心体、良知）原本同体一气，无间无隔，所以才有可能相互感应，彼此交流，互为根据，交相利用，如人可与天地参，禽兽可以养人，药石能够疗疾。

为什么王阳明在力倡"心即理"后仍嫌不够，还要造次出"良知乃万物"的命题来？这恐怕缘起于他对朱子格物理论的批判。王的时代，天下是朱而非陆，格物穷理蔚然成风，然而，王却从心学本体出发解"格"作"正"，释

---

① 王阳明：《传习录·卷下·黄以方录》。
② 王阳明：《传习录·卷中·答聂文蔚书》。
③ 王阳明：《传习录·卷下·黄勉之录》。

"物"为"事","格物"即是"正事"。

> 天下之物本无可格者。其格物之功,只在身心上做。①

一反朱子的"格物致知",王阳明则力主"致知格物""所谓致知格物者,致吾心良知于事事物物也""致吾心之良知,致知也,事事物物皆得其理者,格物也。"② 这是一句充满歧义的哲学判断,其中隐含着认识论、本体论的深刻内容。但从道德学角度看,只有从满心而发的良知出发,才能把外在的法则命令内化为主体的道德自觉,才能找到伦理规范与万千物事相结合的切入口和中介点,怎么可能由格尽天下之物而达到普遍总体的理呢?一草一木怎么去格,何时才能格尽,即使格得草木之理,又如何反转过来与主体相联系,并使之变成"自家意"或"自家底准则"呢?对此,朱子之说根本无法给出圆满的答案。但是问题到了王阳明这里,却能够迎刃而解:

> 主宰一正,则发窍于目,自无非礼之视;发窍于耳,自无非礼之听;发窍于口与四肢,自无非礼之言动。③

---

① 王阳明:《传习录·卷下·黄以方录》。
② 王阳明:《传习录·卷中·答顾东桥书》。
③ 王阳明:《传习录·卷下·黄以方录》。

王学之精要,话语简赅,词短意深,常有禅学公案一言破的之功效,于此可见得一斑。阳明心学体系中,"致知格物"同样也成为不可或缺的重要环节,而在这一环节中,良知完成着纯粹法则的形式与实质或抽象与感性的双向融合,即一方面是"天地鬼神万物,离却我的灵明,便没有天地鬼神万物了",另一方面则是"我的灵明,离却天地鬼神万物,亦没有我的灵明。"①

然而,这种双向融合却又不可避免地孕育着王门心学甚至是整个宋明理学的爆炸与解构。既然"天地万物俱在我良知的发用流行中",那么,"何尝又有一物超于良知之外能作得障碍"②? 同样,只要良知可以"只在声色货利上用功",那么,"声色货利之交,无非天则流行矣!"③ 普遍的天理、绝对的命令已经有了心理化、世俗化、感性化甚至行动化的初始萌芽,王学注定要为理学作出历史的、逻辑的总结,从这里到泰州学派及李贽"人欲即天理"的纵欲主义,到龙溪学派"心空外物""无善无恶心体"的禅学指归,再到刘宗周"心即意念"的禁欲主义似乎只有一步之遥了。

四 本体与克己功夫的统一及意志自律

无论是"心即理"或者道心与人心的统一,还是良知与万物的同体,才仅仅阐明出主体实施理性道德原则的理

---

① 王阳明:《传习录·卷下·黄以方录》。
② 王阳明:《传习录·卷下·黄勉之录》。
③ 王阳明:《传习录·卷下·黄以方录》。

论可能性，只是解决了一个条件性的问题，仍还属于纸上谈兵，至于其现实性则必须仰仗于主体道德行为发生时的目的动机与意志决定。这才是唯一真正能升堂入室、触及"所当然"问题要害的事情。

良知存于心中，没有体态形象，最难捉摸，连王阳明自己都感叹："此道至简至易，亦至精至微""若欲的见良知，却谁有见得？"① 道德法则如何落实于人心，见诸于行为，只能依靠真切踏实的克正功夫，依靠对念虑之微的省察克治。而这在康德便是所谓的"意志自律"（die Autonomie des Willens）。在康德，唯一道德原理的本质就在于它可以离开法则的一切实质或一切欲望对象而独立自主，同时还凭借一个客观准则所必然涵有的单纯普遍立法形式来决定任何行为选择。所以他说："意志自律是一切道德法则以及符合这些法则的义务所依据的唯一原理。"②

王明阳认为，良知本体原是光明圆莹的，不过由于私欲障蔽、自主意见或搀和兼搭，才使得良知混暗不淳、泯而不彰。"良知之发见流行，光明圆莹，更无挂碍遮隔处，此所以谓之大知。才有执著意必，其知便小矣。"③ "这良知人人皆有。圣人只是保全无些障蔽，众人自孩提之童，莫不完具此知，只是障蔽多。"④ "思"是心的官能，是良知之发用，心体也应该是一个独立自足的绝对本体，本应该也是明白简易的，道德本体"自能知得"，但是，假如有"私意安排"，

---

① 王阳明：《传习录·卷下·黄以方录》。
② Immanuel Kant, Kritik der praktischen Vernunft, Seite 39.
③ 王阳明：《传习录·卷中·答聂文蔚书二》。
④ 王阳明：《传习录·卷下·陈九川录》。

则显得自寻纷纭劳扰,所以,"学者用功,虽千思万虑,只是要复他本体,不是以私意去安排思索出来""沈空守寂与安排思索,正是自私用智,其为丧失良知一也。"① 可见,王阳明的良知是不容许染杂任何非本体性因素的,一如康德所言,一个实践的对象并不是纯粹意志的动机,只有单纯法则形式才是动机的唯一来源,"意志决不被任何客体或客体的观念所直接决定,而是使自己成为充当行为的理性规则(一个客体因此而成为现实的)的一种能力"②。一切构成主观实在性的内容,都不应该成为主体意志的决定条件,理性法则的普遍性永远超越于感性的功过、利害、善恶、是非。在这一点上,康德与王阳明都达到了同样的哲学高度。

非本体之念,即是私念,自私用智便是"义外",道德主体的意志如何克服私念,避免"义外",而达到只受普遍法则支配的自由意志呢?王阳明提出,只有通过日见一日的克己功夫,对随时随地的"一念不善"予以"省察克治",才能恢复人心中的那崇高卓越的良知本体。

> 人若真实切己用功不已,则于此心天理之精微,日见一日;私欲之细微,亦日见一日。③
>
> 吾辈用功,只求日减,不求日增。减得一分人欲,

---

① 王阳明:《传习录·卷中·答欧阳崇一》。
② Immanuel Kant, Kritik der praktischen Vernunft, Seite 71.
③ 王阳明:《传习录·卷上·陆澄录》。

> 便是复得一分天理，何等轻快脱洒，何等简易！①

人心本体之中，原本只有天理（"真己"）存在，并没有什么不符合道德法则的东西存在，人们必须常常固守着本体真己，不为"躯壳的己"的诱惑所牵引，不错将私念误作良知，不"认贼作子"，即使有一丝一毫非礼动机在心中萌动，就婉如害怕刀割、针刺那样，当机立断，去刀拔针。因为知与行本合一不二，所以，哪怕在心机"发动处"刚刚产生不善之念，也要"彻根彻底不使那一念不善潜伏在胸中"②。可以说，惟有这一要求，才是王阳明哲学体系的"立言宗旨"，才是心学的真正使命。

继早年完成"破山中贼"的政治事功之后，晚年的王阳明自觉承担起"破心中贼"的素王之业，作为大明帝国的政府官员，也作为皇权社会的知识分子，他充分地意识到，真正能够对现实社会秩序构成威胁的力量，不单来自于非法军事武装的骚乱、暴动或起义，而且更来自于人们心中道德信念的崩溃瓦解。所以，克己之私、恢复良知便成为阳明心学所面临的首要任务和最高目的，所有心即理、道心人心不二、良知与万物同体、知行合一、克省检察之类的哲学命题都只是实现首要任务、达到最高目的的序幕和前奏，而"致良知"才是大本、才是要务、才是急所。

这样，就可以理解为什么王阳明对朱子把"察之于念虑之微"与"求之文字之中""验之于事为之著""索之讲

---

① 王阳明：《传习录·卷上·薛侃录》。
② 王阳明：《传习录·卷下·黄直录》。

论之际"相并列的做法进行大加指责和非难。王阳明以为,朱子的这种并列,不但没有有效地突出心体良知相对于语言、事为和思虑——抑或本体论相对于认识论、道德论——来说所具有的决定作用和超越地位,而且更使主体实现道德自觉的路程变得如此曲折、漫长,将它们"混作一例看",完全"是无轻重也"①。燃眉之急的政治斗争和社会问题已容不得人们静下心来去坐冷板凳,而在"今日格一物,明日格一物"上花费深沉功夫了,长久的道德培养与立竿见影的实际功效之间总有一时难以调和的矛盾。因此,大程的"定",周敦颐的"静"、朱子的"格致"以及佛禅的空寂,都不是解决当前问题的根本途径和有效办法。格物尽管重要,但现实所要求、所提倡的是短、频、快,眼下社会急迫需要的是能够拿来即用、现炒现卖的"精神快餐"。

王阳明强调,为学功夫,应当:

> 须教他省察克治,省察克治之功则无时可间,如去盗贼,须有个扫除廓清之意。无事时,将好色、好货、好名等私欲逐一追究搜寻出来,定要拔去病根,永不复起,方始为快。
>
> 才有一念萌动,即与克去。斩钉截铁,不可姑息与他方便。不可窝藏,不可放他出路,方是真实用功。方能扫除廓清,得到无私可克。②

换算成康德批判哲学的语言,就是在说,理性,只有普遍立

---

① 王阳明:《传习录·卷下·黄直录》。
② 王阳明:《传习录·卷上·陆澄录》。

法的理性才是向意志颁布"绝对命令"（Kategorisoh Imperativ）的唯一的、可能的主体，才应该是纯粹意志最高的、直接的动机。任何实质的原理、意欲的对象的干预都是对道德学最高原理的摧毁，都是对道德法则纯粹性的亵渎与挑衅。每一个人只有在自己的灵魂深处爆发"革命"，狠批私字一闪念，才能产生出崇高的、无限的道德力量，才能有无比的勇气去最彻底地扬弃自我，最干净地祛私除邪。正基于此，王阳明才把"思无邪"看得比什么都重要，认为包括"诗三百"在内的整个"六经"，以至所有古今天下圣贤的言论主张，都可以用"思无邪"予以概括、总结，"一言便可该贯，此外更有何说？此是一了百当的功夫。"①

然而，人心总是肉做的，一当本体良知与经验物事相交涉，感性之心总免不了要产生"七情"甚至忿懥，虽然人的一半应当受理性的支配，但人还有感性血肉的一半，究竟该怎么办是好？这里似乎揭示出王学内在所隐含的一个深刻矛盾。即，王阳明一方面承认喜、怒、哀、惧、爱、恶、欲，"七者俱是人心合有的""七情"顺其自然而流行呈现，其实也都是良知本体之用的当然表象，甚至连善恶、是非都没有必要去做硬性辨析。因为心即理、心即道，哪有什么分别？满心而发，即是尽理、尽道而呈现。但另一方面，他又严正指出，主体必须"认得良知明白"，心中有数，道德自觉的主心骨不能丢，原则绝对不可以放弃，"不可有所着。七情有着俱谓之欲，俱为良知之蔽。"② 哪怕"忿懥几件，

---

① 王阳明：《传习录·卷下·黄勉之录》。
② 王阳明：《传习录·卷下·黄勉之录》。

人心怎能无得"?

> 凡人忿懥,着了一分意思,便怒得过当,非廓然大公之体了。
> 如今于凡忿懥等件,只是个物来顺应,不要着一分意思,便心体廓然大公,得其本体之正了。[1]

人之所以成为人,最基础的底限、最重要的根据似乎就在于:纯粹的理性原则,应当自作主宰,而不该被实际的利害和世俗的物事牵着鼻子走。情欲不可免,本已当有主见;不着一分意,良知做精神。"此处能勘得破,方是简易透彻功夫。"[2] 惟其如此,才能有胆略、有力量接受严酷道德问题的挑战,也才能经得起冷峻现实斗争的屡屡考验,才能不致于在是非、善恶、正义与非正义的冲突较量中丢却本性,而迷失方向。

---

[1] 王阳明:《传习录·卷下·黄直录》。
[2] 王阳明:《传习录·卷下·黄勉之录》。

信用缺失与责任伦理建构
—— 对当前中国一种普遍社会现象的分析研究

一、"我们还敢相信什么?"
二、信用缺失:历史原因与哲学支持
三、诚信传统与现实需要
四、理性、法权、规则与责任伦理建构

诚信是金。在人与人的交往中,如果真的存在着一道不能再朝下放、不能再朝后退的底线,那么,它一定就是守信。守信的反面则是欺骗。欺骗,其实就是变相的自杀,是主动把自己甩出人际世界的边缘。

信用是人的一种道德自觉,是人类区别于其它一切生命存在物的显著标识之一。在本质上,信用是人们在社会交往活动过程中,相互之间所作出的一种道义承诺。它是维系一个社会继续存在与健康发展的重要支撑体。人们对信用的恪守并不与人类文明程度成正比,信用与文明之间有一定的关连,但并不存在逻辑的必然性。原始部落人群之间的相互信任，可能丝毫不逊于现代文明人之间所履行的道德与法律承诺。理性精神的成熟、发达在促使社会进步的同时，也会对整个社会的信用系统起一定破坏作用，甚至还会在人与人之间产生更狡猾的欺诈。

一　"我们还敢相信什么？"

毫不夸张地说，当前中国社会的信用体系所存在的问题，已经远远不是"危机"一词所能形容的。信用缺失已经反映在社会生活的各个领域，信用变质越来越具有普遍性。整个社会到处都流露出"怕上当受骗""不敢相信"的谨慎心理。一幅寓意深刻的漫画足以说明问题的严重性：一位顾客到商店里买一瓶酒。买卖发生过后，顾客举起酒瓶，双目凝视，仔细揣谋，就是不放心——"这酒究竟是真的还是假的？"同样，店主接过顾客交过来的钱，对着阳光，反复地照，疑窦重重——"这钱究竟是真的还是假的？"

曾经读过一篇《靠×不吃×》[①] 的妙作。文中说，"靠什么吃什么"，向来是一种"中国特色"，比如靠山吃山，靠水吃水，延伸到有的执法行政部门靠罚没收入发财致富，有的大盖帽吃了原告吃被告，有的领导靠批条子成为"先

[①] 徐怀谦：《靠×不吃×》，《杂文报》2000年4月23日，第1版。文中，作者还颇为深刻地指出："靠什么吃什么"作为一种职业腐败，固然应该大力挞伐；"靠什么不吃什么"，作为一种职业无道德，其危害丝毫不亚于前者。如果只是在一味地呼吁消费者提高这意识、那意识，把一切责任下嫁给消费者，让他们都变成万能的上帝，那还要质量技术监督部门干啥？要工商行政管理部门干啥？要卫生管理部门干啥？对那些黑心的销售者来说，当诚信还只是一种奢望的时候，行政和法治就是最好的武器。

富起来"的一部分人,有的海关工作人员与走私分子狼狈为奸,等等。但曾几何时,在人们的社会生活领域里,又出现了另外一种"靠什么不吃什么"的现象。比如,卖豆芽的不吃豆芽——因为用甲醛泡过,这样豆芽看上去饱满新鲜;卖桃子的不吃桃子——因为用洗衣粉洗过,这样的桃子皮上没毛、鲜亮;面粉厂的职工不买自己厂生产的面粉——因为他们的面粉为了看上去很白,往里掺了很多滑石粉;还有,卖黑心棉的想必不会自己盖黑心被,卖假药的想必不会给自己的亲人吃假药,卖注水肉的想必也不会让自己的家人吃注水肉吧?

在2002年中央电视台的"3·15"晚会上,一个卖桶装水的知情者说自己和全家人都不喝桶装水——因为那些水桶很多是用回收的塑料垃圾做的,有的甚至是用医院里盛血浆的瓶子做的,至于灌进去的水,有的还不如自来水干净。

一位朋友去某风光秀丽的海边城市做业务,当地公司请他吃酒席,上了一盘大虾,色泽非常艳丽,她吃了好几只,就是不见别人动筷子,问怎么回事,有位经理才笑着告诉她:你没去过渔村吧?现在的大虾都是用避孕药等含有激素的饲料喂大的。关于大虾还有人传说:为了保鲜,海边的渔民们往盛大虾的罐里倒尿,用尿泡过的大虾不仅能不死,而且颜色好,这样运到城里,城里人就能买到"活蹦乱跳"的大虾了。

不难看出,一种"我们还能相信什么"的困惑在整个社会蔓延。

在经济生活领域,假、冒、伪、劣商品充斥市场。根据有关部门的一项调查统计,在被调查的样本企业中,有近

35%的企业被假冒产品侵权,甚至出现"李逵斗不过李鬼"的怪现象。① 偷税、漏税活动猖獗,走私、骗汇、套汇、骗取出口退税更是屡禁不止。合同违约、商业欺诈现象十分严重,有资料表明,在当前我国的经济活动中,竟有50%的经济合同带有欺诈性。欠债不还、三角债、逃废银行债务更是司空见惯,截止2000年底,在四大国有商业银行开户的62656家改制企业中,经金融债权管理机构认定有逃废债务行为的竟达32140户,占总数的51.29%,逃废银行贷款本息达1851亿元,占改制企业贷款本息总额的31.96%。② 为了有效防止受骗上当,许多企业在市场交易过程中,不得不重重设防,步步为营,有的甚至还采取"一手交钱、一手交货"的原始交换方式来进行现代贸易。财务失真、做假帐、搞两本帐等集体违反财务纪律的行为比较普遍,据财政部的一次会计信息质量抽查公告显示,在被抽查的157家企业中,竟然有155家虚报利润,可见数字作假、信息舞弊已到了相当严重的程度。更为令人震惊的是,根据中国企业联合会的报告,我国每年因不讲诚信而付出的代价大约为6000亿元,其中因逃废债务而造成的直接损失约1800亿元,因合同欺诈、产品质量低劣和制假售假造成的损失2055亿元,"三角债"及现款交易增加的财务费用约2000

---

① 王彦田:《保证经济正常运行的迫切需要》,《人民日报》2001年4月2日,第1版。
② 田俊荣:《中国人民银行纠正和打击逃废银行债务行为》,《人民日报》2001年4月11日,第2版。

亿元。[①]

一位国家领导人为上海一所著名财经高等学府的题词是"不做假帐",而且,这赫然四字后来也竟成了这所大学的校训,用以警示前来求学的每一位学子。这便足以反映出中国社会数字造假问题之严重、影响之巨大。

消费领域中的欺骗,更是屡见不鲜。我们每天都要吃的肉,可能已经被注了水。我们每天都要吃的大米,也可能已经被搀了工业油。早点吃的油条,有可能是用洗衣粉炸成的。至于面粉中搀石灰,自来水当作矿泉水卖,也早已不是什么新鲜事。我们去饭店吃饭,喝的酒,可能是真的,但很可能并不是酒瓶上的牌子;不相信海鲜的分量而与服务小姐一一核准,吃完饭后仔细核对帐单,这类的事情几乎在每一个顾客身上都发生过。

报刊电视上,每天都在炮制大量连记者编辑自己都不相信的虚假广告。一大堆美容、丰乳、减肥、保健品、发财之类的广告,使得天天都有顾客大上其当。电影明星、体坛健儿、大腕、甚至医学教授、学术专家都加盟广告行列,昧着良心说瞎话,使得民众对社会名流也产生了严重的不信任感,社会名流同样也跌了价、贬了值。一位多年从事广告经营的业内人士曾直言不讳地说:"成功的广告永远是骗人的。"

人际关系的不信任是一个社会信用系统崩溃的集中体现。在作为社会基本细胞的家庭中,不信任的因素也越来

---

① 陈强:《不诚信的代价:每年 5855 亿》,《中国青年报》2002 年 3 月 25 日,第 2 版。

多。妻子怀疑丈夫有外遇、包二奶,使得私家侦探的行业在一些城市悄然兴起。一位公司老总曾给三、四岁的儿子上了这样一堂启蒙课:儿子要喝水,他给了一杯。儿子喝了一大口,烫得哭了起来。老总说,谁让你不试试烫不烫的,什么都得自己试,谁也别信,爸爸也不能信。① 亲人都靠不住了,更不要说家庭以外的社会成员了。在一些地区,因为非法传销活动中被逼无奈的人,往往总把最信任自己的亲戚朋友当作下线,拖进(其实是骗进)传销活动中来,以最大程度地挽回自己的经济损失。单位同事之间的竞争,使得相互之间已极少有深度信任可言。公司与公司之间为了签定一个业务合同,双方所做的事情远不止交易本身,还得你调查我、我验证你,弄来弄去,无形之中都在提高交易成本,对业务之外事情的考虑要大大超过对业务本身的关心。

政治生活领域里,坐在主席台上的人所讲的话,连自己都不相信,台下就更没有相信的人了。选举人对被选举人有比较普遍的不信任感,认为被选举人在拉选票时往往大开"空头支票",答应的都是好的,但是一上台就翻脸,不肯兑现承诺,总强调这样那样的困难。下级对上级领导也有不信任,说好了好好干就有前途的,怎么到了晋升提拔的骨节眼上,总是没戏?打开报纸,什么地区什么企业产值利润增长多少多少,都不敢相信。这年头,"干部出数字,数字出干部。"凡是报上去的,都充足了水分。譬如植树,按照某地区历年上报的统计数字,所植的树应该早已经栽到农民的炕头上了,估算起来,农民睡觉都可能睡在树头上了,可实

---

① 柏强忠:《信用也变质》,《天津日报》2001年6月22日,第23版。

际上就是没一棵树是活着。

文化学术领域的信用不足，似乎也不甘逊色。出版物的滥化，使得人们有足够的理由拒绝知识的爆炸。非法出版物、盗版音像制品不绝于世，所侵犯的不仅仅是著作人的利益。高级职称评定标准的数量化，直接导致学术质量的滑坡，抄袭、剽窃之类事件在堂堂高等学府里时有发生。知识经济时代的到来，在激起人们求知问学愿望的同时，制作假文凭的名片、传单又几乎布满城市大街小巷，甚至还塞进了每家每户的门缝。

国际关系中，朋友几乎都靠不住。昨天还是同一阵营里的战友，转眼间就翻脸不认人，还跟我们大打出手。说好了要世世代代友好下去的，可动不动就不认历史那本帐，总想为自己脸上抹彩。画过押、签过字，说不向台湾卖武器的，可偏偏"军售"连年不绝。接受过我们无私援助的"第三世界"阶级兄弟，到了那次申办奥运的关键时刻，怎么连我们的票都不投？要知道，那可是要中国人命的一票！

这年头，甚至连"真诚"都可以做假。几乎每一个城市的火车站前，那些看上去着实让人怜悯的残疾人、特困生以至手搀小孩的老人，不断向路人乞讨、哀求甚至还说出一段催人泪下的故事。那模样、那神情，透露出的是无限的真诚，总让人觉得这绝对假不了。然而，这又绝对不可能是真的。

我们所身处的这个社会到底怎么啦？信用是所有道德关系中的最基础的一种，如果一个社会沦落到让人呐喊"还敢相信什么"的地步，似乎足以说明这个社会的伦理道德体系已经处于瓦解、崩溃的边缘。

二 信用缺失：历史原因与哲学支持

应该说，任何时代、任何社会都有信用缺失的现象存在，只是所表现的形式有所区别、所暴露的程度有所不同罢了。然而，值得探究的是，为什么当前中国社会的信用缺失现象竟变得如此突出、如此严重呢？

首先，如果从社会资本运行的历史状态来分析，当前的中国社会正处于一个从旧的经济社会体制向新的经济社会体制过渡的转型期，相当于资本发展过程中的原始积累时期。在这个转型期里，旧的社会体制对人们的禁锢被打碎了，人欲中的许多东西得到了充分的释放。个性张扬、自我突出甚至人欲膨胀是转型期较为普遍的社会心态。而当此时，新的社会体制还没有获得正常运转，新的社会规范也没有及时形成，人心的信仰、信念世界处于真空半真空状态。信用缺失是社会转型时期的附带病症，是不可回避的，具有一定的逻辑必然性。市场社会雏形时期，一方面，社会规范的确立往往滞后于现实的社会发展，大量不规范现象已经先于社会规范而存在；另一方面，即使社会规范已经形成，可是，刚刚从旧的社会体制中挣脱出来的人们，一时也不可能自觉地去遵守。

处在转型期的人们的价值取向往往是一元化的，亦即，以最少的成本去追逐利益的最大化。譬如造假，就是转型期人们最常用的手段之一。实际上，每一个人都知道造假是违法的，甚至每一个人又都是造假的受害者，那么，为什么还是有那么多的人、那么多的行业涉及造假呢？这是一个相当复杂的问题。最直接的原因就在于,有更大的实际利益可图。转型期的社会不可能为每一个社会成员提供均衡的发展机会。社会成员之间,没机会发展的一边嫉妒有机会发展的,一边又通过非正当渠道以不正常手段获得自我利益。由于社会规范并没有及时到位,从合法途径所获得的利益要远低于从非法途径所获得的,于是,大家都忙于造假,似乎你不造假,你就吃亏。在这种情况下,谁还愿意花较高的成本去搞正宗产品的生产、研究和开发呢?全民浮躁的社会心态就是这样形成的。

其次,中国社会从来没有经历过现代化过程所必须经历的理性化、程序化意识与法权理念的彻底洗礼,也应该是信用缺失的一个重要方面。现代化在中国,只有目前现实的运动,而没有完成的历史。现代化是现代科学发展的结果,它源自于西方世界。现代化所依赖的理性化与程序化,对于大多数中国人及中国的文化传统来说,还显得非常陌生、很不习惯甚至在情绪上还会发生抵触。理性化与程序化的一个最基本的要求就是办事的原则性。也就是说,在具体事情的操作过程中,人们应该无条件地遵守既定的法则、规范,没有任何讨价还价的余地。① 中国的文化传统中虽有对"经"的充分重视,但在本质上或要害处,似乎更突出"权",有时甚至还把"权"放在"经"之上。《论语·子罕》说:

---

① 中国社会里,人们日常生活中普遍盛行的"讨价还价"风气,其实就是信用缺失、不遵守规则的典型表现。商品定价的标准无疑应该是物之所值,商品的价格应该是商品自身可利用价值的真实反映,它一旦被确定下来,怎么可以任意增减呢?

> 可与共学，未可与适道。可与适道，未可与立。可与立，未可与权。

古代中国人似乎一直把"权"当作最高、最后的境界，所以才有"权者，圣人之大用"[①]一说。马克思主义"一切从实际出发""具体问题具体分析"及"实事求是"的哲学原理，在部分中国人那里始终被误解为突破规范、藐视原则的最佳理论根据。这样，原则性在与灵活性的较量中，最终肯定是要输掉的。这种文化传统在现代中国人身上的一个典型体现就是我们过马路时的态度。现代的中国人过马路，在遇到红灯但也没有车来的情况下，多数人是要闯红灯的，而不会选择停下来等绿灯亮了再走。虽是红灯但却没车的时候，如果你不过马路，别人反倒会说你太古板、太教条，连这点灵活性都没有，还能干什么大事，真没用！其实，没有对原则的绝对遵守，随时都可能实现对程序的侵犯与超越，于是就不太可能形成一种法治的局面。规范一定是蕴藏在事情的固定程序之中的。

与理性化密切相关的是法权意识，西方的哲学一直有一种把理念从事物具体形态中剥离出来的传统。在剥离的基础上，再对事物进行形而上的系统阐明。而中国哲学的传统似乎有所不同，中国哲学的概念范畴（如阴阳、五行、气）从来就是理性与感性交融在一起的。由此，主体的心情态度往往直接投射到对象之物身上去，主客粘合、物我不分便成为理性与感性相交融的附属产品。中国人在人际关系中，崇

[①] 朱熹：《四书章句集注·论语·子罕》，中华书局1983年，第116页。

尚"你中有我、我中有你",强调"不分你我"才是人与人交往的最佳状态,而不主张把人与人之间的财物权属划分得太清楚明晰,以为"水至清则无鱼",根本不把他人的财物当作他人权利、人格的延伸。多数中国人在单位里,都是公私不分,喜欢把单位的大家与个人的小家密切联系在一起,甚至连信封、信纸都不断往自己家里拿;另一方面,1949年以后,作为一种普遍的社会制度——社会主义公有制的确立,出于意识形态方面考虑的——对社会主义大家庭观念的大力倡导,恰恰又在很大程度上助长了中国人对公共财物的非法占有与侵犯。"以厂为家""以队为家"的反转则是对公共财产非法侵吞的合法化。

西方哲学非常清楚地把理念从感性器物中剥离出来,可以使西方人产生所谓"法权"的理念,而这个东西对于我们多数中国人来说至今还不知它究竟为何物。这是中国人的先天不足。物的概念在中国始终只是本体论的,而从未获得过知识论的意义。于是,中国人的物既不可能发生出现代科学系统,又不可能推演出法权、责任的内涵。中国人历来都十分向往高人一等的权力(power),人人都想做"人上人",妄图支配并挥霍社会资源,以展现自己所具有的超越于平常人的能耐,而很少关注那份本应属于自己的权利(rights),更谈不上敢于为捍卫自己的权利而奉献、牺牲,似乎始终在放弃做一个能够行使自己合法权利的普通公民。大脑中压根没有权利、法权意识这根弦,当然就可以对别人的权利肆意践踏了,当然也不会需要别人去尊重自己的权利。于是,就可以将他人当作坑、蒙、拐、骗的对象了。信用缺失的背后,是权利意识的极端淡薄。最为可悲的是，自己不遵守诺言、自己在欺骗讹诈还不知道这是在侵犯他人的权利。

再次，传统道德资源自"五四"以来不断遭到消解甚至摧毁，使得中国固有的诚信传统在现代条件下不能够获得崭新的诠释，不能成为推进市场经济发展的有生力量，更谈不上进一步的光大与弘扬。"五四"反封建，仁、义、礼、智、信作为旧文化、旧道德的典型代表而被不屑一顾地破除了。建国以后的"大跃进"时期，政策允许人们"放卫星"，如"人有多大胆，地有多大产"，实质是变相鼓励撒谎、倡导欺下骗上。"文化大革命"中，曾经被普遍推行的所谓"阶级信任"，如——

> 爹亲娘亲，不如毛主席亲。
> 天大地大，不如共产党的恩情大。
> 河深海深，不如阶级友爱深。

实际是一种超越亲情、不顾人性而又不切生活世界的、绝对理想化的先验道德观，理想主义与浪漫主义的色彩过于浓烈，所以，最终只能导致"假、大、空"在全社会范围内的广泛流布。试想一下，一种已经被抽象化、普遍化了的利益集团，可能通过什么样的途径使人们心悦诚服地相信它、服从它？一个理念化的存在物又怎么可能现实地成为人们的信任对象？

最后，人们对发展市场社会的精神准备的严重不足，使得全社会的信用系统出现一种青黄不接的状态。没有经历过现代化的洗礼，西方人的道德精神就不可能被完好地引进来;历次的政治运动又没有把中国的诚信传统很好地继承下来;而长期存在的计划经济体制所依靠的是一整套垂直的信息管理系统,根本就不需要通过信用关系来调节人们之间的经济行为、交往行为,所以,商品交换意义上的信用关系基本阙如。于是,一旦开始发展市场经济,一旦进入商业社会,人们便毫不犹豫地都把目光死死盯在了实际的经济利益上,一切以经济建设为中心的工作重点的转移,又使得一切向钱看、急功近利、唯物是从、惟利是图等观念取向成为了一种终极性的价值关怀。

唯物主义,作为一种科学认识论是非常正确而且完全必要的,但是,一旦被拖进道德实践领域则相当有害。被中国人所理解的唯物主义,总与现实的功利主义、世俗的消费主义相联系,往往成为物质主义、金钱主义的代名词。眼下的中国人根本不可能一下子就明白过来——信用关系对于这个社会、对于每一个社会成员所具有的重要意义。而当此时,法制不健全、执法不严、政府监管不到位、舆论监督不力,又在客观上为信用缺失者避免受到法律的惩处提供了足够的条件,或者,即使受到惩处,但其所付出的代价与所得到的收益却呈极度的不对称,这样势必助长信用缺失的再发生或进一步发展。

三 诚信传统与现实需要

对于中国民族来说,恪守信用作为一种良好的道德规范,已有悠久的历史传统,在这一方面,我们是有一定资源优势的。《春秋左传·襄公九年》说:"所临唯信。信者,言之瑞也，善之主也。"《管子·小问》有曰："泽命不渝，信也。"孔子也非常重视"信"，《论语》一书中多有关于"信"的言谈。一方面，"民无信不立"（《颜渊》）、"人而无信，不知其可也"（《为政》），强调信用是一个人安身立命的根本；另一方面，"与朋友交，言而有信"（《学而》），"言必信，行必果""君子于其言，无所苟而已矣"（《子路》），信用也是社会交往的一项基本原则。一个人如果不守信用、违背诺言，那么连他生存在世的合法性都会遭到怀疑。一如《荀子·不苟》所说："言无常信，行无常贞，唯利所在，无所不倾，若是则可谓小人矣。"进一步，信还是君主治国理政的根本大法，"信则人任焉"（《阳货》），"上好信，则民莫敢不用情"（《子路》）。

无论如何，中国古代的思想家已经从伦理本体的层面上奠定了诚信在人生生活中的基础地位。《说文解字》将"诚"、"信"互训：

诚，信也。
信，诚也。[①]

现代汉语直接将二者连用，谓之"诚信"。诚信的品格在中国古代的商业伦理中一直占据主导的地位。至于"无商不奸"之说，不过是"重农抑商"思想对商人形象的蓄意歪曲。《礼记·王制》中记载了中国较早的商业规范：

---

① 桂馥：《说文解字义证》，齐鲁书社1987年，第196页。

> 布帛精粗不中数，幅广狭不中量，不鬻于市。
> ……五谷不时，果实未孰，不鬻于市。①

没有达到一定质量、数量要求的货物是决不应该拿进市场出售的。《荀子·王霸》也强调过诚信对于古代商业经营的重要性，"商贾敦悫无诈，则商旅安，货通财，而国求给矣"。

明清时代甚至还形成了以诚信立业的所谓"儒商"队伍。晋商与徽商是明清之际的两大商业力量，这两大商帮在总结自己的经营之道时，都无一例外地将"诚信"当作本帮成功的要诀。关于晋商，郭嵩焘说："中国商贾夙称山陕，山陕人之智术不能望江浙，其推算不能及江西湖广，而世守商贾之业，惟心朴而实也。"梁启超的评介是："晋商笃守信用。"② 以"贾而好儒"为特色的徽商，一向"以诚待人""以信接物"③。歙县茶商吴南坡堪称恪守商业道德的楷模，他说："人宁贸诈，吾宁贸信，终不以五尺童子而饰价为欺。"他始终坚持以诚信经营生意，以致赢得这样的商业信誉："四方争趣坡公。每入市视封，识为坡公字，辄持去，不视精恶短长。"④ 看似务虚的经营道德，却能够带来更大的商业回报。

---

① 陈戍国点校：《周礼·仪礼·礼记》，岳麓书社1989年，第335页。
② 欧人：《明清山西商人经营风格研究》，《商业研究》2000年第1期。
③ 张海鹏、王廷元：《徽商研究》，安徽人民出版社，1995年，第393、394页。
④ 《古歙岩镇镇东勘头吴氏族谱·吴南坡公行状》，转引自吴申元、徐建华《诚信：现代市场经济有效运行的道德基础》，《复旦学报》，2001年第5期。

有一种观点认为，中国古代社会有如此良好的诚信传统，那么，就可以说明——中国人在根底上也能够像西方人那样建立出完好诚信体系，所以就不应该说，在恪守诚信的问题上中国人与西方人之间存在着明显的差异。其实，这是一种似是而非、难以经得起仔细推敲的理解。当然，诚信的确是人类生活中的一种共同精神现象，但是，在"我为什么要恪守信用""诚信何以必须"之类问题的理解与回答上，中国人与西方人的切入路径肯定是有所不同的。应予指出的是，中国古代社会诚信传统的根基存在于每个人自己的本体良知当中，诚信与否，以能否在个人良心上说得过去为终极根据。而西方社会诚信传统的根基似乎更在于理性推导，能不能做到恪守信用，往往以逻辑的必然性为准绳，在很大程度上一定以认识论为前提。中国人善于把诚信诉诸于内在的情感，尽管这种情感也已不是纯粹意义上的心理情绪而毋宁早已融入了社会化了的理性意识，而西方人则倾向于把诚信求征于外在化的形式法则，通过对原则、规范、教条的近乎机械的遵守、服从，来体现出一种真实、诚肯的道德品格。

其实，中国人在今天比以往任何时代都更需要诚信体系的支撑。商业社会对诚信的依赖程度更大，对全民遵守信用的要求更高。在一个成熟的、规范有序的市场体系中，信用，应该是一切商业活动的准入证和通行证。2001年8月，一种叫作"FTSE4Good"的指数已经正式在伦敦股市开盘，FTSE4Good是"金融时报道德指数"的简称，它将社会责任纳入上市公司的日常商业行为。只有被视为对社会负责任的公司才能被纳入这一指数，而诸如烟草、核能、武器制造之类的赢利丰厚但道德素质不高的公司一律被拒之门外。其实，FTSE4Good 的推出，反映了西方投资者对商业精神的重新理解，是对纯粹利益主义的商业行为的反动。荷兰皇家石油集团公司总裁让罗恩·凡·德·维尔认为："有社会责任感的领导层不单纯强调企业的盈利能力，还强调促进整个社会的可持续发展。""注重道德、社会责任的商业经营意味着有利可图。"① 目前在整个欧洲，越来越多的市民希望经营企业能够在提供高效、高质、物有所值的产品与服务的同时，扮演解决广泛社会问题（如全球变暖、环境污染、消除贫困、治疗爱滋病）的更有建设性的角色。而这一切对于大部分的中国厂商、公司来说，显得又是多么的遥远。本来，吃饱穿暖之后才能有资格去追求人生的价值与意义。中国毕竟还是一个发展中国家，中国的厂商、公司即使发了，也只是刚刚解决了一个温饱问题而已。希望中国的公司在没有解决温饱问题的情况下就产生出一种对商业道德的追求，似乎有点勉为其难。

然而，这一切并不能成为今日中国社会信用缺失的正当理由。信用是人的一种与实践行为始终伴随的品质。企业的信用与业绩之间并不存在逻辑的或历史的先后关系。无论如何，我们不能等到发展了，才去守信用，才去讲道德。显然，信用是必须的，中国要发展、要现代化不能没有道德力量的支撑。但是，当今时代，仅仅依靠道义的呼唤既拯救不

---

① ［荷兰］让罗恩·凡·德·维尔：《复兴商业道德》，《南方周末》2001 年 10 月 4 日。

了传统意义上的诚信，也建构不出一种崭新的信用体系，可能并有效的途径只在于立足法律与制度的层面，把信用纳入一种责任机制中去。

四　理性、法权、规则与责任伦理建构

尽管"责任"的概念对于中国人来说并不陌生，因为中国传统的儒家伦理就非常强调个体对社会义务的承担。如"先天下之忧而忧，后天下之乐而乐""天下兴亡，匹夫有责"，都体现了个体对群体的一种责任意识。但这只是问题的一个方面，问题的另一个方面甚至更为重要的方面是——个人对自我行为的负责。个体对群体的责任意识，如果没有现实的法治体系约束，如果缺乏具体而可操作的措施保证，则完全要依赖于个体的道德自觉，一般是不容易落实到位的，很有可能会滑入一种虚妄的道德说教。而个体对自我行为的负责，则可能从伦理实践的源头上最大程度地堵住了个人对社会、对其他社会成员的欺骗。

那么，通过什么样途径才能够建构起一种有效的责任伦理呢？马克斯·韦伯在《新教伦理与资本主义精神》一书曾分析指出，责任伦理的基础应该是人们成熟的理性、法权、职业、程序或规则等精神观念。

马克斯·韦伯以为，资本主义精神的发展完全可以理解为理性主义整体发展的一部分，而且可以从理性主义对于生活基本问题的根本立场中演绎出来。理性主义尽管在后现代主义看来已经是千疮百孔，但是西方资本主义的成功却在很大程度上应该是理性主义的贡献。有理性化的精神观念，才

有理性化的经济生活，才有理性化的技术，才有理性化的科学研究，才有理性化的军事训练，才有理性化的法律道德，才有理性化的政府构架和办事程序。责任观念的形成一定与理性意识的充分发展密切相联。中国人要完成现代化，要建构市场社会，则必须闯过思维理性化这一不可逾越的关口，否则，就不可能产生出制度设计的明晰性与办事程序的确切性。这样，在民族理论思维的气质中注入并倡导一种理性的精神、超越的精神、科学的精神，就显得相当必要。

中国人从来就没有经历过个体化的洗礼，所以，人在中国社会一定是以道德主体而绝不是以法权主体的面目出现的。"中国人未成为法权主体，在中国社会中物尚未成为价值体。"① 法权意识的产生，应该是人们运用理性把一种作为人的延伸的权利的观念从对象存在物身上有效地剥离出来的结果。既然理性在中国从来就没有获得过独立自足的发展，那么也就不可能希冀古代的中国理性能够给现代中国人带来科学的、公正的法律体系。古代中国有的只是罚治，而一定不是法治。为传统法家思想所强调、所主张的向来都只是严刑峻法。可喜的是，随着市场经济秩序的建立与发展，法制与法治，已经被越来越多的中国人所重视。法制的建立是可以在短时间内完成的，但是，中国社会要实现真正的法

---

① 谢遐龄:《文化:走向超逻辑的研究》，山东文艺出版社，1989年，第332页。谢遐龄先生在该书中还提出一些形似费解但却深邃入骨的思想命题，如"西方人已成本质（Wesen），中国人尚未成本质（Wesen），因此，西方人的本性（Natur）为本质，中国人的本性（Natur）还不是本质。""西方人已成个体（或本质）而中国人却未成个体（或本质）。""取消私有制意味着主体之消解"。

治，则还有相当长的路要走。必须强调的是，为权利而斗争就是为法律而斗争，同样，放弃权利就意味着放弃对法律精神的追求。

理性主义对于资本主义发展的重要性还体现在，职业的观念以及在这种职业中献身于劳动的观念都是从宗教理性精神中生发出来的。马克斯·韦伯曾说："在构成近代资本主义精神乃至整个近代文化精神的诸基本要素之中，以职业概念为基础的理性行为这一要素，正是从基督教禁欲主义中产生出来的。"[①]"职业"一词在早期英文里是 calling，在词源学上有"天职"的意思。在资本主义的初期发展史上，职业曾经成为一种"上帝的召唤"，是"上帝安排的任务"。而从事职业则是上帝安排的一项任务而且是唯一的任务。亚当·斯密说过："宗教加强了天生的责任感。"[②] 正因为这种宗教的力量，才使得西方人在资本主义化的过程中，产生出对职业的神圣感，形成那种无比崇高的敬业精神。所以，马克斯·韦伯说：

> 一个人对天职负有责任——乃是资产阶级文化的社会伦理中最具代表性的东西，而且在某种意义上说，它是资产阶级文化的根本基础。它是一种对职业活动内容的义务，每个人都应该感到、而且确实也感到了这种义务。[③]

---

① 马克斯·韦伯：《新教伦理与资本主义精神》，三联书店 1987 年，第 141 页。
② 亚当·斯密：《道德情操论》，商务印书馆 1998 年，第 208 页。
③ 马克斯·韦伯：《新教伦理与资本主义精神》，第 38 页。

这样，劳动似乎就成为信仰的一个组成部分，按照 M·韦伯的观点，把劳动视为一种天职乃是现代工人的重要特征。以汉民族为主体的中国，因为不是一个宗教的国度，所以就不太可能准确理解西方人在这个时候对劳动的基本态度。对于劳动，我们似乎更愿意将它视为一种谋生的手段，劳动的实用性、功利性与工具性倾向非常明显。一旦可以更好地活着，劳动就是可以被毫不犹豫地取消。这可以从今天的部分"大款"在富了以后的所作所为中得到充分的证验。有了这样的基本态度，人们在劳动的过程中就不可能形成一种真诚、敬畏或神圣的心理。劳动是一种被迫行为，甚至就是一种痛苦的过程。于是，对手上的工作，多数人采取应付的办法，能交差就交差，敷衍了事、得过且过，也就是一个字——"糊"。所以，中国人很长时间以来都一直以为，自己干工作的目的是——"混口饭吃"。完全可以说，一个"混"字把许多中国人对劳动、工作、职业所持的态度刻画得淋漓尽致。指望这样的工作态度去建构一种责任伦理，简直是天方夜谈。实际上，责任一定是与"混"或"糊"无缘的。

无论如何，宗教不能不是促使西方人坚守诚信的一个重要原因。在西方社会的人际交往中尤其是在法庭取证时，人们常常会被——

"IN GOD WE TRUST."

的告戒所警示。因为有了关于神的信仰，所以，一方面，即使没有他人在场,自己也会感觉到每时每刻都有一个被称为"上帝"的神在监督自己。中国人自己监督自己的"慎独",在道德实践过程中往往难以确立起道德法则的绝对权威,不容易获得心灵震撼;另一方面,我的所作所为可以不必要非得对任何现实的个人、群体、国家或社会组织负责,但是,一定得对那个高高在上而又全知全能的上帝负责。任何现实的个人、群体、国家或社会组织都可能消亡,因而都不可靠,都是暂时的、相对的,而上帝却永远存活于我的心田里,它才是绝对而又靠得住的。如果我作恶,如果我为非作歹,可能会逃脱道德的谴责或法律的追究,但是却永远都逃脱不了上帝的惩罚。这样看来,所谓"最彻底的唯物主义是最无所畏惧的"一涉入道德伦理层面则不应该是一种自豪与勇敢,而毋宁是一种人之为人的狂妄、恐怖与可怜。而一向被鼓噪和倡导的"革命的大无畏精神"。一方面,的确行之有效地破坏、颠覆了前朝的军事、政治体制;但另一方面,也彻底结构、崩溃了国人内心深处的信仰体系与价值理念。现实世界的一个新政权的成立是不容易的,而人们精神世界的重建则更难上加难。

心里有一个全知全能的上帝,头上悬着一把上帝之剑,这就决定了——从理论上讲,我在面对现实人生、在与他人交往的过程中,必须采取一种诚信而负责的态度。但是,在中国人的心理世界中始终没有能够造就出类似于上帝的神,所以,也就很难树立起对一种神圣的绝对体的无限敬畏感。儒家哲学似乎已经意识到中国精神传统的这一巨大缺陷,所以也一直强调所谓"慎独"。《礼记·中庸》说:

> 莫见乎隐，莫显乎微，是故君子慎其独也。①

南宋的朱熹注释说：对待那些人所不知而己所独知的细微之事，君子之心不得有一丝一毫的松懈或疏忽，应当"常存敬畏"，最好的方法就是："遏人欲于将萌，而不使其滋长于隐微之中"②。但是，这一方法显然太超越、太崇高了，离普通百姓、凡夫俗子的能力所及太遥远了，几乎只有圣人，至少也得是君子、大贤之人，才能够做到。所以，对于绝大多数的中国人来说，既不必要对神负任何责任，也没有慎独的道德自觉，同时，还可以游离一切外在的制度约束，那么，日常生活现实中的自我似乎在理论上就可以为所欲为了。而这岂不正是信用缺失与责任空场的一个重要根源？！

在理性与责任之间似乎还应该存在着一种具体的过渡物，那就是一般性的行为规则或做事的秩序、程序。交往的伦理、职业的伦理、商业的伦理应该是从一种近似永恒的行为程序中渗透出来的。亚当·斯密说："责任感应当是某种指导性的和决定性的原则"。人们对理性所作依赖的反面就是对感情冲动的克制。在马克斯·韦伯看来，基督教清教徒就像所有理性禁欲主义一样，力求使人能够始终按照他的"经常性动机"行事，特别是按照新教所灌输的动机行事，而不是依赖自己的感情冲动。至于如何才能按照"经常性的动机"行事，最迫切的任务是摧毁自发的冲动性享乐，最重要的方法就是使教徒的一切行为有"秩序"，这样，才

---

① 陈戌国点校：《周礼·仪礼·礼记》，岳麓书社1989年，第494页。
② 朱熹：《四书章句集注·中庸》，中华书局1983年，第18页。

能使每个普通人的行为不再是无计划的、非系统的，而是从属于全部行为的有一致性的"秩序"①。亚当·斯密也曾指出，"对一般行为准则的尊重，被恰当地称作责任感。这是人类生活中最重要的一条原则"②。甚至，没有对一般准则的神圣般的尊重，就没有行为非常值得信赖的人。亚当·斯密坚信，如果人们不能普遍地把尊重那些重要的行为准则铭记在心，整个人类社会则肯定要崩溃。面对西方人的这种对秩序、程序的绝对尊重的精神，中国人所能做只有一件事情：虚心地学习，认真地吸收。

大凡社会正义可分为"实质正义"与"程序正义"③两大类型。实质正义关乎正义的实在内容，照顾到具体情况，是一种道德性、结果性的正义；而程序正义则是一种政治性、过程性的正义，其着眼点是正义的普遍形式或基本构架。如果说，传统中国哲学中，一向照顾情实的"权"所侧重的是实质正义，那么，"经"所强调的则有似于程序正义。实质正义往往为人治打开先河。而为程序正义所倡导和所指向的一定是一个法治文明的社会。法治的实质就是对通约规则与设定程序的绝对遵从。程序面前人人平等，遵守规则不可因人而异，更不可讨价还价，具有根本的无条件性。不具有普遍性的，就绝不可能成为人人遵守的规则。程序是一种制度设计，是制度文明的表现形式之一。程序化为责任伦理的落实提供最大的可能，而严格的程序化则意味着一个

---

① 马克斯·韦伯：《新教伦理与资本主义精神》，第90、91页。
② 亚当·斯密：《道德情操论》，第197页。
③ 姚大志：《论程序正义》，《天津社会科学》2000年第4期。

公开、公正、透明社会肌体的最终形成，标志着一个讲正义、讲权利、讲利益时代的真正到来。

程序化的实质是规则，没有规则就没有文明。理性意识的发达与自觉，是确立并尊重规则的第一前提。中国加入WTO，人们在为它所带来的实际利益与发展机遇而欢呼鼓舞的同时，似乎还没有意识到在这一历史事件背后所隐藏着的是我们的思想、观念、制度、组织、文化、传统、行为方式等等，将要遭遇的尴尬、难堪与痛苦。WTO是一项规则性极强的世界游戏，在它的规则面前，所谓"中国特色""中国国情"的挡箭牌将被碾得粉碎。不难预料，在未来的一段时期里，中国人，包括中国的普通百姓、企业单位、社会组织乃至政党、政府，与WTO规则之间将进行一场艰难的冲撞与磨合。

对于目前的中国社会而言，当务之急除了要在政府政策层面上进一步规范市场秩序、规范市场行为、完善相关法律法规、加强执法力度之外，在意识形态方面，则应该通过全民素质教育，把责任伦理提升到一个人、一个企业组织乃至一个国家、一个民族可持续发展的高度来认识、来理解，完善责任伦理体系，并且，这种责任至少应该包括个人对自己的责任、个人对家庭的责任、自我对他人的责任、个人对社会的责任、企业及一切组织机构对环境和对社会的责任，等等。在全社会范围内形成一种"认真做事、敢于负责"的工作态度和职业规范。

值得强调的是，指出中国文化与西方文化在精神气质上的不同，目的并不是要求中国人丢掉自己的文化，径直追寻西方式的理性主义或宗教情怀，甚至重构出另一种文化传统；更不是要否定中国现代化的必要性或预示中国现代化在本质上的不可能性。而毋宁是要说明今天的中国人在轰轰烈烈的现代化实践过程中,可能会遭遇的种种文化心理阻力,进而,提醒国人注意克服自身文化传统与现代化的不适切性,有意识地培养出一种与现代化发展相一致的精神气质,至少要确立一种认真做事、敢于负责的态度。这才是问题的关键所在。对于今日之中国来说,建立一种市场经济体系并不困难,但是,要把中国社会彻底转变成为一个商业社会则需要若干代人付出相当大的努力。信用作为一种社会伦理,它不可避免地要接受传统人文精神的影响,但同时也更应该适应时代发展的要求。当今中国社会,无论从人们的生产生活方式上看,还是从人们的观念意识上看,都是一个传统与现代甚至后现代交融、中国与西方汇合激荡的社会。一种崭新道德体系的建构,只有在历史推进的现实过程中才是可能的。当初,资本主义在美国刚刚起步的时候,B. 富兰克林就曾要人们切记:"信用就是金钱",以为影响信用的事情,哪怕十分琐屑也得注意。其实,怀疑的产生往往只在一瞬间,但怀疑的消除却可能要花几倍、几十倍甚至几千倍的时间。同样,在一个社会里,信用崩溃也许要不了多长的时间,而信用的重建却可能要花费几代人的努力。既然每一个社会成员都可能是整个信用系统的受益者或受害者,那么,在拯救与重建信用系统的过程中,就没有旁观者或局外人,谁都有推卸不掉的责任。

【卷四】

新民与亲民
——古今中国政治哲学的核心问题

一、饮之食之，教之诲之
二、庶之、富之与教之
三、"明明德"与"安百姓"
四、新民与亲民的毛邓演绎

王事得失在治国，治国之本在利民。治国的路线，一般有最基本的"两手"，其一是作为硬件的一手——以不断改善人们生产、生活条件为核心内容的"物质文明"；其二是作为软件的一手——以不断提升人们的思想境界和道德水准为追求目标的"精神文明"。如何恰当地处理好这二者之间的关系，是历来的统治集团感到最为棘手的问题之一。

中国古代政治家和思想家在这一问题上早就做过许多富有成效的探索，从而为后世留下了宝贵的思想财富。但由于每一代的政治统治都面临着特殊的时代背景，每一代的政治家又遭遇着不同于以往历史的当下境况，又使得这一问题常常被陷入遮蔽、掩盖的状态，于是，这一问题就变换着花样不断地被重新提出，又反反复复地被重新思考。并且，只要人种不灭，只要历史还在延续，这样的事情就还会不断地发生。在历史的经验和教训面前，每一个后来者总被当下的现实情形所牵引、所决定。处理事件的出发点只能存在于当下的具体现实之中，历史至多不过是一个可有可无的参照物罢了。指望历史的经验、教训能够在实际政治活动的决策和执行过程中发生出多么大的价值和作用，那只是人们的美好想象。不应该抱怨后来者对历史的无知或健忘，其实，他们也是非常无奈的。无论历史的经验，还是历史的教训，对于他们来说，都离得太远，还是按照当下的意志去处理眼前迫切的问题才是最真实的，最正确的。认识到历史的经验、教训是一回事，而能否把对历史的认识转换为实际的活动则又是另外一回事。最要紧的还是把当下的问题解决掉，哪怕是应付、交差都行。历史的经验、教训，对于后来者而言，其实都已经是一种纯粹的认识论问题；而处理眼前的事情才是一个非常严肃、十分真实的生存论问题。于是，历史才会发生许多惊人的相似之处。

同一个历史问题也会以不同的面目出现于不同的时代。治国路线中的"两手"关系，落实到近当代，仍然暴露出诸多的问题。"中国近百年来对此两手都不重视，而集中精力、才智于军事、政治，这当然有主客观许多复杂原因。至今始有扭转，开始经济挂帅，但教育之仍不受重视，依然如故。"[①]

---

① 李泽厚：《论语今读》，安徽文艺出版社1998年，第308页。

一　饮之食之，教之诲之

政治的基础是什么？或者，一切政治活动所赖以存在的前提是什么？这是一个不太引人关注的问题，尽管政治学、哲学在思考、讨论这一问题时早已预设了一个最基本的前提——人即作为一种社会性动物的存在。其实在政治哲学里，这是一个不可回避而又非常重要的问题。绕开这一问题，一切政治学都将成为无源之水，政治学根本就理解不了许多生动而复杂的社会现实与历史。现在，随着政治哲学的发展，已经到了厘清这一基础的时候了。而厘清这一基础，首先应该从研究古代政治活动史开始。

活着，是每一个人存在于世最基本的前提条件，是人的一切社会关系、生产、生活赖以成立的直接载体。生存，是一切时代政治统治的基础。所以，生存论一定先于认识论，无论在时间上、还是在逻辑上。对于每一个处于现实关系中的人来说，生存始终是人生第一位的头等大事。中国古人似乎早就有了这样的认识。《尚书·康诰》指出：

> 用康保民。
> 用保乂民。
> 若保赤子，惟民其康乂。①

"康"为安宁、快乐，"保"为安抚、养育，"乂"为治理、

---

① 《尚书·康诰》，见张道勤《尚书直解》，第 105、107 页。

太平。显然,在这里始终被强调的是,人君国主必须用富裕或比较富裕的生活来养育人群民众,揭示了只有在人民最基本的生活需要得到适当满足的情况下,教化的实施、国家的治理才是可能的,也才能够变得容易起来。

《诗经·小雅》所记载的周王治政的基本路数也是:

> 饮之食之,教之诲之。①

人群民众的温饱永远是治国的最根本前提。只有使人群民众的基本生存不成问题,即无温饱冷暖之忧,然后才能够谈得上对其施行道德、礼乐的教化。这个先后顺序是不允颠倒的,关涉着君主政治的策略与原则问题。

春秋初期,著名政治家齐相管仲曾明确指出:

> 凡治国之道,必先富民。民富则易治也,民贫则难治也。
> 善为国者,必先富民,然后治之。②

应该说,中国古代思想家中,管子提出了最具有生存论本体论意义的政治哲学。在管子看来,管理国家、教化人民,先富后治是最基本而且是最重要的方法。一个最简单的事实是,如果人民富裕了,执政的基础才会稳固,办什么事都是可行的;相反,如果人民贫困得连生计都难以维持,君王的

---

① 《诗经·小雅·都人士之什·绵蛮》。
② 《管子·治国》,见《百子全书》第二册,第1370页。

任何指令也就无法贯彻执行下去了。管子是不仅深谙普遍的社会心理，如"得人之道，莫若利之"①，"国多财则远者来，地辟举则民留处"②，而且也具备一定的经济学才能，如"山泽救于火，草木殖成，国之富也；沟渎遂于隘，障水安其藏，国之富也；桑麻殖于野，五谷宜其地，国之富也；六畜育于家，瓜瓠荤菜百果备具，国之富也；工事无刻镂，女事无文章，国之富也。"③

> 仓廪实则知礼节，衣食足则知荣辱。④

这是《管子》一书中流传最广、影响最为深远的名句。不经意间，它提出了中国古代一个最基本同时也是最重要的政治哲学命题。显然，惟有"仓廪实""衣食足"才是"礼节""荣辱"进入人心的真实基础。意识形态总离不开现实社会基础的支撑。很难想象，一个穷得连饭都吃不上、眼下正面临着严重生存威胁的人，会倾心于那些来自外在社会的道德评价和舆论谴责。其实，一个穷得连死都不怕的人，会对君王指令、国法家规、礼节教化产生出畏惧情绪吗？

二 庶之、富之与教之

孔门儒学也是强调"富而好礼"的。根据《论语·学

---

① 《管子·五辅》，见《百子全书》第二册，第1283页。
② 《管子·牧民》，见《百子全书》第二册，第1259页。
③ 《管子·立政》，见《百子全书》第二册，第1265页。
④ 《管子·牧民》，见《百子全书》第二册，第1259页。

而》的记载，一次，学生子贡问孔子："贫而无谄，富而无骄，何如？"孔子回答说："可也。未若贫而乐，富而好礼者也。"这其中蕴涵着一个极为重要并带有历史性和普遍性的社会难题，即"富了以后干什么？"可以说，这一问题在任何时代都没有得以真正的解决，并且还在一代又一代地重复着。在孔子看来，"富"本身并不是治民的最终目的。达到"富"的程度，只意味着实现了治国路线的第一步，即完成了"硬件"的一手。但"软件"的一手还很欠缺。按照人性的基本欲求，富了以后，接下来自然就会发生"骄"（或者"奢"、"淫"），而这恰恰是最应该予以杜绝和预防的。但是，如果仅仅做到"富而无骄"也还远远不够，还应该有对礼乐、道德、教化的自觉追求，还应该注重在精神品位方面提升自己。

人，在富了以后到底应该做些什么事情？可能做些什么事情？到底应该给别人、给后人、给环境、给人类、给未来带来些什么？即便在今日的中国社会或国际社会，这也还是一个十分严肃并尤为迫切的问题。应当承认，孔子的回答，对于当今和未来世界的发展路向无疑具有一定的参照意义。

《论语·子路》记载了孔子与学生冉有的一段千古著名的对话：

> 子适卫，冉有仆。
> 子曰："庶矣哉！"
> 冉有曰："既庶矣，又何加焉？"
> 曰："富之。"
> 曰："既富之，又何加焉？"

曰："教之。"

概括地说，孔子的路线就是"庶之""富之""教之"。可能因为古代医疗水平的落后和物质条件的限制，人口增长也成为当政者所面临的一大难题。怎样才能在较短的时间内使社会生产所需要的劳动力获得再生并能够迅速增加，是每一代政权所必须首先考虑的事情。人口多了，劳动力就自然有所增加，于是，社会进步就有了最起码的人力资源保证。接下来的任务则应该是想方设法让这么多的人口尽快地富裕起来，使他们免受贫寒饥谨之苦，及早摆脱难以聊生的状况。等到他们富裕了之后，则应该有意识地对他们进行必要的道德、文化、人性塑造，注重提升他们的精神素养。

从"庶之"，到"富之"，再到"教之"，这才是理国治民的必由之路，亦即只有走这条路才是畅通的。孔子曾对学生子产说过："有君子之道四焉：其行己也恭，其事上也敬，其养民也惠，其使民也义。"（《论语·公冶长》）在这个由修身、养性而兼济天下的君子四道中，孔子强调，"养民"的根本方法在于能够使人民百姓得到实际的利益，并且，更为重要的是："养民"肯定先于"使民"，应该是"使民"的前提。

孔子之后的孟子，也曾以为："今也制民之产，仰不足以事父母，俯不足以畜妻子，乐岁终身苦，凶年不免于死亡。此惟救死而恐不赡，奚暇治礼义哉?!"（《孟子·梁惠王上》）一向以竭力弘扬人的心性修养著称的孟子，竟如此强调"制民之产"的重要，这究竟是为什么？因为，孟子似乎已经清楚地意识到，生活的物质基础对于礼义教化实施所起到的决定性作用。对于普通的人民百姓来说，无论如何，能够生存下来总是第一位的，活着才是首要的大事。为政者不应忘记"富民"这一前提条件，否则就会犯方向性错误。民，一旦有了所谓"恒产"，就成为某种利益的既得者，为巩固已经到手的利益，他们不可能毫无顾忌地去违抗来自政府的行政命令，因此，在他们身上贯彻任何政策都显得容易一些，反之则不然。这就是管子所说的"易治"与"难治"的区分。

被视为儒学外王一派的荀子，十分突出富民在为政中的地位。《荀子》一书甚至还辟有专门的《富国》篇。荀子要求王者应该"裕民以政"，以为"明主必谨养其和，节其流，开其源，而时斟酌焉。潢然使天下必有余，而上不忧不足。如是，则上下俱富，交无所藏之，是知国计之极也。"[①]一方面要广开财源，另一方面则要节俭用度；一方面应该使国富，另一方面也应该使民强。上下俱富、天下有余才是圣王明君追求的最基本目标，才能够称得上是"国计之极"。不止于此，《荀子》的《王制》和《王霸》篇中还提出了一些具体的富民措施，如"王者之法：等赋、政事；财万物，所以养万民也。"[②] 又，"关市几而不征，质律禁止而不偏，如是，则商贾莫不敦悫而无诈矣。百工将其时斩伐，佻其期日而利其巧任，如此，则百工莫不忠信而不楛矣。县鄙将轻田野之税，省刀布之敛，罕举力役，无夺农时，如是，

---

① 《荀子·富国》，见《百子全书》第一册，第158、162页。
② 《荀子·王制》，见《百子全书》第一册，第154页。

则农夫莫不朴力而寡能矣。……"①

与孔、孟、荀的路线不同，汉初的贾谊似乎侧重于"教"在"富"前，更强调道德教化与政治因素在领导人民、管理社会方面所发挥的作用。尽管贾谊也曾以为："民非足也，而可治之者，自古及今，未之尝闻。"② 但总体上说，贾谊似乎更坚持："夫民者，诸侯之本也；教者，政之本也；道者，教之本也。有道，然后教也；有教，然后政治也；政治，然后民劝之；民劝之，然后国丰富也。故国丰且富，然后君乐也。"③ 显然，贾谊所提倡的是一条由"道——教——治——劝——富"的路线。先与"教"，然后才能与"富"，反映出的是浪漫书生徒悲于民间辛苦而不黯百姓之所急的治国理念。

至于董仲舒的治民思想，总体上看，主流当在儒家，比如重德治、轻法治（"故文德为贵而威武为下"④ "唯德是亲"⑤），以及对民本的强调。但的确又不乏法家重功、求利、务实观念的深刻影响，比如并不忽略"利"对民的影响（"夫万民之从利也，如水之走下"⑥），十分强调富民的重要性，"天意常在于利民""天之常意，在于利人"⑦。董仲舒试图以上天所具有的"好生之德"为出发点来说明：民众的生存问题应该引起为政者的充分重视。因为，连

---

① 《荀子·王制》，见《百子全书》第一册，第170页。
② 贾谊：《新书·无蓄》，见《百子全书》第一册，第348页。
③ 贾谊：《新书·大政下》，见《百子全书》第一册，第379页。
④ 董仲舒：《春秋繁露·服制象》，第34页。
⑤ 董仲舒：《春秋繁露·观德》，第57页。
⑥ 班固：《汉书·卷五十六·董仲舒传》，第1098页。
⑦ 董仲舒：《春秋繁露·止雨》，第90页。

"天"——这个宇宙世界中至高无上的总体大全——都把自己的心思和意图放在民的身上了,那么,作为则天之子的皇帝君王就更应该牢固树立起爱民、仁民、利民的情怀与观念。《诗》云:"宜民宜人,受天之禄。为政而宜于民者,固当受禄于天。"① 从心理信念本体的视角看,王者为政,凡是能够为民众着想并竭力为民众服务的,一定都会受到上天的庇佑。相反,凡是置民众的利益于不顾、践踏民生的君王,都必定要受到上天的惩罚。

董仲舒指出:"孔子谓冉子曰:治民者,先富之而后加教。语樊迟曰:治身者,先难后获。以此之谓治身之与治民,所先后者不同焉矣。《诗》曰:'饮之食之,教之诲之。先饮食而后教诲,谓治人也。'又曰:'坎坎伐辐,彼君子兮,不素餐兮!② 先其事,后其食,谓治身也。'"③ 治民与治身各有不同的路径。治民是"先饮食而后教诲",这就叫"先富后教";而治身则是"先事后食",此乃"先难后获"。诚如《诗经》所记述的那样:治民,应该首先满足人群民众最基本的生活需要,必须让他们先富裕起来,然后才能够对之施行必要的仁义礼乐的教化;而治身,则首先要求自己把应该做的事情做好,只有这样,才有资格跨入到社会的上层结构中去,享受更好、更高的福利待遇,也才能不致于陷入不劳而获、贪图安乐的境地,而成为光吃闲饭的寄生虫、吸血鬼。

---

① 班固:《汉书·卷五十六·董仲舒传》,第1099页。
② 《诗经·魏风·伐檀》。
③ 董仲舒:《春秋繁露·仁义法》,第五二页。

三 "明明德"与"安百姓"

无论孔、孟,还是董仲舒,都无一例外地强调"富"与"教"要两手抓,富民、富国与仁义教化在分清先后秩序的前提下,可以并行不悖。但甚为奇怪的是,这个问题一到了宋明理学家那里却只剩下惟一的理、义或教化了。理学家与心学家们大多高谈义理、奢论心性,却往往忽略人群民众最基本的生活境遇,更无视生命本能的迫切需求,这就彻底地抽空了一切道德精神所赖以存在的根本基础。

《诗经》的"饮之食之,教之诲之"、孔子的"庶之""富之""教之"演绎到宋明时代,就是所谓"亲民""新民"。

"新民"之说,最早起源于《尚书·康诰》,其文曰:

> 汝惟小子,乃服惟弘。王应保殷民,亦惟助王宅天命,作新民。①

《康诰》的原意是要求周王革新殷民,改造前朝之遗,使其弃旧图新,尽快适应周政统治,一如《诗经》所说:"周虽旧邦,其命惟新"②。宋明时期,理学与心学分歧的一大要处即是"新民"、"亲民"之争。

《礼记·大学》开篇说:

---

① 《尚书·康诰》,见张道勤:《尚书直解》,第106页。
② 《诗经·大雅·文王之什·文王》。

> 大学之道，在明明德，在亲民，在止于至善。①

关于"明明德"，朱熹说："明，明之也。明德者，人之所得乎天，而虚灵不昧，以具众理而应万事者也。但为气禀所拘，人欲所蔽，则有时而昏；然其本体之明，则有未尝息者。故学者当因其所发而遂明之，以复其初也。"显然，"明德"应该是一种至善、完美的德性，是人所共有的天然禀赋，是人心本体的固有成分，但是现实社会中，每一个人的"明德"能否得以最大程度地彰显出来，包括既能够成就自己的善性又能够影响、改变他人的道德实践，关键还得看能不能及时有效地化昧去蔽。

而关于"亲民"，唐代孔颖达在《礼记正义》中注疏曰："亲民者，言大学之道在于亲爱于民。"在孔颖达，亲民还只是上层统治者对低层民众的一种仁爱、关怀之情。而作为宋代理学的集大成者朱熹却别出心裁，将"亲民"释作"新民"，他说：

> 程子曰："亲，当作新。"……新者，革其旧之谓也，言既自明其明德，又当推以及人，使之亦有以去其旧染之污也。②

在《尚书·康诰》篇中，"王应保殷民，亦惟助王宅天命，

---

① 陈戍国点校：《礼记·大学》，岳麓书社1989年，第531页。
② 朱熹：《四书章句集注·大学》，第3页。

作新民"一句是要求，君王应该接受天命，安定百姓、养育人民，并根据天命的意旨去把殷商民众改造成为新型的子民。但朱熹在这里却把"亲民"当作"新民"，所凸现的是"亲民"的内圣方面，实质上是在强调对人（个人的、全社会的）的旧思想、旧观念、旧习俗等进行全面改造和彻底更新的必要性，也就是所谓的"自新新民"。

然而，不同于朱熹的理解，明代心学的主要代表人物——王阳明则坚持将"亲民"理解为孔子的"安百姓"：

> "亲民"犹如《孟子》"亲亲仁民"之谓。"亲之"即"仁之"也。"百姓不亲"，舜使契为司徒，"敬敷五教"，所以亲之也。《尧典》"克明峻德"，便是"明明德"；"以亲九族"至"平章"、"协和"，便是"亲民"，便是"明明德于天下"。又如孔子言："修己以安百姓"，"修己"便是"明明德"；"安百姓"便是"亲民"。说"亲民"便是兼教、养意，说"新民"便觉偏了。①

值得指出的是，在这里，孔子的"修己以安百姓"被注入了鲜活的诠释，王阳明忽略甚至取消了孔子政治哲学中"修己"与"安百姓"之间的因果锁链，由修己到安百姓并没有逻辑上的必然联系，或者，修己并不构成安百姓必不可少的前提。应该说，在以内圣为精神主导的正统儒学家看来，王阳明的这一诠释无疑很是一个颇为斜乎的篡改。然

---

① 王阳明：《传习录·卷上·徐爱录》。

而，具有讽刺意味的是，正是这种看上去颇为斜乎的篡改，在实质上反倒丰富、发展了儒学的政治哲学内容，推进经典儒学更加向民众的生活世界靠近，也使儒学更能够深入人心、赢得人心。

无疑，在这里，王阳明所着重突出的是"亲民"的外王功能，即如何使人群民众的生活能够安宁、祥和，也就是所谓的"安百姓"。安百姓就是亲民，就是把儒学的根本旨趣付诸生动的社会实践，将儒学的思想、方针和路线作现实化、世俗化的推进。甚至，在王阳明那里，亲民不仅能够养育人民，同时也具有教化的功能。教、养并有，这才是"亲民"一词的应有之义。

实际上，无论"新民"还是"亲民"，都应该有机地统一在治国的基本路线中，都是帝国主导意识形态建构的有效方面，也都以调养民众、教化人群为手段，从而实现江山社稷的长治久安。而这才是朱熹、王阳明莫不认同的政治理想。

"新民"与"亲民"，在根本目的和最终理想方面无疑是一致的，二者之间并不存在着不可调和的对立与矛盾。朱熹的"新民"路线，着眼点是战略性的思虑，是从长远大计上为国家社稷作想，努力使人群民众能够发自内心地服帖并拥护君王的统治，所希图的是王朝千秋万代的利益。但是，王阳明的"亲民"方针，则要把国家政治的着眼点切实地落在当代百姓的身上，只要每一代王者都能够使眼前的人群民众得到实实在在的利益，手中的政权难道还怕没有人拥戴?! 从而，根本就不必担心帝国的长治久安。还是俗颜说得好："孔子、孟子，当不了谷子。"道理说得再漂亮、主义强调得再重要,能当饭吃吗?在老百姓的心目中,自己能够活着、或者活得更好,那才是第一位的,最重要的,解决现实的物质存在的问题才是最根本的。所以说,民众关心的始终是生存论而不是认识论、知识论。如果一味地强调"新民"的作用,而轻视甚至忽略"亲民"的因素,只能导致片面的"政治挂帅",不能使百姓免于生计之忧,最终可能连"民"这个政治统治的基础都要丧失掉。

历史演进到19世纪末、20世纪初叶,中国社会风云的变幻异常,使得国家的发展再一次面临着何去何从的选择。此间,"新民"与"亲民"的问题,又重新浮出了水面。近代思想家当中,梁启超关于"新民"的认识是非常值得注意的。梁启超1906年专门写就了一本《新民说》,以为"新民为今日中国第一急务""欲救今日之中国,莫急于以新学说变其思想。"按照梁启超的理解:

> 新民云者,非欲吾民尽弃其旧以从人也。新之义有二:一曰,淬厉其所本有而新之;二曰,采补其所本无而新之。二者缺一,时乃无功。①

新民并不是一味地崇洋媚外,而是强化固有历史传统与兼容世界民族精神的有机结合。扬弃旧私德、建立有公德的新道德,增进国家的意识、自尊的意识、权利与义务的意识,培养合群的品质,追求信仰自由,提高政治参与能力、自治能

---

① 梁启超:《饮冰室合集·专集》,第三册,第四卷,第五、六页,上海中华书局,民国二十五年。

力，提倡进取冒险的精神，等等，反映了梁启超在充分汲取西方近代社会政治、伦理学说中的有益养分、批判继承中国传统文化的基础上，对人的现代化、人的全面发展及中国国民性改造问题所做的深邃思考。其意义极为重大，不可忽略。然而，问题的另一面则是，梁启超之"新民说"毕竟还只是一介书生的空乏议论，纵然悲情可悯，但却不免陷入糊涂。以文学的心肠去思考政治的问题、从文化决定论的立场出发去改造残酷的现实社会，注定是要走弯路的，不可能取得任何实质性的功效，有时甚至还会带来严重恶果。如果一个民族把自己的前途完全寄托在人心意识的改造上，那么这个民族早晚总避免不了一场灭顶之灾。

四　新民与亲民的毛邓演绎

传统政治哲学中关于"新民""亲民"的争论，很容易使人联想起毛泽东与邓小平国家发展策略的同异。朱熹、王阳明之别似乎就是毛泽东、邓小平之别。从战略理想和思维基点上看，毛泽东与邓小平之间本没有实质性的区别，所追求的理想都是要把中国建成为一个富强、文明的世界强国，都想使广大的人民变成尧、舜一般的"圣人"。而从战略部署和实施策略上看，毛与邓之间的确有着较大的分歧，毛主张先对人民进行必要的"改造"，然后再使之富裕；但邓却坚持"发展是硬道理"，应该先有人民生活水平的改善，然后才能有民族素质的全面提高。

毛泽东最初对中国国家发展的理解可以概括为："工业化 + 社会主义"。他在中共的"七大"报告中说："在新民主主义的政治条件获得之后,中国人民及其政府必须采取切实的步骤,在若干年内逐步建立重工业和轻工业,使中国由农业国变为工业国。"① 在 1948 年的《将革命进行到底》一文中,毛仍然想"使中华民族来一个大翻身,由半殖民地变为真正的独立国,使中国人民来一个大解放,……造成由农业国变为工业国的先决条件,造成由人剥削人的社会向着社会主义社会发展的可能性。"② 应该说,毛泽东的理解是抓住了中国国家发展问题的实质的,因为对于我们这样一个现代工业仅占 10% 的落后农业国来说,工业化无疑是国家发展和现代化的主体内容、重要基础和必由之路。按照当时的思想认识水平,中国的"工业化"仍必须通由、借助资本主义的渠道来实现,资产阶级、资本主义至少在当前阶段还可以作为工具而利用。

所以,在建国前夕中国共产党绘制的中国由农业国变成工业国的蓝图里,新民主主义政权建设与国家的工业化发展同时并举,并没有要求立即消灭资本主义、私有制和市场机制,甚至还认为,我们与民族资产阶级至少"可搭伙 10 年至 15 年",如果过早地采取社会主义政策,过早地消灭资本主义,"消灭了以后你还要把他请回来的"。毛泽东以为,"也许全国胜利后还要 15 年"③ 才能开始采取社会主义步骤。所以即使在 1951 年春天"抗美援朝"激战正酣之时,中央仍然告诫全党:"只要第三次世界大战不爆发,经济建

---

① 《毛泽东选集》第 3 卷,人民出版社 1991 年,第 1081 页。
② 《毛泽东选集》第 4 卷,人民出版社 1991 年,第 1375 页。
③ 薄一波:《若干重大决策与事件的回顾》上卷,中共中央党校出版社 1991 年,第 48、47 页。

设的任务就不改变。二十年甚至三十年不爆发战争，我们的任务就一直是经济建设，要把中国工业化。"① 这个时期党的路线和政策注意到了社会发展的客观需要，强调了建设物质基础的重要性，也取得了举世瞩目的、具有划时代意义的历史成绩。

但此后所发生的转变却使得中国国家发展的道路显得尤为曲折。为了捍卫中国国家发展道路的社会主义方向，避免经济发展走上"资本主义的邪路"，1953年底，毛泽东在修改《关于过渡时期总路线的学习和宣传提纲》时，特地把"工业化"的后面加上了"社会主义"的限定，目的是要突出中国国家发展的社会主义性质。1957年，毛又指出："当人民推翻了帝国主义、封建主义和官僚资本主义的统治之后，中国要向哪里去？向资本主义，还是向社会主义？有许多人在这个问题上的思想是不清楚的。事实已经回答了这个问题：只有社会主义能够救中国。"② 1957年的"反右"之后，毛泽东曾反复强调在进行经济战线上的社会主义革命的同时，还要进行政治和思想战线上的社会主义革命。如果撇开这种转变在后来实际操作中所发生的严重偏差，毛泽东的担心不是没有道理的，其深层动因无疑是值得肯定的，至少他为中国国家发展的目标模式定出了基调，即既要是工业化的，又要是社会主义的，而且社会主义是本位、大体，不可动摇。于是，本来不属于一个时空序列的"社会主义"与"工业化"（现代化）在中国这个巨大的现实载体里得到了

---

① 《刘少奇文集》下卷，人民出版社，1983年，第60页。
② 《毛泽东选集》第5卷，人民出版社1977年，第373页。

有机的结合。这是毛泽东的创举和贡献,它在客观上结束了自晚清以来长达百年之久的中西文化"体""用"之争,为后毛泽东时代的中国发展拟定了基本路向。

基于对"工业化 + 社会主义"的理解,毛泽东在1957年后逐步意识到:仅有现代化的工业还不可能有国家的真正发展,还必须有现代化的农业、现代化的交通运输业和现代化的国防。毛泽东试图把中国建设成为"一个具有现代工业、现代农业和现代科学文化的社会主义国家。"[①] 于是,就首次将科学文化纳入了国家发展的战略目标,体现出现代化对精神文明的内在需求。1964年12月,根据毛泽东的建议,周恩来总理在三届人大一次会议上正式提出了"四个现代化"的宏伟目标。用"四个现代化"代替"工业化",体现了以毛泽东为代表的中国共产党人对国家发展、对现代化内涵的理解已更趋丰富、更趋全面了。

邓小平的国家发展思想应该是与毛泽东一脉相承的。与毛泽东一样,邓小平对中国发展的认识也是以社会主义性质为基本取向的,邓曾明确指出:"中国搞现代化,只能靠社会主义,不能靠资本主义。"资本主义道路过去在中国走不通,现在仍然走不通,因为中国有十多亿人口,还处于落后的状态,"如果走资本主义道路,可能在某些局部地区少数人更快地富起来,形成一个新的资产阶级,产生一批百万富翁,但顶多也不会达到人口的百分之一,而大量的人仍然摆脱不了贫困,甚至连温饱问题都不可能解决"[②]。

---

① 《毛泽东选集》第5卷,第404页。
② 《邓小平文选》第3卷,人民出版社1993年,第229、208页。

但是，毛、邓的区别在于：在"社会主义 + 现代化"的构架中，毛泽东比较强调和重视社会主义的意识形态意义，主张通过政治和思想战线的革命来促进国家发展过程中实际问题的根本解决，只有"新民"（社会主义）才是第一位的，才是国家发展的前提保证。离开"新民"，"亲民"又有什么用呢？对于一个执政党来说，没有新民作保证的亲民，只能是为他人作嫁衣。所以，社会主义虽然夺得了政权，但仍然要坚持"无产阶级专政下继续革命"，还应该"以阶级斗争为纲"，纲举目张，并且坚信"阶级斗争，一抓就灵。"人们应当在改造客观世界的同时，"改造主观世界"。毛泽东十分看重国家发展的价值意义，他以为："思想和政治是统帅，是灵魂，只要我们的思想工作和政治工作稍一放松，经济工作和技术工作就一定会走到邪路上去。"①所以，要"抓革命，促生产"，以观念的革命和思想的更新来促进经济建设。而邓小平在强调国家发展的社会主义取向的同时，似乎更重视现代化的决定地位和关键作用，所以提出了"一切以经济建设为中心"的口号。邓小平对经济建设和现代化的工具意义所作的理解是极富创见的。他认为，"社会主义的首要任务是发展生产力，逐步提高人民的物质和文化生活水平。""不发展生产力，不提高人民的生活水平，不能说是符合社会主义要求的。""社会主义时期的主要任务是发展生产力，使社会物质财富不断增长，人民生活

---

① 毛泽东：《工作方法六十条（草案）》，中共中央 1958 年 2 月 19 日印发。

一天天好起来"①。这就恰如孔子所主张的"富之""教之"的治国路线，也与董仲舒"先富之而后加教"的治民方针有异曲同工之妙。

应该说，毛、邓的理想是统一的，都有"化民为圣"的情结和追求，不同的是对实施目标步骤、次序和路线的认识。毛泽东要先改造人民，然后再进行生产和经济的发展；而邓小平则要先富裕人民，以为一旦人民生活水平改善了，思想和文化的层次也就自然提高了，"真正到了小康的时候，人的精神面貌就不同了。物质是基础，人民的物质生活好起来，文化水平提高了，精神面貌会有大变化。"② 于是，似乎就可以达到《管子·治国》篇所追求的那种"民富则易治"的客观效果。

实际上，毛、邓之别，与毛、邓所处的不同历史时期的现实需要是相应称的。毛泽东的时代，建国、立国是首当其冲的任务，是急所，如何使新生的红色政权稳定下来才是压倒一切的大局。而且，毛泽东治下的人民多从旧社会过来，多是前一朝代的"遗民"，不对其进行必要的、由内而外的教化、改造甚至强制性的驯服，恐怕连国家的存在与安全都难以保证。从这一意义上看，除了是开国领袖外，毛泽东似乎更像是中国人的精神导师和思想先知。而到了邓小平的时代，共产党和社会主义似乎已经深入人心，建国、立国已不再成为问题了，接下来的任务则应该是如何强国富民，发展的问题于是便成为燃眉之急。没有毛泽东的"新民"运动

---

① 《邓小平文选》，第3卷，第116、171页。
② 《邓小平文选》，第3卷，第89页。

(社会主义改造),邓小平的"亲民"实践(现代化建设)便无从着落。

邓小平对毛泽东的承接和发展体现在:他为后邓小平时代的中国提出了具有系统性和完整性的"社会主义现代化"的战略目标。被毛泽东所提倡的"四个现代化"蓝图,在性质和内容上都有浓厚的技术主义、物质主义印痕,都还没有摆脱西方化、现代化的影子。邓小平似乎已经清楚地意识到,中国如果仅仅发展这"四化"就与西方资本主义世界的追求没有区别了,它在未来是不可能保证中国发展的社会主义方向的。

于是,大约在中共十一届三中全会之后,邓小平开始注意把经济现代化与政治现代化、文化现代化同时并提。中共"十二大"把国家发展的目标确定为:"逐步实现工业、农业、国防和科学技术现代化,把我国建设成为高度文明、高度民主的社会主义国家。"到了"十三大""十四大"则进一步提出了"把我国建设成为富强、民主、文明的社会主义现代化国家。"由"四化"的单纯技术层面,到"高度文明、高度民主"的补充,再到"社会主义"与"现代化"的有机结合,中国国家发展目标体系的内涵得到了不断丰富,这表明中国共产党乃至绝大多数中国人对国家发展的理解已经深化到了前所未有的程度。

"亲民"的目标当然要以人为本,并且无疑是应该指向"新民"的。"亲民"之后,接下来的任务和使命便应该是"新民"了。邓小平要在更高、更全面的层次上实现毛泽东"改造主观世界"的革命理想。邓小平为现代化注入了"精神文明"的内容,并强调"物质文明"与"精神文明"的协调发展,要求"两手"都要硬,尽管这一点在现实的操作层面上难以寻求到绝对的平衡点,甚至还常常被忽略掉。1985年,邓小平指出:"我们在建设具有中国特色的社会主义社会时,一定要坚持发展物质文明和精神文明""过去很长一段时间,我们忽视了发展生产力,所以现在我们要特别注意建设物质文明。与此同时,还要建设社会主义的精神文明,最根本的是要使广大人民有共产主义的理想,有道德,有文化,守纪律。国际主义、爱国主义都属于精神文明的范畴。"[1] 如果不加强精神文明建设,物质文明的发展也必定要受到破坏,光有物质条件的优越,还不是社会主义。而"所谓的精神文明,不但是指教育、科学、文化(这是完全必要的),而且是指共产主义的思想、理想、信念、道德、纪律,革命的立场和原则,人与人的同志式关系,等等。"[2] 这样,精神文明的概念就真正超越并彻底扬弃了晚年毛泽东视野中的阶级斗争的"立场"或无产阶级专政下继续革命的"觉悟",而获得了崭新的诠释,成为新时代"新民"的基本标准。而这也为中国国家发展是否能够沿着社会主义方向的问题作了理论上的解决。

---

[1] 《邓小平文选》第3卷,第110、28页。
[2] 《邓小平文选》(1975—1982),人民出版社1983年,第326页。

【卷五】

经权、常变的智慧
——中庸之道的哲学根据

一、可与立,未可与权

二、经、权各止所处

三、极高明而道中庸

四、权变对经常的挑战

五、毛泽东的一大创举

六、邓小平:"走中国自己的道路"

经权观念是春秋公羊学的一大精神传统。应该说,在中国社会,经权、常变不仅仅是一种纯粹的哲学范畴,而且还是融入族群日常生活方方面面的基本风格与共同智慧,甚至还可以是一种被绝大多数中国人所追求的非常高超的人生理想或艺术境界。由经权、常变而延伸出的中庸之道,是中国哲学发生发展历程中的一大重要现象,也是形成中国哲学乃至整个中国文化性格的关键点。可以肯定地说,世界民族之林中,中国是一个非常善于把握中道的民族,就像它的名字

里所已经包含了的蕴意一样。但遗憾的是，长期以来的中国哲学史著作一直很少关注这一非常重要的哲学内容。儒学自成为主导意识形态后，其性情形而上学的精神气质向汉民族思维领域作全面渗透的必然结果之一就是权、变对经、常的突破与挑战，于是便催生出古今中国人既注重原则性又强调灵活性的思想品格和行为方式，更进一步，也便为中国人治社会而不是法治社会的形成与巩固提供了强劲的理论支持。社会主义中国的政治领袖们能够把马克思主义普遍真理与中国的具体国情有机地结合起来，开辟出具有鲜明中国特色的革命、建设与发展道路，其实是中国共产党人在当今时代对古代中国经权、常变智慧的有效继承，也是经权、常变哲学由死的经典转化成为活的传统的生动体现。

按照通常的理解，在基本内涵上，"经"与"常"相匹，"权"与"变"相应。但严格说来，"经"还不能完全等同于"常""权"也不直接就是"变"。

一般地说，"经"与"权"所涉及的，一方面是事物在自身存在和发展过程中所具有的基本法则或普遍规范；另一方面，则是处理物事的方式方法：

经，按《说文解字》的释义："经，织也"①，原本指织物上的纵向的纱或线。今引申为根本原则，是带有普遍性、绝对性与统一性的客观规定。

权，是结合非常情况所采取的特殊对策或临时性、应急性的措施，是应时制宜、应情制宜。从物事的存在状况上看，权是对经的反叛，所以，《说文解字》给"权"的另一

---

① 桂馥：《说文解字义证》，齐鲁书社1987年，第1119页。

种释义是"反常"①。权,有着明显的方法论意义。

而"常""变"则多立论于事物的存在状态与表象情形:

常,是物事存在的正常状态、最基本的形式,是事、物之所以成为事、物的理由。

变,既可以指现象学上物事存在的非正常状态、突发事件或异常情况,也可以指方法论上能够引起物事情形发生更改或变易的行为活动。

经、权与常、变之间,在概念内容上有交差、重复,但也存在着区别。"常"中有"经",但是"经"却未必就能够代表"常";同样,"变"蕴涵着"权",但是"权"却不能等同于"变"。如,《易传·系辞上》所说的:"一阖一辟谓之变""化而裁之谓之变"②;《黄帝内经》所说的:"物生谓之化,物极谓之变"③,在"权"的概念里就没有这层涵义。但是,按长期以来的习惯,经权关系在实际应用中也早就被看作是常变关系,这几乎是已经形成了难以再改回去的理解传统。现代汉语中,"经常"一词就来源于古代哲学的经权、常变概念。古代的经与权、常与变也有似于今天人们所说的"原则性"和"灵活性"、坚持真理与联系实际。

---

① 桂馥:《说文解字义证》,齐鲁书社1987年,第476页。
② 《易传·系辞上》,见高亨《周易大传今注》,齐鲁书社1979年,第537、543页。
③ 《黄帝内经·素问·天元纪大论》,中医古籍出版社2000年,第256页。

一 可与立，未可与权

经与权、常与变被上升为一个哲学性的范畴，大约发生在先秦时代。孔子、孟子的思想观念中多有关于经权、常变的论点。先秦法家，"不别亲疏，不殊贵贱，一断于法"①的偏激主张，及其在一些诸侯国的政治实践中所暴露出的矛盾、在具体操作过程中所面临的巨大困境，可能已经引起了儒家的关注和反思，怎样在既严格遵守"经"的要求的基本前提下，又能够做到不失却感性恩情的关怀，从而始终保持着一种原始人道主义的精神风貌，便成为儒家所要解决的一个重要问题。汉初时代，如果不从法家失败的教训中寻找出治国安邦的更好途径，儒家就不可能真正超越诸子各派中的任何一家，而为王者所看中、对现实的政治统御发生积极作用，甚至，儒学也就难以最终摆脱那种被遗弃、遭冷落的边缘化命运。

"经""权"之间，应该说，孔子非常坚守"经"的方面，是极讲原则性的。"尔爱其羊，我爱其礼"（《论语·八佾》），在利与礼的冲突中，毫不犹豫地应该选择礼，没有任何讨价还价的余地。"义，然后取"（《论语·宪问》），在"义"与"取"之间，首先考虑的当然是"义"，惟有"义"才是主观动机和行为选择的第一原则和根本出发点。孔子坚守"经"的方面，但并不代表他就忽略"权"的意

---

① 司马迁：《史记·卷一百三十·太史公自序》，岳麓书社1988年，第942页。

义，相反，孔子却十分重视"权"，并还把"权"放在一个超越于"经"的位置上来看待。孔子说：

> 可与共学，未可与适道。
> 可与适道，未可与立。
> 可与立，未可与权。（《论语·子罕》）

显然，与知识性的"学"、实践化的"适道"、人格塑建的"立"相比，"权"才是人世生活中最难以把握的方法，也是道德伦理实践的最高境地。有知识，并不一定代表能够付诸实践；能够付诸实践，并不一定能够获得做人的成功；即使做人非常成功了，也还难以保证在任何特殊的情况下都能够具体地处理好所遭遇的每一件事情。这样看来，"权"，既不是一种理论化的教条，也不是一种定了型的实践模式。"权"，简直就是一门艺术。也正如后世学者所说："权者，圣人之大用。未能立而言权，犹人未能立而欲行，鲜不仆矣。"[①] 有知识已经是不容易的了，能实践、会做人则更加了不起，而要达到用"权"的水平则显得难上加难。所以，似乎只有圣人，才配得上用"权"。

关于经、权尤其是权的问题，孟子也有非常独特、精辟的见解，甚至可以将之视作对孔子经、权观念的进一步发展。《孟子·离娄上》记载了孟子与淳于髡的一段著名对话：

---

① 朱熹引洪兴祖（庆善）语，见《四书章句集注·论语·子罕》，中华书局1983年，第116页。

淳于髡曰:"男女授受不亲,礼与?"

孟子曰:"礼也。"

曰:"嫂溺,则援之以手乎?"

曰:"嫂溺不援,是豺狼也。男女授受不亲,礼也。嫂溺,援之以手,权也。"

按照朱熹的解释:"权,秤锤也。称物轻重而往来以取中者也。权而得中,是乃礼也。"① 权作为礼的一种变易形式,应该是在严格坚持礼的原则性的基础上,针对实际情况、具体问题所采取的灵活对策,是在经过轻重缓急、得失利害的充分比较之后所做出的行为抉择。权,超越于礼,但又不离开礼。权,是在礼的原则与事的情实之间寻找出一种适度的"中",亦即一种合理的张力。权仍是礼的权,而不是无原则、无根据、无来源的权。孟子还说过:"权,然后知轻重;度,然后知长短。"(《孟子·梁惠王上》)只有在充分经历了"权"的种种实态变化之后,"经"的权威性和基础地位才能够获得确立与稳定,同样,对"经"的执持才会更加坚固。

在分析比较杨子、墨子、子莫三人的哲学主张时,孟子曾经指出:"杨子取为我,拔一毛而利天下,不为也。墨子兼爱,摩顶放踵利天下,为之。子莫执中,执中为近之。执中无权,犹执一也。所恶执一者,为其贼道也,举一而废百也。"(《孟子·尽心上》)杨子过于利己,没有

---

① 朱熹:《四书章句集注·孟子·离娄上》,第284页。

一点天下情怀，肯定违背了人类作为社会性存在的基本要求；墨子又太无我，显然又不符合人性自私的根本倾向。相比之下，还是子莫的折中之道可以取法。但是，"中"如果一旦被教条化、定式化，也同样会走向片面和极端。"中"还不直接就是"权"。折中之道不应该演变成为一种空乏的原则，而应该面对事情实际的、具体的状况，在灵活运用中不断获得检验，否则也就无异于偏执一端。于是，权才是最富有挑战性的。只有权，才是最高的方法论。

大千世界纷繁复杂，虽有规律、法则可循，但一当人们面对具体的事务，总觉得难以应付自如，许多时候都陷入一种守经却不知权变或权变却又违背常理的尴尬。正确处理经与权、常与变之间的关系，是春秋公羊学所着力探索的一大重要内容。知经善权、守常应变甚至构成了公羊家处理日用生活具体事务的基本方法。一向被认为以"多任于权、变"[①]为特征的《春秋公羊传》也曾对权及如何行权的问题作过有益的探讨。根据《春秋经》桓公十一年的记载，"九月，宋人执郑祭仲"。按照《春秋公羊传》的解释，"祭仲者，何？郑相也。何以不名？贤也。何贤乎祭仲？以为知权也。"祭仲之所以被称为"贤"，是因为他不仅认识到什么叫做"权"并且还能够以身作则具体而现实地做到"权"。有一件历史事件可以为证：郑国的庄公死葬之后，王位的继承人一直悬而未决。这时，作为一国之相的祭仲，当然是起决定作用的关键人物。祭仲个人的意图是要让公子忽继位，

---

① 范晔：《后汉书·卷三十六·贾逵》，中华书局1965年，第1236页。

但是与郑国毗邻的强国——宋，却想让公子突继位，因为公子突是宋国大夫的外甥。于是，祭仲在出访、视察途中路过宋国的时候，宋庄公干脆把劫留、抓获了。宋国人要求祭仲赶走公子忽而改立公子突为郑君。在这种情况下，祭仲意识到，如果不答应宋国的要求，郑国就难免于君死、国亡的下场；如果答应宋国的要求，不但公子忽可以免于一死，而且，郑国也能够得以保存下来。再说，还可以从长计议，一旦有机会还有可能把公子突搞下台而重新请公子忽回来继承王位。退一步说，如果万一将来这一计划无法付诸实施，那么，受害的、承担风险的也只有我祭仲一个人，郑国却不至于落到灭亡的地步。舍个人、保国家、弃小我、顾大局，这就是祭仲的"权"。

《春秋公羊传》充分肯定了祭仲的做法，并评论指出："权者何？权者，反于经，然后有善者也。"一方面，作为对经的背叛，权显然已超越了经与常的限制和束缚，走出了经与常的规定领域；另一方面，权虽然是违背经的通行要求的，但适当的权却一定能够对事情本身产生裨益，同时，权虽已不再是经或常，但也不是没有任何规则的，权并不是任意随便的儿戏。经与常有自己的规则，权与变也有自己规则。

权与变的规则就是行权、通变之"道"，此乃"适权"。那么，如何才能够"适权"？《春秋公羊传》又提出了这样的基本原则：

> 行权有道。
>
> 自贬损以行权，不害人以行权。杀人以自生，亡人

以自存，君子不为也。①

经有经道，权有权道。权虽是变，但还是有定则可寻的：在什么样情况下才可以行权、行权时应该坚持什么样的基本原则，仍还有一定的内在要求。"自贬损"，指祭仲自己宁愿背负驱赶国君逃亡在外的千古罪名。何休《春秋公羊传解诂》说："身蒙逐君之恶，以存郑是也。""不害人"则指绝不能杀死害公子忽。何休说："己纳突，不害忽是也。"② 祭仲之所以被称颂，关键就在于把既敢于把自己豁出去，识时应变，行权利国，又能够把握一条根本性的原则，即不做坏事、恶事，人命关天，何况是曾经做过郑国之君的忽！通过杀害别人、消灭别人的办法，而保全自己，苟且偷生，一向为正人君子所不齿。

二 经、权各止所处

汉初董仲舒哲学中的经权观念，显得较为独特，在公羊家哲学的经权概念史上占据一定的地位。这主要表现在三个基本的方面。一是董仲舒用常变、经权的方法作为解读《春秋》经典的基本思路，从而对汉以后的《春秋》学研究产生出不可忽略的影响；二是把经权观念总结、提升为王者为政的一般方法，刻板化的行政实施被打开了一个面向事件

---

① 顾馨、徐明校点：《春秋公羊传·桓公十一年》，辽宁教育出版社1997年，第14页。
② 何休、徐彦：《春秋公羊传注疏》，北京大学出版社1999年，第98页。

实情的缺口，也为政治哲学增添了鲜活的内容与力量；三是董仲舒以天道运行的客观法则为基点，阐释了经、权是天、人世界同有的规律，从而为权的正当性、合法性作了极为有效的论证和建构。

董仲舒说："《春秋》固有常义，又有应变。"① 总结《春秋》一书的书写方法，一个最基本的规律就是，既可以肯定固定不变的正道，更能够认同应时变化的事实。"所闻《诗》无达诂，《易》无达占，《春秋》无达辞。从变从义，而一以奉人。"② 对于《诗经》，不可能产生一种所有人都能接受的解释；《周易》里面，也没有产生出一个适合于所有卦爻的通用卜辞；《春秋》的记载中，更不可能找到一种适合于一切历史事件的文辞。《春秋》所用的文辞，无论是记述权变的，还是记述常理的，都无一例外地遵循着天的运行之道。

董仲舒还进一步地把《春秋》的经权、常变意义予以提炼，提出了——有常有变，变用于常，经权、常变各止所处而不相妨碍的基本观念。《春秋繁露·精华》篇记载了董仲舒与论难者的一段对话。

难者曰："《春秋》之法，大夫无遂事③。又曰：出

---

① 董仲舒：《春秋繁露·精华》，上海古籍出版社1989年，第23页。
② 董仲舒：《春秋繁露·精华》，第二四页。但"一以奉人"似应为"一以奉天"。
③ 顾馨、徐明校点：《春秋公羊传·庄公十九年·僖公三十年》，第28、54页。

境有可以安社稷、利国家者,则专之可也①。又曰:大夫以君命出,进退在大夫也②。又曰:闻丧,徐行而不反也③。夫既曰无遂事矣,又曰专之可也;既曰进退在大夫矣,又曰徐行而不反也。若相悖然,是何谓也?"

曰:"四者各有所处。得其处,则皆是也;失其处,则皆非也。"④

这里,姑且忽略所牵涉的众多历史人物与事件,仅从义理上说,论难者所提出的问题是:按照《春秋》所倡导的法则,大夫在接受君命、完成君命的时候,不应该擅自作主而做出有违于君命的事情。但又认为,大夫出使在国外,可以针对特殊情况而不受君命的约束,做出对国家安定和天下太平有益、有利的事情。还主张说,大夫接受国君的命令后,可以自行处理进退、取舍的问题。甚至还以为,大夫奉君命出使国外的时候,听到父母过世的消息,也不必要急着回国奔丧。这四件事情看起来好象是相互矛盾的,但《春秋》却对它们予以褒扬,这究竟是为什么?董仲舒的回答是:这四件事情其实各有不同的境遇。只要处理事情的方法与事情的境遇相契合、恰当,就没有什么不妥帖的地方,都是值得称道的。"《春秋》之道,固有常有变。变用于变,常用于常。各止其科,非相妨也。"⑤ 在董仲舒看来,《春秋》的法则好

---

① 顾馨、徐明校点:《春秋公羊传·庄公十九年》,第28页。
② 顾馨、徐明校点:《春秋公羊传·襄公十九年》,第102页。
③ 顾馨、徐明校点:《春秋公羊传·宣公八年》,第73页。
④ 董仲舒:《春秋繁露·精华》,第22、23页。
⑤ 董仲舒:《春秋繁露·竹林》,第16页。

就好在它没有任何一成不变的金科玉律,它允许有常态、有变状的形式存在。变的方法适用于物事有所变易的情形之中,而常的方法则适用于物事的正常状态之下。常、变各自适宜于自己的领域,并也只有在自己的领域里才能有效,相互之间并不妨碍对方发挥功能。

经权、常变的原则被推广到人伦、生活世界,则似乎就是董仲舒所说的"经礼"与"变礼"。《春秋繁露·玉英》篇说:"《春秋》有经礼,有变礼。为如安性平心者,经礼也;至有于性,虽不安于心,虽不平于道,无以易之,此变礼也。"① 按照董仲舒的理解,《春秋》所记载的礼节中,有所谓的"经礼"和"变礼"之分。所作所为能够使内心性情获得安顿、平和的,可以称为"经礼";而所作所为不能够使内心性情获得安顿、平和,且在道理上也无法予以更改、不得已而为之的,可以称为"变礼"。譬如,按照春秋时的婚俗,婚礼中,男女双方的交往活动,应该是在父亲或兄长的名义下进行的,而不可直接以新郎的名义,这是"经礼";但是,如果新郎的父亲已死,又没有兄长,那么与女方打交道时,就只有以新郎自己的名义了,这是"变礼"。按照《春秋》的要求,"天子三年然后称王",即天子应该在父王死后三年才能即位称王,因为"缘孝子之心,则三年不忍当也。"这是一般的"经礼";但是,考虑到"民臣之心,不可一日无君",即使"缘终始之义,一年不二君",但是对于一国的政治稳定来说,仍然"不可旷年无

---

① 董仲舒:《春秋繁露·玉英》,第20页。

君"①，所以，遇有特殊需要，即使不到三年就即位称王了，也应该是可以理解的，这就叫做"变礼"。再如，祭祀周公也是一个很好的范例。"故成王使祭周公以百牡，上不得与天子同色，下有异于诸侯。"② 周公曾辅助武王伐纣；建周次年，武王即逝，成王年幼，由周公摄政。应该说，周公为周政权的建立和巩固都做出了极大的贡献。因此，祭祀这样的人物，既不能因为其卓越的功德而超出或等同于祭祀天子的规格，但也绝不应该因为他不是天子就采用祭祀诸侯的仪礼来予以简单化处理。董仲舒强调指出："明乎经、变之事，然后知轻、重之分，可与适权矣。"③ 只有在掌握了经权、常变的基本法则以后，才能够在实际的事务处理中分清楚轻重缓急与得失利害，从而不至于被迎面遭遇到的复杂情势所迷惑、所困绕。做到这一点才可以称得上是"适权"。

其实，综观春秋时代的历史，不乏"执权存国"的例证。"鲁隐之代桓立，祭仲之出忽立突，仇牧、孔父、荀息之死节，公子目夷不与楚国，此皆执权存国，行正世之义，守惓惓之心，《春秋》嘉气义焉。故皆见之，复正之谓也。"④ 这里涉及春秋时代的一些历史事件，虽然因为发生得太遥远而不易为今天的人们所记起，但仔细琢磨，仍不失意味：

根据《春秋公羊传》的记载，鲁惠公死后，按礼制本应该由惠公嫡妻所生的桓公继承君位，但鲁国的大夫们却以

---

① 顾馨、徐明校点：《春秋公羊传·文公九年》，第61页。
② 董仲舒：《春秋繁露·郊事》，第86页。
③ 董仲舒：《春秋繁露·玉英》，第20页。
④ 董仲舒：《春秋繁露·王道》，第27页。

为,桓公年尚幼小,而隐公长而有才能,因此就立隐公为国君。隐公自己也打算待桓公成年之后,还位于桓公。①

桓公十一年,郑国之相——祭仲在郑庄公死后,迫于宋国的压力,不得不让公子忽出走,而改由公子突继位,也应该是"权宜之计"。

宋闵公的大夫——仇牧当听到闵公被宋万所弑的消息时,毫不犹豫地就拿着剑赶到王宫,见到宋万,当面斥责,结果被宋万当场杀死。

桓公二年,宋国大夫华督想要弑杀宋殇公,但意识到大夫孔父嘉是一块绊脚石。只要孔父嘉还活着,弑君之事就不可能成功。于是就先攻打孔父嘉。宋殇公知道后,赶紧去救援孔父嘉,结果两人均惨死华督之手。

晋献公宠爱妃子骊姬,想让骊姬之子继承王位,于是杀死了世子申生。献公临死前曾将此事交代给大夫荀息,荀息便答应了下来。献公死后,荀息立骊姬之子奚齐为国君。但大夫里克却同荀息商量想除掉奚齐,荀息不从,要信守"生者不愧乎其言"②的承诺,绝不辜负献公之托。里克便径直杀死了奚齐。荀息于是又立骊姬的另一个儿子卓子为国君,里克于僖公十年就把卓子和荀息都给杀了。

僖公二十一年,宋襄公在霍之地与楚、陈、蔡、郑等国的国君会盟,楚国逮捕宋襄公作为讨伐宋国的人质。宋襄公对随行的公子目夷说:你赶快回去防守宋国吧,宋国现在就是你的了。目夷说:不用你说,这个国家现在就已经是我的

---

① 顾馨、徐明校点:《春秋公羊传·隐公元年》,第1页。
② 顾馨、徐明校点:《春秋公羊传·僖公十年》,第43页。

了。目夷于是就回宋国落实防守战务。楚国威胁目夷,让他交出宋国,否则便杀死襄公。宋国的使者说,现在我们已经有国君了。楚国人意识到,即使杀了襄公,也无济于事,根本不可能会得到宋国。于是便把襄公给放了。襄公被释后,去了卫国,而不愿回到宋国。但目夷坚决地请他回来复位,并且说:"国为君守之,君曷为不入?"① 意思说,宋国本来就是你的,当初你身陷囹圄的时候,我不过是帮你暂时守护一下而已,现在你自由了,理当还位于你。

董仲舒还从天道运行的基本法则上来论证经、权的必然性和普遍性。如同将天道的阴、阳之气与政事的德、刑相比附,董仲舒也把阴、阳与经权、常变作了一一对应,而以为从阴气之行的轨迹中可以演绎出权、变的法则,而阳气之行的轨迹中则可以推证出经、常的定律。"是故天以阴为权,以阳为经。"并且,"经用于盛,权用于末。"天道运行和社会存在,在绝大多数情况下还是取法于"经"的;而只有在万不得已的应急形势下才采用"权"的手法。于是,天道原本想展显经之常而隐晦权之变、首先强调德治而后才讲刑治的意图就非常明确了。与"贵阳而贱阴"的基本品格相一致,天道必定是"先经而后权"② 的,即着重弘扬的是一种可以维持天道法则与人世秩序的长期稳定的正道(经、常),而把那些只能够适应于暂时的、过渡的情状的偏道(权、变)作为正道的一种必要补充。至于这其中具体的理

---

① 顾馨、徐明校点:《春秋公羊传·僖公二十一年》,第49页。
② 董仲舒:《春秋繁露·王道通三》,参见苏舆《春秋繁露义证·阳尊阴卑》,第327页,中华书局,1992年,第68页。

由是什么，董仲舒并没有作进一步的交代，也没有像论证"大德而小刑"那样提供过详细的分析。可能是从阴阳之气的运行路线、存在方式等方面来说的，也有可能出于岁月四时的计算依据的考虑，等等。

　　实际上，对"权""变"的过分强调，极容易导致对"经"、"常"的反叛与排斥，即形成所谓离经叛道的效应。推扩到社会存在层面，人们往往会打着"权"的旗号、以"权"的名义实施对"经"的否弃和超越，从而挣脱出礼乐教化的限制和束缚。董仲舒似乎已经清醒地意识到"权"走向极端状态所导致的不堪后果。于是，又强调说："夫权虽反经，亦必在可以然之域。不在可以然之域，故虽死亡，终弗为也。"① 这里，值得注意的是，董仲舒所说的"在可以然之域"也就是指为"经"所允许的范围；而"不在可以然之域"则是指在根本目的、精神态度、主观意志、行为动机和实际效果等方面都已背离了作为"经"的最基本要求，恰恰是在经的范围内，即使面临着死亡也不可以做出所谓的"权"。本质地说，"权"，并不为"权"而"权"，毋宁是为"经"而"权"。离开了"经"的"权"，失却了任何约束的"权"，就无所谓"权"与不权（即"经"）了。这时的"权"，无论如何已经不是"权"本身了，已不再获得与"经"相对的"权"的内涵。为了能够对这一"可以然之域"做出适当并有效的限制，后世的朱熹也曾提

---

① 董仲舒：《春秋繁露·玉英》，第21页。

出过:"经是万世常行之道,权是不得已而用之。"① "权"不应该被滥用、被庸俗化。在本质上,权还应该以"经"为原则、基础,"权不是常用底物事","权"不应该、也不可能被普遍化,不是情形急迫、万不得已的时候,是不能轻易用"权"的。"权"是一门德性艺术,朱熹甚至还以为,只有圣人才有资格用"权"。

在继承公羊学传统的基础上,董仲舒重视"权",还应该深受法家思想的影响。法家的商鞅就比较重视对权、变方法的使用。商鞅以为,"治世不一道,便国不法古。"治理国家并不是只有一种固定不变的方法,而应该从实情出发,只要是有利于国家发展、有利于社会稳定、有利于王权巩固的方法,都是值得肯定的。只要是符合当下实际情况的,只要能够促进局面朝好的方向发展,怎么做就怎么对。"三代不同道而王,五霸不同法而霸。故智者作法,而愚者制焉。贤者更礼,而不肖者拘焉。"三代、五霸所遵循的并不是一成不变的道法,但是都能够有效地成就出王霸大业。智、贤之人总是道法的创造者,而只有那些思想与实践的懒汉才愿意一直固守现成的准则。所以,按照商鞅的主张,"当时而立法,因事而制礼。礼法以时而定,制令各顺其宜,兵甲器备各便其用。"② 礼法的确立与制定、问题的解决与事情的处理有一个根本性的原则,那就是:当时、因事、顺宜、便用,有似于现代中国人所谓的"具体情况、具体对待"或

---

① 黎靖德编:《朱子语类·卷第三十七》第二册,岳麓书社1997年,第885页。
② 商鞅:《商子·更法》,见《百子全书》第二册,岳麓书社1993年,第1549页。

"具体问题、具体分析"。在许多情况下,有效、有用、有利、有功才是第一位的,而原则、教条、规范、定式都已退居次要地位,甚至都可以抛到九霄云外。法家,再往前迈出一步,就是中国古代地地道道的实用主义了。董仲舒重视权、变,在学理趋向上似乎更接近于儒学中外王的一派,强调宏观的战略方针而又不忽略具体的战术战法,讲求原则性、真理性却也不乏对具体性、针对性的观照,反对食古不化、死守教条,既有原则性又有灵活性,而并绝不像那些只讲心性修养、天理道统的儒者一般迂腐、顽固。

三 极高明而道中庸

在什么样的情势下应该坚持"经",又在什么样的情势下可以选择"权"?到底如何执行"经"与"权"呢?怎样才能区分出"在可以然之域"与"不在可以然之域"?或者,即使在理论上、认识上能够明确地分清楚这两个领域,但一旦付诸实际性的运用,怎样才能免于落入无所适从的尴尬呢?这些都是儒学在提出经、权概念之后所回避不了的实质性问题,同时也是人们实际生活中必然要遭遇到的具体问题。这些问题能不能得到合理的解决、通过什么样的方式方法予以解决以及解决得成功与否,将直接关系着儒学在民众精神世界中的作用、地位与影响。儒学的解决办法是"中庸"。

能否合理、适当地行权,关键在于能否把握中庸之道。中庸之道在儒家既关乎本体论、德性论,又涉及社会论、认识论与工夫论。《论语·尧曰》中,孔子一方面将《尚书·

虞书·大禹谟》的"允执厥中"诠释为政治实践中具有很强可操作性的矛盾解决路径,一如《礼记·中庸》所提倡的"执其两段,用中于民",都是从工具论、方法论上了结矛盾;而另一方面,"中庸之为德也,其至矣乎!民鲜久矣"(《论语·雍也》),孔子则又把中庸视为一种最高的德性境界,从道德论和信念本体出发来把问题引入人的内心。朱熹的注释说:"中者,无过无不及之名也。庸,平常也。"① 似乎还只停留在孔子"允执厥中"的方法论层次上。而二程以"权"释中庸,则更暴露出化权入理、融权于义的理学倾向:"《春秋》以何为准?无如中庸。欲知中庸,无如权。""何物为权?义也。"② "中庸""权"的概念,必须有"义"的制约,离开"义"的束缚则不能行权,否则,很可能发生的情况是,权、变将成为挑战经、常、义的正当借口,一切的权、变都是合理的,一切都在"可以然之域"之内,也就没有什么不在"可以然之域"之外的了,那么,一切行为选择都是应该被允许的。

《论语》中,孔子曾把中庸的哲学路线推向极至,淋漓尽致地描述了在日常生活世界里究竟应该如何恪守中庸之道:

> 子温而厉,威而不猛。(《学而》)
> 敬鬼神而远之。(《为政》)

---

① 朱熹:《四书章句集注·论语·雍也》,中华书局1983年,第91页。
② 程颢、程颐:《二程遗书·卷十五·伊川先生语一》,上海古籍出版社1992年。

君子周而不比，小人比而不周。（《为政》）

子贡问："师与商也，孰贤？"子曰："师也过，商也不及。"曰："然则师愈与？"子曰："过犹不及。"（《先进》）

乐而不淫，哀而不伤。（《八佾》）

子曰："不得中行，而与之，必也狂狷乎？狂者进取，狷者有所不为也。"（《子路》）

子曰："君子和而不同，小人同而不和。"（《子路》）

我叩其两端而竭焉。（《子罕》）

子曰："唯上知与下愚不移。"（《阳货》）

等等，这些生动的个案都在方法论层面对中庸之道做了极为有效的诠释与说明。同时，也是孔子对原典儒学中道精神的总结提炼，再经后世历代学者的继承与发扬光大，蔚为大观，俨然中国传统文化的一大主潮，在数千年历史风雨的洗礼中，逐步塑建出汉人族群的一般心理文化结构。显然，这种塑建又不是一次性所能够完成的，它必须经历一个从方法手段、到终极本体、再到精神境界的不断转化的过程。无疑，孔子在这一过程所发挥的作用是巨大的。孔子是人类文明史上的一位名副其实的中庸哲学家，是一位杰出的东方辩证法大师。

孔子之后，《礼记·中庸》进一步把"中庸"在哲学层面上予以提炼和总结，从而使中庸之道更具有普遍的意义：

君子中庸，小人反中庸。君子之中庸也，君子而时

卷五 经权、常变的智慧

中；小人之中庸也，小人而无忌惮也。

道之不行也，我知之矣：知者过之，愚者不及也。道之不明也，我知之也：贤者过之，不肖者不及也。①

远不止于此，《中庸》更注重通过"诚"把"中"引入终极本体论，而这才是《中庸》能够被南宋大儒朱熹所看中而有资格与《论语》《孟子》《大学》一起被列入"四书"的重要原因所在。

诚者，天之道也；诚之者，人之道也。
诚者，不勉而中，不思而得，从容中道，圣人也；诚之者，择善而固执之者也。②

由"中"而"诚"，是中道在落实过程中的逻辑结果，带有不可避免的必然性质。而作为方法论的"中"，真正要执行起来，实在太难了。同样一个"中"，对于不同的人、物、事、时，都有不同的意义。方法总是普遍而统一的，而人、物、事、时却总是具体而瞬息万变的。对于每一个实践主体来说，中，不可能来源于别人的直接告知（已经形成的经验），也不可能来源于先验的知识体系。中庸之道不可能在认识论上被掌握，而只能在每一次当下的、实际的亲自操作过程中才能获得。而最终它又不得不回到起点的位置上，所以这其中似乎蕴藏着一个循环的解释。其实，所谓方法，总

---

① 陈成国点校：《周礼·仪礼·礼记》，岳麓书社 1989 年，第 494 页。
② 陈成国点校：《周礼·仪礼·礼记》，第 498 页。

应该是最具体的,必须针对每一个不同时刻的实践行为,所以便不可能具有普遍意义。一切方法都是具体的,都是针对当下情实的,都不可能被普遍化、绝对化,只有靠主体自身的当下亲历才能真正获得。只有当下的"这一次"亲历才算是最真实的方法。所以,在本质上,方法永远是无法传授的,方法自身已经遭到解构。

那么,如何才能把握住"中"呢?出路只有一条,那就是靠来源于内在一己之心的——诚。作为方法论、认识论的中庸,尽管说得再透彻,辩得再清楚,也无法变成每一个实践主体在每一时刻自身行为的固有模式,方法也好,认识也好,都会随外在的客观环境,或主体的内在心绪、情识、意志的改变而改变,归根到底都是靠不住的,那么,只有积极从主观动机、灵魂深处着手才能在根本上保证中庸之道的真正贯彻落实。于是,在《孟子》《中庸》及宋儒那里,汉字中的"诚"被推向了极致状态:

> 诚者,天之道也;思诚者,人之道也。至诚而不动者,未之有也;不诚,未有能动者也。(《孟子·离娄上》)

> 唯天下至诚,为能尽其性;能尽其性,则能尽人之性;能尽人之性,则能尽物之性;能尽物之性,则可以赞天地之化育;可以赞天地之化育,则可以与天地参矣。
> 诚者,物之终始,不诚无物。
> 致广大而尽精微,极高明而道中庸。

> 唯天下至诚，为能经纶天下之大经，立天下之大本，知天下之化育。(《礼记·中庸》)

> 诚，五常之本，百行之原也。
> 至诚则动，动则变，变则化。(周敦颐：《通书》)

等等。因为实现中庸目标的需要，诚，才从一种社会交往的道德品格提升为一种化生天地万物的宇宙来源，才从一种日常的心理状态转化为一种人及整个世界的终极本体，不能不说儒学的哲学本体论建构颇费了一番周折。极为有趣的是，至诚的状态，又极富有宗教性、神秘性的意味。儒学不是宗教，但是却具备着宗教的气质和功能。同样的问题还在于，至诚又从哪里来呢？不承认性情，蓄意反对或者一味排斥性情，也就是说，假如没有性情形而上学在人心与人心、人心与物、主体与世界之间作沟通，没有感应学说的理论支持，诚之为诚，可能吗？这应该是儒学在自身发展过程中所无法回避的带有根本性的问题。

实际上，"中"在古代中国思想文化中经常被赋予了一种本源、始基的理解，许多古代典籍都曾强调了"中"所具有的创生性质：

> 喜怒哀乐之未发，谓之中；发而皆中节，谓之和。中也者，天下之大本也。(《礼记·中庸》)
> 民受天地之中以生，所谓命也。(《左传·成公十三年》)
> 《大有》，柔得尊位大中，而上下应之，曰《大

有》。(《易传·象·大有》)

在宇宙万物发生发展的过程中,未发、中、大中是本体境界,还没有被认识,因为还没有进入人心的感知系统;而发、和、命、大有则显然已是现象世界,认识、感知、喜怒哀乐等等,一定是现象世界里的事情。其实,中在被赋予本体论性质的同时,也埋下了与诚相联通的可能,因为这个本体性的中,始终与生、与命相联系着。

通过诚而对"中"的认识与体悟,可以看出,儒家对本体境界的把握靠的并不是知性的逻辑推理或科学论证,而毋宁是内在主观性情对外物的积极感通。同时也凸显出儒家哲学里的"中"与西方哲学里的中立、客观、公正的显著差异。西方人从近代开始追求客观化、中立化的知识,崇尚一种理性、冷静的认知态度,于是便有现代科学的发生与发展。在这一过程中,不受任何主体意志影响的、没有任何情感成分参杂的中性认知,几乎就成了科学的代名词。然而,中国人自先秦就开始追求中庸,但为什么始终没有发展出西方式的科学理性精神,这一定与从《中庸》写作时代开始由诚而中、由工夫体验而德性本体的确证路径有密切的关联。

四 权变对经常的挑战

由经权、常变而中庸的思想理路,打造出儒家哲学的又一独特气质。不同于西方"有执"的哲学态度,儒家的哲学态度则是"无执"的。① 有执是有所坚执，是毫不动摇，是对经、常的执着坚守，根本不允许对原则、教条作任何形式的突破与超越。而无执则是无所坚执，为了照顾特殊利益或具体情况而达成妥协或放弃对原则、教条的严格遵守，允许通过一定的借口、理由取消原则的普遍意义和绝对价值。与无执密切联系在一起的是变通。中国是一个主张和盛行变通的国度。一个不懂变通的人是难以在中国社会立足的。任何一件舶来品到了中国都得改头换面，都得适应中国的国情，从佛教的释迦牟尼、基督教的上帝，到马克思的革命理论都是如此。一次又一次改头换面的变通过程，不断彰显出中国社会对外来文明的巨大消解力和惊人融摄力。

反对坚执，主张无执，是中国人文的一贯传统，儒、道两家都不乏此类的主张。

> 致虚极，守静笃。万物并作，吾以观复。夫物芸芸，各复归其根。归根曰静，是谓复命。复命曰常。(《老子·十六章》)
>
> 天下神器，不可为也。为者败之，执者失之。(《老子·二十九章》)
>
> 执中无权，犹执一也。所恶执一者，为其贼道也，举一而百废也。(《孟子·尽心上》)

---

① 谢遐龄在《文化：走向超逻辑的研究》一书中指出："西方崇尚的是抽象态度，中国崇尚的是具体态度。"抽象态度即是坚执，而具体态度则是无执。山东文艺出版社1989年，第336页。

> 神无方而《易》无体。(《易传·系辞上》)

> 《易》之为书,不可远。为道也屡迁,变动不居,周流六虚,上下无常,刚柔相易,不可为典要,唯变所适。(《易传·系辞下》)

无论在宇宙生成论上,还是在时间意识与历史观念上,或是在内心的信念信仰上,中国的传统都呈现出一种具体而面向现实的态度,都不可能被一种固定的方式所束缚,而反对把世界本源、时间历史起点、信念信仰根据落实在一个定处。孟子视"执一"如"贼道",早已揭示了中国精神的非宗教性气质,而《易传·系辞》的一句"唯变所适"似乎绝不可能让人看到法治中国的出路和希望。

实际上,"权",一定与人世生活的及物质世界的个体性相关,"它是个体的自由性、自主性的实践和显现。"[①] 因为只重视"经",才看到了事情普遍、统一、抽象、共性的一面,而绝不可能看到事情特殊、感性、具体的一面。把"经"推崇到极至状态,这一做法的实质,说穿了,也近乎一种理性主义、本质主义、基础主义、总体主义或"逻各斯中心主义"。对于某一个甚至哪怕只是某一时的人、物、事的把握,如果只讲普遍性、规律性、原则性、总体性,而忽略掉具体性、复杂性、差异性和个体性,肯定是不落实的,空洞而乏味。在事物的共性、一般性与个性、具体性之间,个性、具体性无疑具有更源始的、本体论上的决定意

---

① 李泽厚:《论语今读·子罕》,安徽文艺出版社1998年,第237页。

义，应该是一切普遍性之所以成立的前提和基础。对于物自身来说，个体化一定比共性、一般性更真实、更重要。

然而，令人疑惑而又极有趣味的问题是，古代中国的哲学、文化如此重视具有个体化意义的"权"，却为什么始终没有能够演化、发展出具有个体化意义的人格精神和私有化的法权观念呢？这似乎颇值得探究，因为理解并回答这一问题，对现代中国社会、经济秩序的建构与确立或可大有裨益。为了满足大一统的政治需要并巩固皇权社会群体道德秩序，秦汉之后的儒学家们纷纷掩盖甚至取消"权"所具有的个体自由性质。宋明时代的理学家们多以"经"释"权"、以"经"代"权"，如程颐以为："权只是经"。朱熹也说："虽是权，依旧不离那经。权只是经之变。"① 如果对权讲太多的经，作太多的要求，那么权也已一定不是权了。实际上，这就从根本上彻底否认了"权"本身所蕴涵的具体意义和独特价值。

中国人追求并崇尚"法无定法"，法在中国人眼里从来都没有获得绝对的普遍性。有执的哲学态度、法权观念乃至法治社会局面的真正形成，并不与性情形而上学有必然联系，而直接就是理论理性的客观产物。儒家的哲学，既有性情形而上学的成分，也有实践理性的态度，但就是缺少理论理性的品格与气质。指望在具有浓厚讲权重变传统、理论理性少得可怜的国度里确立法权观念、实现所谓法治，不过是书生意气式的幻想罢了，简直就像缘木求鱼。一个具有无执传统

---

① 黎靖德编：《朱子语类·卷第三十七》，第二册，岳麓书社1997年，第890页。

的民族，是不可能形成强烈的规则意识的。对规则的遵守，始终需要以有所坚执为条件。法治局面的形成，始终离不开所有市民对规则、程序、纪律的无条件遵守。任何人在规则面前都是平等的，制定规则的目的就是用来让人们无条件遵守。中国社会里，一直广为盛行的开后门、打招呼、说说情、变通一下、通融通融、下不为例、情有可原、关照关照等等，都可以看作是权、变对经、常的挑战。没有对原则、规范的执著坚持，法治社会的形成就没有一点可能。产生于性情形而上学的哲学背景下、泛滥于官本位社会的历史土壤里的无执态度，无论如何，都已经不能再与眼前的时代需要和社会现实相适应。无执，与现代科学精神、与市场经济、与法治理想的要求都相去甚远。汉语成语里的"随机应变"要求人们随着时机或情况的变化而灵活应付。"随机应变"中的"机"，有机会、机缘、机遇之意，指具体的境遇，其所指涉的就是最现实、最及时的权。中国人总把随机应变看作为人处世的一项基本能力，甚至是一条极为重要的核心原则。

然而，按照儒家的要求，经、权一定是离不开特定时空条件的经、权。没有一成不变的经，更没有永远固定的权。这是理解经、权问题的关键。但是，经权观念自产生以来，几乎一直都在遭遇着摆脱不去的困境，"尚权"如何与"尚诈"划清界限。"权与诈，至相异而至相似者也。"[①]。历来都有争议的"变节"问题，始终具有极大的迷惑性。秦桧通金，在当时看来是大逆不道，是卖国求荣，所以成为骂名千载的奸臣。但是，如果放眼历史、综观八百年一千载，秦桧

---

① 陈柱：《公羊家哲学》，力行书局1970年版，第221页。

当初所投靠的敌,其实也并不是什么外人,也还是中国人自己。秦桧也并没有把国家卖给中国以外的人。而再如果用"天下为公"的观点看,全人类都是一家,甚至,宇宙中所有的生命存在都是一家,应该无所谓你我、彼此才对。也没必要非得分清我国、你国和他国,也不应该去分清谁是地球人的或谁是外星人的。这样,一切侵略与反侵略便都会成为无谓之举,因为,天下早晚都要变成一家。所以,所谓的国家利益或民族利益也只能在自己的时代背景里去认识,去追求。爱国也只能爱当下的祖国。超越于当下时代的国家利益或民族利益、脱离具体背景和历史语境的爱国追求都是毫无意义的。所以,"权"的实施,不能是没有边际的,而应该以一定的"经"为前提、为背景。权一定是历史的、具体的、现实的权。"公羊家的智慧不是来自观念,而是来自历史。"① 从历史主义的观念出发,秦桧的确出卖过自己的祖国,并且,秦桧卖国一定是无耻的,因为被他出卖的宋国在当时一定还不属于金国。② 无论宋国、金国在当时也都不叫中国。权、变节都是现象世界里所发生的人、事、物,既然都在现象世界里发生,就必然都处于方方面面的关系之中,就都离不开具体当下的历史条件的限制,就都不可能被还原到历史本体论上去。于是,权便不应该成为投降、变节的借口。

---

① 蒋庆:《公羊学引论》,辽宁教育出版社1995年,第239页。
② 权、诈之间,差之毫厘,则谬之千里。陈柱指出:"善用之则为君子之权,不善用之则为小人之诈。守经之过,虽是愚人,不失为君子;行权之过,虽为智者,不免为小人。天下之君子少,而小人多;则权之利天下少,而害天下也多。"《公羊家哲学》,第221、222页,力行书局,中华民国五十九年,台北。

几乎所有的社会都不可能是一个一元化的社会。但历史上却没有一个社会像后现代社会这样呈现出一幅多元繁复的世界图景。一切存在都在遭受着怀疑、否决甚至摧毁，连"经"本身都面临着解构的威胁。社会生产方式的多元化，直接导致了经济结构的多元化，紧接着，道德学的标准、人生的价值被多元建构以后，"经"，便失去了原初那种养尊处优的地位，不再具有绝对的权威性和严肃性。从一个侧面看是绝对正确的"经"；换一个侧面看，则显得极为荒谬。比如，一些国家和民族要求士兵在战场上被俘虏时，宁可死，也不应该投降；而另一些国家和民族则主张在敌我悬殊太大并确信已打不赢的情况下，士兵可以从保全生命的角度出发，放弃作战，选择投降。

　　在当前这个时代，"权"的意义普遍存在，几乎被引向了一个极端。什么都是对的，也没有什么一定就是错的。甚至，P.费耶阿本德在科学认识领域里，把所谓的"方法"都给彻底取消了，以哲学反思的方式发出了——

　　怎么都行！（Anything goes！）

的呐喊，而坚决主张，任何观点，不管多么荒谬、多么不正确，也不应该拒绝考虑，也不应该拒绝将之付诸行动，没有什么方法是不可或缺的。不存在一条在一切条件下都持之有效的普遍法则，也不存在一个始终可以依靠的因素。[①] 人们

---

① 费耶阿本德：《反对方法——无政府主义认识论纲要》，上海译文出版社1992年，第147、17页。

在任何场所下，所做出的任何选择都具有自身的独特价值，都可以获得充分的辩解。任何情况下，哪怕你做出任何一个荒唐的选择，都会有人投你的赞成票。权的作用与意义被彰显到了极至。

五 毛泽东的一大创举

随着共产党政权在中国社会的确立与巩固，作为主导意识形态的马克思主义哲学的基本观点也越来越被多数中国人在知识论、方法论层面上所接受、理解乃至运用。来源于西方的马克思主义哲学，其矛盾普遍性与特殊性关系的原理以及由此推演出的诸如：实事求是的观点、具体问题具体分析的观点、原则性与灵活性相结合的观点、理论联系实际的观点、一切从实际出发的观点，等等，在思想实质上都能够与儒家公羊哲学中的经权智慧走到一起去，共同塑建出当代中国人的基本思想方法与行为范式。而此间，作为共产党人的领袖、对马克思主义有着深刻坚守的毛泽东、邓小平所做出努力与贡献尤值研究。

对于毛泽东而言，他所遵守的经无疑应该是马克思主义，而他所行的权则是针对迫在眉睫的中国问题所采取的政治、军事与经济策略。以毛泽东为代表的第一代中国共产党人，在领导中国革命的过程中，坚持从中国的实际出发，全面分析了中国社会、政治、经济发展不平衡的特殊国情，始终把马克思主义普遍真理与中国的实际相结合，不断同脱离中国实际并使中国革命遭受严重损失的"左"、右倾机会主义进行坚决而艰苦的斗争，纠正并克服教条主义、经验主义的错误思想路线，逐步形成了"实事求是"的思想路线。这就为形成和制定"农村包围城市、武装夺取政权"的新民主主义的政治路线奠定了哲学认识论基础。1930年5月，毛泽东在《反对本本主义》一文中，曾明确指出："马克思主义的'本本'是要学习的，但必须同我国的实际情况相结合。我们需要'本本'，但是一定要纠正脱离实际情况的本本主义。"[①] 这就一如朱熹所说的"经自经，权自权。但经有不可行处"[②]，经不可行的地方则必须针对实际的情况，研究具体的解决方案。毛泽东在1938年9月六届六中全会的政治报告《论新阶段》中第一次向全党明确提出"马克思主义中国化"号召的基础上，1941年，又提出"要使中国革命丰富的实际马克思主义化"[③]，进而构成了马克思主义普遍真理与中国具体实际相结合的两个有机方面。[④] 对于中国的无产阶级革命来说，马克思主义即是必须坚持的"本本"，即传统哲学意义上的经、常。但是，坚持"本本"、强调经，并不就是一味的照搬照抄，或机械地恪守马克思主义经典作家的理论教条及别国、前人的既定经验，而必须确立面向现实情况的思想态度和工作方法，在中国这样

---

① 《毛泽东选集》第1卷，人民出版社，1991年，第111、112页。
② 黎靖德编：《朱子语类·卷第三十七》，第二册，第883页，岳麓书社，1997年，长沙。
③ 《毛泽东文集》第2卷，人民出版社1991年，第374页。
④ 但毛泽东并不以此为满足，他认为不论就自己的学习，还是党本身的建设，都同马克思主义中国化的要求尚有一定的距离，还有许多需要努力提高的方面，一是对中国国情的研究有待深化，二是用更加系统的革命理论加强党的建设，三是树立马克思主义学风来落实普遍深入地学习理论的任务。见《毛泽东与当代中国》，中央文献出版社2004年，第184、185页。

一个落后的东方大国搞社会主义革命,就必须照顾中国的特殊情况,联系实际,对症下药,看菜吃饭,这才是唯一正确的选择。说到底,离不开一个最基本的前提——"中国革命斗争的胜利要靠中国同志了解中国情况。"①

1937年的8月,毛泽东撰写了著名的《矛盾论》。在这一理论著作中,毛泽东进一步将实事求是上升到哲学高度予以论证,为实事求是思想路线奠定了深厚的理论基础。毛泽东说:"不同质的矛盾,只有用不同质的方法才能解决。……教条主义者不遵守这个原则,他们不了解诸种革命情况的区别,因而也不了解应当用不同的方法去解决不同的矛盾,而只是千篇一律地使用一种自以为不可改变的公式到处硬套,这就只能使革命遭受挫折,或者将本来做得好的事情弄得很坏。"② 中国革命的道路不能照搬苏联"十月革命"所采取的组织工人武装暴动、以城市包围农庄的模式,也不能走西方发达国家议会斗争的道路。中国有自己的特殊国情,在别国能行得通的,在中国不一定能行得通。斯大林控制第三国际后,执行了右倾政策,片面要求中国共产党与中国民族资产阶级结成联盟,忽略中国共产党的独立作用,主张共产党将军政大权拱手让给国民党,结果导致大革命的惨重失败。③"八七会议"上,在总结教训时,毛泽东说:"从前我们骂孙中山未做军事运动,我们则恰恰相反,不做军事运动,只做民众运动,蒋介石、唐生智都是拿枪杆子起家

---

① 《毛泽东选集》第1卷,人民出版社1991年,第115页。
② 《毛泽东选集》第1卷,第311页。
③ 但是,毛泽东却偏偏"具有决不听从于其他任何共产党的性格",见叶卫平《西方"毛泽东学"研究》,福建人民出版社1992年,第329页。

的,我们独不管。""以后要非常注意军事,须知政权是由枪杆子取得的。"①

大约在1930年代末,毛泽东把自己相对成熟的思想作了进一步凝练,开始明确使用"实事求是"这一概念。为端正全党的思想路线,中国共产党在1941年、1942年开展了"整风运动",毛泽东发表了一系列的文章与讲话,进一步阐明了实事求是的思想路线。在《改造我们的学习》的报告中,毛泽东第一次对"实事求是"命题作了崭新的科学解释,赋予它新的含义:"'实事'就是客观存在着的一切事物,'是'就是客观事物的内部联系,即规律性,'求'就是我们去研究。我们要从国内外、省内外、县内外、区内外的实际情况出发,从其中引出其固有的而不是臆造的规律性,即找出周围事变的内部联系,作为我们行动的向导。"② 于是,传统语义下的"实事求是"被赋予了马克思主义的崭新诠释:"是""客观事物的内部联系""规律性"就是新时代的"经""常";而"实事""实际情况"则是新时代的"权""变"。中国共产党内,那些只知道背诵马恩列斯著作的教条主义者,都被毛泽东斥为"洋八股",都是必须废止的。朱熹说:"权处是道理上面更有一重道理。"③ 所以,在中国共产党人那里,权不再仅仅是对经的一种简单突破,而被理解为对经的发展与延伸。与对经的机械继承相比,创新性的权似乎更具有不可估量的现实价值与历史意

---

① 汪澍白:《传统下的毛泽东》,中国青年出版社,1996年,第89页。
② 《毛泽东选集》第3卷,人民出版社1991年,第801页。
③ 黎靖德编:《朱子语类·卷第三十七》,第二册,岳麓书社,1997年,第883页。

义，因为它至少能够与当下生动的社会需要相切合。

1938年10月，在《论新阶段》的政治报告中，毛泽东更进一步指出，马克思列宁主义的伟大力量，就在于它是和各个国家具体的革命实践相联系的。对于中国共产党来说，就是要学会把马克思列宁主义的理论应用于中国的具体的环境。作为伟大中华民族的一部分而和这个民族血肉相联的共产党员，离开中国特点来谈马克思主义，只是抽象的空洞的马克思主义。因此，"使马克思主义在中国具体化，使之在其每一表现中带着必须有的中国的特性，即是说，按照中国的特点去应用它，成为全党亟待了解并亟须解决的问题。"[1] 1942年，毛泽东给中央党校作了"实事求是"的题词。1945年又为中共"七大"纪念册作了"实事求是，不尚空谈"的题词。由毛泽东作科学阐释并大力倡导，再经党内历次的整风、学习、改造运动，"实事求是"终于在全党范围内得到确立和巩固，成为中国共产党人的光荣传统和优良作风。古老的哲学命题，经妙手点化，画龙点睛地凸现出整个毛泽东思想的精髓，把一条龙给点活了，堪称现代中国人有效继承公羊哲学智慧的第一典范。逻辑地看，在实事求是的命题中，一方面，经中有权，权中有经；另一方面，权既有对经的超越与突破，它自身又在催生、创造出新的经。毛泽东一生都在"追求一种社会主义"[2]，但综观整个思想发展脉络，在矛盾普遍性与特殊性之间，在经、常与权、变之间，毛泽东似乎更强调矛盾特殊性、权、变的意义与作用，

---

[1] 《毛泽东选集》第2卷，人民出版社1991年，第534页。
[2] 《胡乔木回忆毛泽东》，人民出版社1994年，第635页。

在他看来，马克思主义是放之四海而皆准的普遍真理，我们必须接受它。但这个普遍真理必须与每个民族革命的具体实践相结合。"认清中国的国情，乃是认清一切革命问题的基本的根据。"① 中国社会的状况、中国革命的特殊需要及毛泽东本人的性格气质决定了这一取向，也可以说，作为无产阶级的革命领袖，毛泽东的精神实质仍然没有游离出中国的文化传统。在当时，毛泽东如此强调权的重要，其实是对王明路线的一个反动，是迫不得已。相比之下，王明的墨水喝得太多，忘记了中国的实际，只在乎经、常，却不知道权、变。而"毛泽东是教条主义的敌人，不满足于照抄照搬，要走自己的路。"② 针对1960年莫斯科会议对中国共产党人"把马克思列宁主义中国化"的指责，1961年1月，毛泽东指出，马克思主义在根本上是一样的，但枝叶上有所不同，正如树各有其不同的枝叶一样。每个国家的条件不同，过去我们就吃了只注意普遍真理的苦，而不注意调查研究。③ 显然，调查研究在毛的观念里已不仅仅是一种方法论、工具论，而且更具有价值论的含义，即中国人必须始终面对和解决中国自己的问题。

到了社会主义建设时期，毛泽东对中国道路选择的思考与探索更加热切。马克思设想中的社会主义是完全建立在充分发达的现代化大生产基础之上的，但如何在从来没有推行过资本主义的、一穷二白的烂摊子上建设

---

① 《毛泽东选集》第2卷，人民出版社1991年，第633页。
② 许全兴：《为毛泽东辩护》，当代中国出版社1996年，第49页。
③ [美]斯图尔特·施拉姆：《马克思主义者毛泽东》，见箫延中主编《在历史的天平上》，中国工人出版社1997年，第12页。

社会主义，则是毛泽东所面临的难题。惟有积极创造条件，才能够实现自己的理想。毛泽东始终强调自力更生，而自力更生的经济学含义就是建立中国自己的工业基础。1949年，我们的工业产值仅占国民生产总值的15%，在这样一副烂摊子上推行与实现工业化完全是不可能的。出路只有两条，一是依赖进口，二是建立属于自己的工业基础。当时的中国已经完全被资本主义国家封锁，要进口只能依靠苏联和东欧社会主义国家，按照斯大林为社会主义阵营所设想的国际分工，中国就是一个农业和轻工业国家，他并不想让中国拥有自己的重工业基础。然而，毛泽东却并不愿意让中国成为任何国家的经济附庸，在关系国家长远利益的问题上，他把发展重工业摆上了意识形态的高度。1953年9月，毛泽东说过，"所谓仁政有两种：一种是为人民的当前利益，另一种是为人民的长远利益，例如抗美援朝，建设重工业。前一种是小仁政，后一种是大仁政。两种必须兼顾，不兼顾是错误的。那么重点放在什么地方呢？重点应当放在大仁政上。现在，我们施仁政的重点应当放在建设重工业上。"[①] 并且，毛泽东发展和管理重工业的方式方法显然区别于苏联高度集中的"一长制"，所采取的是集体领导与地方分权，这可能也是发生"高饶事件"的路线斗争原因。所以，第一个五年计划的政治意义与经济意义都是不允低估的，建国前30年农业社会向工业社会的积

---

① 薄一波：《若干重大决策与事件的回顾》，中共中央党校出版社1991年，第291页。

极转变、国民经济体系的基本确立、全民医疗防疫保障系统的初步建立都足以令世界刮目相看。毛泽东的工业化道路,没有对外进行殖民掠夺(英、法),也没有任何全球性资源可供利用(美国、日本),共产党中国的工业积累完全靠全体人民勒紧裤腰带、自力更生来完成,在其直接效果上成功地避免了发达国家工业化道路所付出的巨大代价,如大规模农民失地(英国)、疾病(西班牙)、贫富分化(拉美国家)、全面内战(非洲国家),① 进而,为邓小平时代的改革开放奠定了非常坚实的基础。

六 邓小平:"走中国自己的道路"

中国共产党人把马克思主义普遍原理与中国实际相结合的创举,始于毛,成于邓,构成两次大的飞跃。后毛泽东时代,在共产党的诸多政治领袖中,邓小平无疑应该是娴熟驾驭经权、常变艺术的一个杰出天才。在改革开放和社会主义现代化建设的新的历史时期,以邓小平为代表的中国共产党人,继承并发展了毛泽东思想,突破华国锋"两个凡是"的禁锢,重新确立和发展了中国共产党实事求是的思想路线。对于邓小平来说,他所必须遵守的经无疑是马克思主义、毛泽东思想,而他所行的权则是面对中国贫穷的基本国

---

① "中国工业化成就是很大的,而代价几乎是最小的,通过革命,中国释放出巨大的能量。"见黄平、姚洋、韩毓海《我们的时代——现实中国从哪里来,往哪里去》,中央编译出版社,2006年,第60页。

情、面对激烈的世界经济竞争，走出一条社会主义的道路。而他所要突破的则是：苏联模式的社会主义、过去对马克思主义的错误理解、"左"的错误路线、"两个凡是"的禁锢，它们一度是不可怀疑、不可动摇的经。邓小平始终坚信，过去搞革命取得胜利，要靠实事求是，现在搞现代化建设，也还要靠实事求是。今天看来，作为历史过渡的华国锋能够守经却不能行权，而邓小平既能够守经又能够行权，结果只能是华国锋的淘汰出局。

"实事求是"和"实践是检验真理的唯一标准"，无疑可以成为邓小平"改革的第一个号令"①。1978年12月13日，邓小平在《解放思想，实事求是，团结一致向前看》的著名报告中，在高度评价"真理标准大讨论"时指出，关于真理标准的争论，的确是个思想路线问题，是个政治问题，是关系到党和国家的前途和命运的问题。只有解放思想，坚持实事求是，一切从实际出发，理论联系实际，我们的社会主义现代化建设才能够顺利进行，马列主义、毛泽东思想的理论也才能够顺利发展。应该说，解放思想、实事求是思想路线的重新建立，是有中国特色社会主义理论及事业的历史起点和逻辑起点，在中共党建历史上又一次大张旗鼓地突出了权、变对经、常的超越。1984年，邓小平指出："中国革命的成功，是毛泽东同志把马克思列宁主义同中国的实际相结合，走自己的路。现在中国搞建设，也要把马克思列宁主义同中国的实际相结合，走自己的路。六年来中国

---

① ［德］康拉德·赛茨：《中国——一个世界强国的复兴》，国际文化出版公司2007年，第155页。

农村就是根据这样的原则,走自己的路,取得成功的。最近通过的以城市为重点的改革的决定,也是把马克思列宁主义的基本原理同中国实际相结合,走自己的路。这是我们吃了苦头总结出来的经验。"① 中国特色道路的选择是中国人民自己摸索出来的实践结果,尽管它必然经历一定的历史过程。邓还更加明确得指出:"思想路线是什么?就是坚持马克思主义,坚持把马克思主义同中国实际相结合"②。而"相结合"之后的结果则显然是一个既非马、又非中的东西。这样,为共产党人所操持的权、变已不再只是传统儒家之权对经的修饰与补充,"所谓权者,于精微、曲折处曲尽其宜,以济经之所不及耳。"③,其本身也具有独特而重要的价值与意义。1985年,邓的思路更加明晰,所以便进一步指出:"我们的原则是把马克思主义同中国的实践相结合,走中国自己的道路,我们叫建设有中国特色的社会主义。"于是,走中国自己的道路已经被提升为亿万中国人的思想路线与行动纲领。邓还十分坚信:"走自己的路,建设有中国特色的社会主义,中国才有希望。"④ 在中国这么一个大国搞社会主义建设,如果一味唯书才从、唯别国是从,既没出息,也没出路。跳出普遍性与特殊性、经与权的逻辑关联,十四亿中国人目前所从事的社会主义实践并不只是马克思主义真理在中国的一次应用、一个落实,毋宁是一部活的历

---

① 《邓小平文选》第3卷,第95页。
② 《邓小平文选》第3卷,第62页。
③ 黎靖德编:《朱子语类·卷第三十七》第二册,岳麓书社1997年,第888页。
④ 《邓小平文选》第3卷,人民出版社1993年,第135、197页。

史，其本身也在创造一种崭新的、同样具有普适效应的现代化经验。

搞社会主义不存在一个固定不变的模式，照抄照搬别国的模式只能导致挫折和失败。新中国成立后的一段时期，中国社会主义建设的模式"是从苏联模式来的。看来这个模式在苏联也不是很成功的。即使在苏联是百分之百的成功，但是它能够符合中国的情况吗？"① 1978年11月27日，邓会见了美国专栏作家罗伯特·诺瓦克，当被问及中国是否采取南斯拉夫工人自治的形式问题时，指出："国与国的情况有很多不一样，各有各的特点，各有各的发展体制。当然，我们要研究他们的经验，但是不能简单地吸收别人的经验，要根据自己的条件来决定。"② 面对自己的条件比机械接受别人的经验更重要。1990年代，苏联解体及东欧巨变的历史事实表明，把一国社会主义的具体实践凝固化或把别国的社会主义经验模式化的做法，只会窒息社会主义的生机和活力。我们的现代化建设，必须从中国的实际出发，不能照抄照搬别国的经验和模式，"把马克思主义的普遍真理同我国的具体实际结合起来，走自己的道路，建设有中国特色的社会主义，这就是我们总结长期历史经验得出的基本结论。"③ 马克思主义的经典、苏联的模式显然解决不了中国的现实问题。

邓小平的社会主义理念始终扎根于中国自己的现实

---

① 《邓小平文选》第3卷，第178页。
② 高屹：《历史选择了邓小平》，武汉出版社2004年，第174页。
③ 《邓小平文选》第3卷，第3页。

土壤。在总结以往历史经验教训的基础上,邓小平指出,在中国这样落后的国家搞社会主义,在马克思、恩格斯的本本上找不到现成的答案,在列宁的本本上也找不到现成的答案,答案只能在于把马克思主义的普遍原理与中国的具体实践创造性地结合起来,大胆地试,大胆地闯。只有在结合中才能真正做到坚持、运用和发展马克思主义。邓小平说:"中国式的现代化,必须从中国的特点出发。"① 过去毛泽东"根据中国的实际,运用马列主义原理,寻求自己革命的道路,包括方式"②的方法,在今天仍还有效。"中国的事情要按照中国的情况来办,要依靠中国人自己的力量来办。"③ 那么,被始终放在重要核心位置予以高度强调的中国国情又是什么样的呢?那就是人口多、底子薄、耕地少、生产力落后并且发展不平衡,80%的人口是农民,建设了30年,不少地方还有要饭的,这就是改革开放之初我国的现实情况。这一现实情况应该成为我们制定社会主义现代化宏伟蓝图的立足点与出发点。在中国,干什么事,心里都要装着这个底子。忘记这一点,必败无疑。1978年10月26日,邓访问日本,在东京至京都的新干线列车上,发表感想说,"有一种被人从后面鞭打,被别人追赶的感觉,我们现在需要的是快跑。"但是,他比喻说:"本来长得很丑,却按美人那样打扮是不行

---

① 《邓小平文选》第2卷,人民出版社1994年,第164页。
② 《邓小平思想年谱(1975—1997)》,中央文献出版社,1998年,第174页。
③ 《邓小平文选》第3卷,人民出版社1993年,第3页。

的。丑陋是不能掩盖的，老老实实地承认落后才有希望。"① 中国不是美国、日本，不可能在一夜之间变成发达国家；中国也不是苏联、古巴、越南、朝鲜，中国有自己的特殊性。这是在中国建设社会主义的基本立足点。"中国是这么大的国家，我们做的事情是前人没有做过的。中国有自己的特点，所以我们只能按照中国的实际办事，别人的经验可以借鉴，但不能照搬。"② 所以，在邓的心目中，"用现实主义态度对待世界、对待生活是马克思主义的精髓"，对他来说，"知识的源泉就是不断变化的生活。"③

然而，强调矛盾特殊性、权、变，并不意味着忽略矛盾普遍性、经、常。指出中国特色道路的重要，并不是要否定对马克思主义的坚持，相反，从改革开放之初一直到1992年的"南巡讲话"，邓小平始终没有放弃对中国发展的社会主义性质的强调，国外有学者甚至直接把邓小平视为"社会主义思想的救星"④。在邓看来，"对马克思主义的信仰，是中国革命胜利的一种精神动力。"⑤ 过去革命成功、建国立国所依靠的是马克思主义，现在搞现代化建设，也绝不能偏离社会主义方向。我们搞的四个现代化有个名字，就是社

---

① 刘强伦、汪太理：《邓小平卓越智慧》，当代中国出版社2001年，第49页。
② 《邓小平文选》第3卷，第229页。
③ [俄] Л·Д·杰柳辛：《邓小平和社会主义现代化理论》，见《国外中共党史研究动态》1995年第2期。
④ [俄] Л·Д·杰柳辛：《社会主义思想的救星》，见《国外中共党史研究动态》1995年，第2期。
⑤ 《邓小平文选》第3卷，第63页。

会主义现代化。"只有社会主义才能救中国,只有社会主义才能发展中国。"① 不能把改革开放同坚持四项基本原则对立起来,割裂开来,不能把坚持四项基本原则看作是改革开放的障碍。一如朱熹所说的那样:"虽是权,依旧不离那经,权只是经之变。"② 权变有限,其限在经。离经叛道,则显然已不再是权,道路创新、制度创新也是在遵守一定原则的大前提下进行的。"我们要在中国实现四个现代化,必须在思想政治上坚持四项基本原则。"③ 放弃社会主义的根本制度,即使经济、政治、社会发展了,最终也只能是为他人作嫁。在中国搞现代化,社会主义是一个基本前提,没有讨价还价的余地。社会主义是中国近现代社会历史选择的一个必然结果。④ 1986年底、1987年初的学潮过后,邓小平严正告诫全党:"如果走资本主义道路,可能在某些局部地区少数人更快地富起来,形成一个新的资产阶级,产生一批百万富翁,但顶多也不会达到人口的百分之一,而大量的人仍然摆脱不了贫困,甚至连温饱问题都不可能解决。"⑤ 具

---

① 《邓小平文选》第3卷,第311页。
② 黎靖德编:《朱子语类·卷第三十七》第2册,岳麓书社1997年,第890页。
③ 《邓小平文选》第2卷,第164页。
④ 五四之后,"我们认同赛先生德先生,实际上是认同了西方列强的价值体系,发现那个不灵才搞了革命和社会主义。""发展社会主义、探索社会主义的道路,在今天依然是非常重要的,这绝对不是一句官方口号,而是说,一旦离开几千年法统的继承,一旦废除社会主义制度,那么今天的中国就会丧失合法性,合法性一旦丧失,人心瓦解,那是要出大事的!"见黄平、姚洋、韩毓海《我们的时代——现实中国从哪里来,往哪里去?》,中央编译出版社2006年,第185页。
⑤ 《邓小平文选》第3卷,第208页。

有经的地位,是不允动摇的。"不坚持社会主义,不改革开放,不发展经济,不改善人民生活,只能是死路一条。基本路线要管一百年,动摇不得。"① 四项基本原则是立国之本,改革开放是强国之路,这两个基本点并不对立,相反却相互依存,彼此连通。改革开放"反映了社会主义的复杂演变过程",最终也"反映了对社会主义(社会主义思想)的丰富和完善。"② 所以,邓小平强调:"我们既不能照搬西方资本主义国家的做法,也不能照搬其他社会主义国家的做法,更不能丢我们制度的优越性。"③ 1989年"六四"风波后,西方七国首脑会议决定对中国在经济上进行制裁,在政治上拒绝高级官员保持接触,这反倒使邓小平更加坚定了中国走社会主义道路的信念与信心。1989年10月26日在会见泰国总理差猜时,邓指出:"中国搞社会主义,是谁也动摇不了的。""世界上最不怕孤立、最不怕封锁、最不怕制裁的就是中国。建国以后,我们处于被孤立、被封锁、被制裁的地位有几十年之久。但归根到底,没有损害我们多少。为什么?因为中国块头这么大,人口这么多,中国共产党有志气,中国人民有志气。还可以加上一点,外国的侵略、威胁,会激发起中国人民团结、爱国、爱社会主义、爱共产党的热情,同时也使我们更清醒。"④ 经有法,该坚守的,马

---

① 《邓小平文选》第3卷,第370、371页。
② [俄]М·季塔连科:《中共七十年的经验和教训》,见《国外中共党史研究动态》1992年第2期。
③ 《邓小平文选》第3卷,第256页。
④ 《邓小平文选》,第3卷,第329页。

虎不得，原则面前，绝不让步。①

建基于对中国特色社会主义的认识，邓小平提出并实施了一系列经济社会发展政策，如我国还处于社会主义初级阶段，当前及今后时期中国社会的主要矛盾仍然是人民日益增长的物质文化生活需要与落后的社会生产之间的矛盾，一切以经济建设为中心，发展社会生产力是根本任务，建立以公有制为主体的多种所有制经济共同发展的基本经济制度，大力发展社会主义市场经济，允许一部分人和一部分地区先富起来而最终达到共同富裕，通过"一国两制"实现祖国统一，等等，构成了邓小平理论的鲜活气息和有机内容。邓小平理论显然已不是经典的马列主义，也显然有别于指导中国革命历程的毛泽东思想，它有自己独到的使命、视角、内容甚至表述方式，完全可以称得上马克思主义中国化的第二次飞跃。

邓小平说："马克思主义的活的灵魂，就是具体地分析具体情况。马列主义、毛泽东思想如果不同实际情况相结

---

① 在特殊的政治语境下，邓小平还将对社会主义的坚持与国格、人格联系起来。1989年10月31日，邓在会见美国前总统尼克松时又指出："人们支持人权，但不要忘记还有一个国权。谈到人格，但不要忘记还有一个国格。特别是像我们这样第三世界的发展中国家，没有民族自尊心，不珍惜自己民族的独立，国家是立不起来的。""要中国来乞求，办不到。哪怕拖一百年，中国人也不会乞求取消制裁。如果中国不尊重自己，中国就站不住，国格没有了，关系太大了。中国任何一个领导人在这个问题上犯了错误都会垮台的，中国人民不会原谅的。这是我讲的真话。"国不以利计，中国政府绝不会拿原则做交易，以牺牲自己的政治特殊为代价而取悦西方世界。邓小平还说："我们的政治体制改革是有前提的，即必须坚持四项基本原则。"在经的绝对性甚至神圣性面前，是没有权的存在理由的。引文分别见《邓小平文选》，第3卷，第331、332页，人民出版社，1993年，北京。

合，就没有生命力了。我们领导干部的责任，就是要把中央的指示、上级的指示同本单位的实际情况结合起来，分析问题，解决问题，不能当'收发室'，简单地照抄照转。"① 这就是邓小平的经权哲学，邓小平把理论与实际的有机结合、把对现成理论的大胆突破，看作是马克思主义哲学内容中的应有之义，甚至，没有具体问题具体分析，就不可能有新的发展。于是，强调矛盾的特殊性，重视权、变已经被看作是经典理论进一步发展的前提条件，"不以新的思想、观点去继承、发展马克思主义，不是真正的马克思主义者。"② 以权、变为创新，通过权、变谋求不断适应时代发展的需要，而体现出与时俱进、一往无前的精神气概，这不能不是中国共产党人对传统经权、常变智慧的创造性理解。并且，原先作为权的、发展了的马克思主义，又将成为一种新的经，即引领全体族群进行现代化实践的主导意识形态。"经是已定之权，权是未定之经。"③ 马克思主义真理始终是在历史发展中不断推进与生成的，适宜行权，当然而且合法，甚至还能够取得与经同等重要的地位。

儒家权变的思想观念也表现于《易》。《周易》中，"巽以行权"。易本无体，"变动不居""唯变所适"。《易传》在解释"乾"卦九三爻的爻辞"君子终日乾乾"时说："终日乾乾，与时偕行。"《说文解字》曰："偕，俱也。"而"行"则指前行、行进。"君子终日乾乾"是说：君子始终

---

① 《邓小平文选》第2卷，第118页。
② 《邓小平文选》第3卷，第292页。
③ 黎靖德编：《朱子语类·卷第三十七》第2册，第885页。

勤勉努力，能够与时并进而永不停息。《易传·象·损》曰："损益盈虚，与时偕行。"《易传·象·益》曰："凡益之道，与时偕行。"二者均以为，一切实践行为或损或益、或进或退，都应该符合当下时代的发展要求，与时同行，与时共进。而《易传·系辞下》所说的——"穷则变，变则通，通则久"①，则更进一步地使"变"进入普通中国人的信念信仰层面，并形成中国由来已久的人文传统。2002年11月，中共十六大首次将"与时俱进"写进党的工作报告，明确指出："与时俱进，就是党的全部理论和工作要体现时代性，把握规律性，富有创造性。"并强调，"能否始终做到这一点，决定着党和国家的前途命运。""与时俱进"不等于并远远超越于"与时俱变"。"进"，不只是"变"即仅仅具有时代性，还当有"规律性""创造性"的限定，这样就保证了"变"的正确方向与健康发展，体现出不失民族特性的中国共产党人用发展着的马克思主义指导日新月异的社会实践的自我超越精神。"通过理论创新推动制度创新、科技创新、文化创新以及其他各方面的创新，不断在实践中探索前进，永不自满，永不懈怠，这是我们要长期坚持的治党治国之道。"② 在这里，中共一向所具有的那种直面现实、生存论第一而绝不为一切认识论结论所局限的思想作风又一次被彰显了出来。于是，一方面，为毛泽东、邓小平、江泽民所倡导的"实事求是、解放思想、与时俱进"

---

① 《易传·系辞下》，见高亨《周易大传今注》，第421页。
② 江泽民：《全面建设小康社会，开创中国特色社会主义事业新局面》，人民出版社2002年，第12页。

的思想路线,应该是中国共产党人在当代社会面向现实国情而对古代经权、常变哲学智慧所做的最有效继承;另一方面,借助于马克思主义哲学矛盾普遍性与特殊性的关系原理,得益于主导意识形态的强势影响,经权、常变智慧作为中国古代死的传统,再一次复活了,找到了投身于崭新时代的新形式,实现了从话语到内容的生动转换,在全然不同于传统的历史背景下获得了进一步的光大和发展。所以,也难怪美国学者马克·布莱彻说:"现今世界上视若神圣的东西太多了,而能对这些东西加以批判地鉴别,灵活地运用的人太少了,中国则是社会主义一个最大的反对偶像崇拜的国家。"[①]

[①] 刘强伦、汪太理:《邓小平卓越智慧》,当代中国出版社 2001 年,第 127 页。

卷六

时间、历史与生活世界

一、时间：形式、绵延与历史
二、时间传统与生活信念
三、线型进化史观的彻底解构

时间，不仅是一个内涵丰富的生活问题，同时也是一个极为复杂的哲学问题。关于时间，太多的哲学家做过太多的讨论，但也仍然有太多的疑惑没有能够解决。时间，大致上可以分为物理时间、心理时间、语言时间、历史时间等不同形式。显然，时间不同于历史，时间也不能等于历史。对于时间，中国人与西方人有着明显不同的感受，反映在哲学形式上也有所区别。概而言之，传统西方哲学里的时间有两种主导表现形式，一种是容器式的时间，如古典哲学所以为的；另一种则是绝对主观化的时间，如康德哲学所认为的。而中国哲学里的时间则始终与人生实践相联系，与生活世界密切相关。时间始终在日常生活之中，它已经与人的生存状况相融合、统一了，所以中国的哲学对于时间问题并没有也不需要作太多的对象化关注，即并不把时间作为一个哲学专

题来加以对待。近代以来，西方人时间观发生重要转变，有几个人物颇值得研究，是不能轻易放过的。康德是其一，他改变了西方长期所一直盛行的容器式的时间理念。柏格森是其二，他把时间引入了非理性的生命世界，开阔了西方人的时间视野。海德格尔则是其三，他用实践的生活世界为西方人的时间观填进了鲜活的思想内容。

一 时间：形式、绵延与历史

理解康德的时间，最根本的一条就是：绝不能把时间当作是一种实质、关系或基本属性而隶属于对象自身，如莱布尼兹；更不应该将它当作是一种容器式的真实存在物，如牛顿。在康德，时间是纯粹的直观，"因而属于我们心灵的主观性质（der subjecktiven Beschaffenheit）"[①]。时间不是仅凭自身就能够存在的，也不是外在事物对它所做的客观规定，抽去感性直观的主观条件，时间就不能够存在了。时间不从感性经验中来，却普遍必然地存在于一切感性经验之中。时间表象先验地存在于人的知觉之中。康德以为，时间仅仅是"内感的形式"（die Form des inneren Sinnes）[②]。时间与形体、位置等空间性因素无关，因此它就不是外部现象的自身规定，而应该与我们主观内部状态中的各种表象间的联系密切相关。相反，现象的现实性只有在时间中才是可能的。现

---

① Immanuel Kant, Kritik der reinen Vernunft, Felix Meiner Verlag, Hamburg, 1993, Seite 66.

② Immanuel Kant, Kritik der reinen Vernunft, Seite 76.

象的一切可以消失,但是使现象成为可能的形式条件本身即时间却不会消失。所以,时间就必然成为一切现象的先天的形式条件(die formale Bedingung a priori)①。时间并不属于对象,而仅仅存在于直观对象的主观中,那么,时间就只能有主观的实在性而不可能有绝对的实在性。

"来自外感的一切量度(quantorum)的纯粹图象,是空间;而所有内感的一切对象的纯粹图象则是时间。"② 在康德,空间与时间都离不开主观的心,都得依赖于主体的感知。必须承认,把时间同人心内在的感觉联系起来、把时间与"我"作直接的沟通,是从本质上阐明出时间的先验意义。这应该是康德时间观念的闪亮点所在。人心内在的感觉是什么?其实所指涉的不正是"我"的反思、主体的自省,说到底还是主观对本己的自我意识,是心对于"我"的自觉反映。内感是"我"的活动,时间当然也就是"我"的表象了。"我在直观的感觉中产生出时间本身。"③ 这里的"产生"(erzeugen)似乎颇得要领,德文里"erzeugen"一词原本还有造成、生产、生育的含义。时间表象一定是由"我"而创造出来的,这显然已经说明了"我"对于时间形成所具有的作用和意义。而"我"又有"大我"、"小我"之分。"大我"即指可以言说、表达、传递的自觉意识,具有类的特征和群的性质。"小我"则是纯粹的自我体验、自

---

① Immanuel Kant, Kritik der reinen Vernunft, Felix Meiner Verlag, Hamburg, 1993, Seite 77.

② Immanuel Kant, Kritik der reinen Vernunft, Felix Meiner Verlag, Hamburg, 1993, Seite 201.

③ Immanuel Kant, Kritik der reinen Vernunft, Seite 201.

我感觉，只涉及个人的意识、无意识、性情、态度、意志等不可通约性因素。在主流倾向上，"小我"是主观对自身的觉察与领会，只与自己相关，姑且将之视为有生之年的连续。而"大我"则是主观把个体的连续性向类、群方面延伸和推广的结果。也正是在"大我"、"小我"所展示的连续、绵延意义上，才会有超越、灵魂不朽与上帝永恒之类问题的兴起。所以，把时间与"我"相连通，是一个伟大的发现。

康德强调，"时间关系仅在永恒中才是可能的，因为同时或连续是时间中唯一的关系，也就是说，永恒（das Beharrliche）是时间自身的经验表象的根基，一切的时间规定，只有在这种根基中才是可能的。"① 因为时间自身是为我们所不能知觉的，即时间的不可经验性，所以时间在根本上就带有了某种虚无的性质。因此，同时和继续如何在"我"的经验求得实证，即如何可能，便成为一个重要的问题。喜欢用主观化的"我"去构造永恒表象，这是人性不可更改的基本欲求，于是，为满足这一需要，"大我"便成了"小我"的追逐目标，或可说，消失了的"小我"希望在"大我"中找到某种永生、连续、归宿和根据。这样，只能够在"大我"中获得存在的永恒，在一定程度上也就成了时间的经验表象的终极、根基。《古诗十九首》有曰："人生不满百，常怀千岁忧"，就是很好地把"我"与时间、与永恒，把个体化的"小我"与类群特征的"大

---

① Immanuel Kant, Kritik der reinen Vernunft, Felix Meiner Verlag, Hamburg, 1993, Seite 236.

我"作了极妙的连结。时间绝不仅仅是一种钟表化的机械刻度，而毋宁早已被人的生活实践烙上了生命、永恒、人的终极关怀的印迹。

对于康德的时间观，法国哲学家 H. 柏格森在有所继承的同时又给予了恰当的批判。柏格森在著名的哲学著作——《时间与自由意志》一书中，对康德时间的内感特征或先验性作了进一步的发挥。但是，康德在时间的表象材料与表象形式之间所划出的截然区分，似乎为柏格森所不能容忍。在柏格森，时间是"纯粹的绵延"（Durée pure）或"内的绵延"（Durée internce），是纯粹意识的东西，是一种精神现象，它并不存在于客观事物之中，也不是某种物性的存在，甚至就是最基本的自我，就是生命冲动或生命的流动和延续。钟表刻度所计量的每一分、每一秒的时间都具有同一性质，只能描绘出被排列、被空间化了的时间，因而也是被宰割了的、静止的、停顿的时间。但是，绵延却不同，它所反映的才是"真时间"，因为在自我意识中不断推展着的一定是不断变化的、不可分割的、未加区别、反复连续的生命之"流"。所以，绵延又可以称为"成长"。每一次的成长都是一个不断创新、进化并爆发出新的生命力量的过程，而过程只是人心内在的连续，它不如钟表刻度的时间那样具有绝对的数量性、平面性和等质性。绵延是"一种性质式的众多体，跟数目没有丝毫相象的地方；它是一种有机体式的演化，而这演化尚未能成为一种正在增长的数量；它是一种纯粹的多样性，其中没有彼此判然有别的性质。"① 纯粹绵延

---

① 亨利·柏格森：《时间与自由意志》，商务印书馆1958年，第155页。

不允许人们去作科学化的测量,因为这一企图在前提和本质上就已经不知不觉地将它做了空间化、物质化或媒介化的手术,也就意味着绵延的原始性的最终丧失。在柏格森看来,科学的目的在于从外物中抽掉绵延,只把广度和同时发生留存下来,而哲学正相反,它要从内心中排除空间,只专注于主观的直觉体验和内在的生命冲动。

柏格森反对把不占空间的现象非法地排列在空间中并占有着空间,反对把生命中的多元化的性质因素改变为单一化的数量关系,不允许将绵延与广度、延续与同时、性质与数量混淆起来。时间不应该被理解成一种纯粹的媒介,因为在这种媒介中,人们的意识被并排置列着,钟表刻度所显现的时间其实已经不是时间自身了,毋宁已经裂变成为一种空间性的存在了。而"康德的大毛病就在于把时间当作一种纯一的媒介。他没有注意到,真正绵延是相互渗透的瞬刻所构成的;没有注意到,当真正绵延好像具有一个纯一整体的这种形式时,这是由于它被排列在空间。因而康德对于空间和时间二者的区别在骨子里等于把这二者混淆起来,又把自我的象征和自我自身混淆起来。"[①] 柏格森以为,有两种不同的"自我",一个是"基本的自我",即"自我自身",是绝对自由的,相当于"小我"。另一个则是"基本自我在空间和在社会的表现",即"自我的象征",相当于"大我",它为人们的语言生成、彼此沟通、日常生活和历史活动开辟出道路。但是,时间绝对地处于自我自身之中,或可说,只有从"小我"出发的时间才是最原始、最根本的,才是最

---

① 亨利·柏格森:《时间与自由意志》,第159页。

贴近生命自身的。

康德的时间观,相对于日常生活和自然科学研究而言是合法的、必要的,它可以成为知识论的前提,可以为现代科学的发展扫清道路。但是,对于人们的精神活动的过程性来说则显得过于形式化,缺少具体生活内容的填补和充实。柏格森的时间观,似乎又显得太生命化了,心理主义色彩过于浓烈,很难在实际生活的层面上被人生存在所认同、所接受,同时,绵延如何进入历史的问题也没能够得到合理的解决。于是便产生出海德格尔的时间观。时间与历史是海德格尔哲学的一个核心问题。《存在与时间》一书的一个重要任务就是要以时间概念为依据,通过对"此在"(Dasein)生存规定的意义的分析,而逐步显现、展露出存在论的历史。在海德格尔,此在作为一种"在世界之中的存在"(In–der–Welt–sein),具有三种最基本的特征,即一是它的"生存性",指的是"先行于自身",此在总寓于它的"能在"之中,但它还不是某种实在化了的存在,而只具有所谓"存在性";二是它的"实在性",指的是"已经在……中存在",它总是处于被抛在世的状态之中,它接受并且永远也无法摆脱这种被抛在世的事实;三是它的"沉沦性",指的是"寓于……而存在",此在总是在那些不是自己的东西中领会自身,此在所经历的沉沦在世一定是异化着的。海德格尔把这三种特征统一归结为"烦"(Sorge)。当然此在在存在论意义上的烦,并不是为某些个别具体的事情而操心苦恼,毋宁是对存在总体的思虑,有似于《易传》哲学所流露出的忧患意识。

于是,海德格尔的"烦"在根本上就已蕴涵了时间性的内容，因为"生存性""实在性"和"沉沦性"这三者的首要意义分别是时间化了的"将来""已在"和"当下"，这又是时间的三个基本环节，它们所绽出的不是那种对象化、平面化、单一化的可以被认知的知识结构，而一定是此在历史活动的全部过程。这样，烦就被理解成为一种"在时间中"（in der Zeit）的意义相连续的存在者。

海德格尔以为，时间不等于时间性。"时间性本身不是由将来、过去、当下'随时间之流'才组成的"。① 因为时间属于实在性和沉沦的领域，与"已经在……中存在""寓于……而存在"相关连，但是，时间性却不然，它只属于生存性，而与"先行于自身"相联系。实际上，惟有"时间性使生存性、实在性与沉沦性能够统一，并以这种原始的方式组建烦的结构的整体性。"② 这是海德格尔对时间性观点所做的最著名的概括。这里所体现的是在他的存在论哲学中，此在、时间、历史、世界达到了相互之间的融合与统一。但不只止于此，海德格尔的深刻之处还在于，他把时间性进一步地归之"无性"（Nichtigkeit），即所谓的一种趋近于死（Tod）的生存的不可能的可能性，③ 此在已将它的存在理解为一种绝对的虚无，并且还不断地将自身投射于作为生存的不可能性的可能性的虚无之中。

海德格尔指出："时间性根本不是存在者。它不是什

---

① Martin Heidegger, Sein und Zeit, Max Niemeyer Verlag Tübingen, 1993, Seite 328.
② Martin Heidegger, Sein und Zeit, Seite 328.
③ Martin Heidegger, Sein und Zeit, Seite 306.

么,而是自身的时间化。"① 时间不属于存在者,而只属于存在本身。这似乎已经比康德、柏格森显得更为深邃、彻底。在海德格尔,此在离开自身的"存在",进入经验物质世界的过程,就是时间性对将来、已在和当下所"绽出"(die Ekstasen)② 的历史。"此在在本质上是绽出的。"③ 因为,时间性是此在的一种动态的、趋向于将来的历史活动过程,是它源始地、自在自为地"超出自身"(Ausser-sich)④ 的运行轨迹。于是,西方传统哲学中的那种把时间从真理世界中踢除出去、把源始时间本身所具有的内感心理和生活内容抽干,从而使时间成为空间化的容器或纯粹的直观形式的观念,在海德格尔这里就实现了一个大的反转。正是海德格尔使时间有了历史的动感、获得了实践的内容,让它渗透进世界的构成性质。应该承认,这是西方哲学内部在对时间问题进行反思的过程中所迸发出的一个了不起的转变。时间在传统哲学里被认为只是一种纯粹的、无始无终的现在序列,"沉沦"才是主体认识所面对的第一事实,而生存性和实在性永远处于被搁置、被遮蔽的状态。"当下"成为时间的中心,而"已在"和"将来"似乎都被甩到了时间的最边缘,根本没有进入哲学思想的视野。

海德格尔说:"源始的时间是有终结的。"⑤ 这就从根本上破除了传统的庸俗时间观所以为的那种时间无穷、无限的

---

① Martin Heidegger, Sein und Zeit, Seite 328.
② Martin Heidegger, Sein und Zeit, Seite 329.
③ Martin Heidegger, Sein und Zeit, Seite 331.
④ Martin Heidegger, Sein und Zeit, Seite 329.
⑤ Martin Heidegger, Sein und Zeit, Seite 331.

神话。因为此在的存在是有限的,时间就不可能是一往无前、永不回头的直线。因为此在的存在是一个不断敞开的历史过程,所以,"当下"就不可能成为时间"绽出"的唯一量度。既然"烦是向死的存在"①,那么,此在就必定是有终结的,它不可能产生一个使它自己能够停留下来的终结点,此在应该是有终结地生存着的。源始的、本真的时间性的首要现象是将来,这既决定了个体此在的有限性,即"小我"的暂时性和不连续性。同时,也决定了类群此在的未完成性,即"大我"的无终端、无根底的基本特征。然而,海德格尔的所谓"终结"(das Ende)并不意味着时间的停滞或历史的终止,毋宁只是类群此在在经验现象世界中有所"绽出"的阶段性结果,它既是时间的终结却又是时间的开启。因为按照时间性的要求,源始的时间应该不断地在面向将来中展示出自己的无限可能性,当下和已在应该是有始的当下和已在,而将来也应该是有终的将来。如果离开我们自己此在的在此,时间仍应该继续前进,无限多的世界还应该"在将来中"生成和存在。过去的已经死亡,当下的正在死亡,而只有将来的才是具有生存性的。存在的现成性永远不可能取消或代替存在的可能性。

所以,在终结与开始之间不断生存着的存在,在本质上就是时间不断地走向自身的过程,其实也就是时间的消解和虚无化。在这里,时间没有了,过去、当下和将来都没有了,主观、客观没有了,大我、小我没有了,当然那种以自我为中心、以当下为中心的时间的优越性也就消失殆尽了。

---

① Martin Heidegger, Sein und Zeit, Seite 329.

宇宙总体统合于时间而又什么都不是。时间的无化（die Nichtung）[①]，也是世界的无化，"本源地和本真地回到自身是生存在最本己的无性之中的意义。"[②] 这样，传统的庸俗时间观便在时间的无化过程中遭到了覆灭性的瓦解。而这才是哲学所追求的最高境界。抑或连所谓的境界都不应该存在，因为这种无化已几乎是一种无境无界的涅槃。因为正如海德格尔所指出的："无既不是一个对象也根本不是一个存在者。"同时，无化也不能被简单地归结为对象的消灭或存在的否定，因为"无本身就被无化着。"[③]

二 时间传统与生活信念

由康德、柏格森而海德格尔，西方人时间观的演变逐渐呈现出一种可以与中国哲学的思维相沟通的倾向。在中国人的思想观念里，时间似乎从来就不曾是康德式的纯粹的直观形式，从来就没有脱离过事物的发生、变易、成长和发展的具体过程，而一直与人的生活世界相连通，或者说，时间直接就是历史本身、生活本身。孔子著名的语录："逝者如斯夫！不舍昼夜！"（《论语·子罕》）几乎已经被每一个中国人所接收、所认同。其实这其中既有对时间流逝作对象化的认识之后所产生的一般理性理念，但更多的还是对人生的感

[①] Martin Heidegger, Was ist Metaphysik? Wegmarken, Martin Heidegger Gesamtausgabe, Band 9, Vittorio Klostermann, Frankfurt, 1975, Seite 114.

[②] Martin Heidegger, Sein und Zeit, Seite 330.

[③] Martin Heidegger, Was ist Metaphysik? Wegmarken, Martin Heidegger Gesamtausgabe, Band 9, Seite 114, 115.

慨和叹吁。在这里，时间已经与历史、与人生、与人的情感交织在一起，融合为一体。因为时间中渗进了历史活动的因素，所以时间就必然是具有情感化、心理化的主观意识，甚至我们可以说，时间就是情感，就是人们在某一时刻、具体境遇下所形成的当下领会和心情态度。同时，情感也就是时间，人们一直用当下领会和心情态度去构造具体的、存在化了的时间表象。每个人都只能生活在当下的此时此刻中，因为对于每个人来说，过去已经流逝而不复存在，未来也还没有降临而尚未确定。也正是在这一意义上，时间似乎只有当下，而没有曾在和将来，即根本没有连续性可言，所谓的"连续性"，不过是我们主观构造出的意想物，是我们想象力发生综合作用的结果。正如康德所说："空间与时间的先天概念，仅为想象力（Einbildungskraft）的产物。"[①] 一切表象只有在内感统觉中被整理、连结、粘合之后，才能够建立起一种前后相续的次序关系。再进一步推证，所谓的"当下"也是根本不存在的，因为一旦我意识到当下的时候，一旦我把当下作为一个认知对象来进行思维、想象和反省的时候，一旦当下通过语言予以表出的时候，当下早就从我的眼前消失了、逃遁了，当下已经离开了我自己。而我现在所实际面对着的，则应该是新的、此时此刻的、与我本源性地融合在一起并且还没有进入我的意识领域的当下。所以，当下也不是一种真实的存在，时间在本质上就应该是"无"。

与时间的无化密切相关，历史其实也是一个无。历史并

---

① Immanuel Kant, Kritik der reinen Vernunft, Felix Meiner Verlag, Hamburg, 1993, Seite 82.

不由事实所构成。因为事实是永远无法留存下来的。事实一旦生出,旋即已经死亡,苟且残留下来的都是人们想象和记忆的连结。的确也存在过所谓的事实本身,但它一定已经死亡。被人们所传诵、所言说的事实,早已离开了事实本身,不自不觉中已经渗透了人的理解。事实本身并没有意义,只有当它被解释后,才有意义的发生。辩论两国交战中"究竟是谁开了第一枪"之类的问题,所以便显得极为荒谬。因为这样的事实本身一定服务、服从于国家政治的和外交的现实需要,已经摄入了人的意志。无论如何,事实本身并不说话,说话的永远是我们人。事实本身是死的,而人却永远活着。

儒家哲学的性情形而上学向时间所作的多层次的和全方位的渗透,似乎已经表明,时间不只是简单的钟表刻度,而始终与人生生命、心理态度、经验感受、历史事实和生活事件等因素密切联系在一起,时间经常会被性情化、感性化。所以,一方面,一般中国人对于时间的理解就显出更多的主观领会的色彩;另一方面,中国人的时间直接与人生命运、与生活世界相融合。中国人似乎更善于从时间中引申出人的存在价值与意义。人们一般都相信,根据人出生时间而形成的生辰四柱(年、月、日、时),五行八字,可以决定人一生的命运走势。

在董仲舒,"王正月"绝不仅仅是时光的流转或岁月的交替,而是与人的系列实践活动、生活事件相联系的历史。"王正月",不应该是帝王的任意构想,也不应该是人为的无根据的发明,而是以一定的现实历史作为确立基础的。作为时间的"王正月"是不乏实际生活的具体内容的,它必须与王朝的变更、帝位的承续等重大社会政治活动相适应，必须有一定的改正朔、易服色、制礼乐事件与之相关连。这样，通过"王正月"的政治行为就把历史因素揳入到人们的时间意识之中了。不仅如此，"王正月"还应该涉及人们的信念本体。董仲舒强调说："故春正月者，承天地之所为也，继天之所为而终之也。"[①] 时间的存在是有鲜活历史内容的，而且时间发生的最终根源在天，而不在人。于是，时间在某些情况下、在某些境遇中就有可能成为一种人所不可抗拒的力量，从而带有了一定的神圣性质。

　　脱离历史的时间，只能是一种记载历史的枯燥的年代表。了解历史事实的起止日期并不标志着就已经知道了历史事实的真相。颇有趣味的是，中国人对于时间的领会似乎总是接近于生存论的。在中国人的心目中，对时间的记忆并不是孤立的去回想那些被数字化、刻度化了的年、月、日、时，毋宁总与特定的历史事件或生活事实联系在一起。一提起"雍正元年"，大脑中马上就会意识到这是指雍正皇帝登基即位的那一年，甚至还会联想起康熙与乾隆。而一说"解放前"，所提示出的不仅是时间化的 1949 年，还传递出这样的历史信息：那一年，中华人民共和国成立了。中国人指称时间，习惯于用历史事件代替纯粹数字化的年限，如日常生活中，一般中国人都说"文革的时候"或"文革期间"，而很少说或根本不说"从 1966 年到 1976 年"。再如，人们可以直接说"唐山大地震"，而不必要明确地指出那是

[①] 董仲舒：《春秋繁露·重政》，聚珍版本影印，上海古籍出版社 1989 年，第 33 页。

"1976年"。应该说,中国人对历史事件的记忆能力要远远强于对具体时间的记忆。可见,时间在中国人的思维里,一直是进入历史的,或介入实践的。时间与历史、与人们的生活世界紧密地勾连在一起,甚至就是融为一体的。

中国历史中,从现存的文献记录看,明确的纪年应该开始于西周的"共和元年",按照现行的公元纪年推算,相当于公元前841年。在此后2890年的历史长河中,中国通行纪年方法的一个最基本的原则就是随着朝代的更替或帝位的承继而改变。古代的帝国如此,现代的中华民国也基本如此。即使在战乱而无统一中央政权的历史时期,如战国、三国、南北朝,区域性或暂时性的割据王朝也都是按照这一基本原则来纪年的。中华民国三十八年(1949),国民党政权结束了在中国大陆的统治,中华人民共和国成立,一个完全以源自西方的马克思主义为指导思想的政党——中国共产党开始执政。中华人民共和国定都北平,改北平为北京,将"五星红旗"确立为国旗。同时,正式宣布采用国际通行的"公元"制纪年方法,当年为1949年。这样,就彻底地废除了具有悠久历史并已形成中国公共时间传统的年号纪元法。

历史观念的形成并不能在历史表象中寻找根据。在最本真的意义上看,一个民族的时间意识,应该直接来源于这个民族的创世理念。中国的人文精神一向主张:阴阳创世,二元始初;世界是变化流转的世界,岁月是永不停滞的岁月。世界的形成通过阴阳二元机制的相互作用而实现。周敦颐说:"无极而太极。太极动而生阳,动极而静;静而生阴,静极复动。一动一静,互为其根。分阴分阳,两仪立焉。阳变阴合,而生水、火、木、金、土。"① 由无极、太极,到阴阳,再到五行及万事万物,宇宙从简单到丰富、从源始到现象,所经历的不正是一种无底的、无尽的历史活动?没有历史活动的支撑、不生发出任何事件,时间便成为一种呆板的刻度,也就意味着不可能有所谓海德格尔式的"绽出"(Ekslase)。世界的生成过程同时也就是时间的彰显过程。时间、历史、世界、人生、现实活动原本是统一共融的。

《尚书大传·虞夏传》曰:

> 旦复旦兮,日月光华。

太阳每天都是新的,日月年华,时刻都在变易,眼前的、当下的现在总会被正在成长的将来所取代、更换。世界就在这种无穷无尽的重复过程中实现着不断的创生。古代中国,在官方采用历史事件纪年方法的同时,民间通常也采用天干地支的纪年方法。作为天干的甲、乙、丙、丁、戊、己、庚、辛、壬、癸,与作为地支的子、丑、寅、卯、辰、巳、午、未、申、酉、戌、亥,两相组合、顺序排列,指称一载,60年形成一次轮回。天干与地支共同组合出更富有终始循环意味的"干支纪年法"。在这种纪年方法中,历史是无底的,不会陷落在一个所谓终局性的"末日"(doomsday)手中。《论语·子罕》记载:"子在川上。曰:逝者如斯夫!不舍昼夜。"这其中也反映出中国人传统的时间意识中的那种流

---

① 周敦颐:《太极图说》,见《周子通书》,上海古籍出版社2000年,第48页。

转不止、周行不殆的深刻蕴义。

《易传·序卦》不止一次地凸现出作为中国哲学原点的《周易》,所具有的时间无底、世界无尽和物不可穷的精神特质。

> 物不可以终否,故受之以《同人》。
> 物不可以终尽,剥穷上反下,故受之以《复》。
> 物不可以终过,故受之以《坎》。
> 物不可以久居其所,故受之以《遯》。
> 物不可以终壮,故受之以《晋》。
> 物不可以终难,故受之以《解》。
> 物不可以终动,止之,故受之以《艮》。
> 物不可以终止,故受之以《渐》。
> 物不可以终离,故受之以《节》。
> 物不可穷也,故受之以《未济》终焉。①

在中国人的心理意识中,时间一直是进入信念本体的,反映在现实的历史活动中,就是人们都无一例外地相信:世界的局面不应该仅仅是目前这样的,人生的境遇或命运也不应该只是当下的唯一的一种可能,历史一定是变易不息的。这里的"物",所表征的并不是狭义并具体的、有形的物性存在,而应该是整体性的世界、人生和历史。《易传·系辞上》说:

---

① 《易传·序卦》,见高亨:《周易大传今注》,第645至652页。

> 《易》与天地准，故能弥纶天地之道。仰以观于天文，俯以察于地理，是故知幽明之故。原始反终，故知死生之说。①

从时间中可以衍生出历史，从时间中可以领会到宇宙的生成。推原事物的初始、反求事物的终结，就能够知道事物生死的基本法则。这就是《周易》所要告诉人们的哲学真谛。《周易》第五十二卦为"艮"，原为抑、止之意，《易传·彖·艮》曰："艮，止也。时止则止，时行则行。"② 宇宙的发生与发展，有始必有终，世界运动的基本法则表现为有行必有止。始是有终的始，终是有始的终。开始必将是趋向于终结的，同样，终结也必将是面向开始的。《易传·说卦》曰：

> 艮，东北之卦也。万物之所成终，而所成始也。故曰：成言乎艮。
> 终万物、始万物者，莫盛乎艮。③

《说卦》以八卦配八方，东北，既是阴气盛极之位，同时也是阳气初起之位。万物在东北之位上获得了最后完成的同时，又重新萌发出昂然的生机。《说卦》还以八卦配四时，艮为冬之末、春之初的季节，共有45天。在冬末之时，万

---

① 《易传·系辞上》，见高亨《周易大传今注》，第511页。
② 《易传·彖·艮》，见高亨《周易大传今注》，第427页。
③ 《易传·说卦》，见高亨《周易大传今注》，第614、615页。

物成其终;在春初之时,万物成其始。

有了终始相接的历史理念,才会有宇宙的无底和世界的永恒。永恒,在本质上就不是建基于一种直线攀升式的、无穷无尽的终极性或不可变性,而是有终、有始的前后连续或往来不断。没有终、始的历史,什么都是一往无前的,也就无所谓永恒与非永恒的区分了。所以,永恒一定是与终、始相牵连的。《易传·彖·恒》说:

> 天地之道,恒久而不已也。①

为什么《易经》六十四卦惟独以"未济"卦结束?这是一个值得思考的问题。以"未济"一卦作为六十四卦的终局,其意义是非常深远的。朱熹《周易本义》说:"未济,事未成之时也。"② "事未成"所透露出的是宇宙、世界的无根底性和人生、历史的未完成性。正因为"事未成",所以人活在世上才要求必须有一种"君子以自强不息"③ 的精神品格的强劲支撑。

终始转移的历史意识进入中国人的信念世界后,使得诸如"生生不已""没完没了"之类的观念逐渐演变成为一种具有普遍性质的价值认同。实际上,"生生不已""没完没了"之类的观念,绝不仅仅是一个无谓的口头禅,毋宁在根基上就早已经被"终始转移"的历史意识所充塞、所建

---

① 《易传·彖·恒》,见高亨《周易大传今注》,第297页。
② 朱熹:《周易本义》,上海古籍出版社1987年,第54页。
③ 《易传·彖·乾》,见高亨《周易大传今注》,第56页。

构。一般的中国人,即使是在最落魄、最穷困潦倒的时刻,甚至处于根本无望的绝境之中,也都会坚定地维持着这样一类的基本信念:

> 天无绝人之路!
> 三十年河东转河西!
> 老天爷会开眼看我的!
> 日子会一天天好起来的!
> 我总不能永远这样下去!
> 好运总不会一直躲着我!
> 我就不信:我一辈子都这么倒霉!
> 没有过不去的火焰山!
> 总有一天,我会发起来的。
> 时来山都挡不住。
> 车到山前必有路。
> 留得青山在,不怕没柴烧。
> ……

于是,将这种信念落实在日常生活的基本形态中,便有"皇帝轮流做,明年到我家""铁打的营盘,流水的差""无名草木年年发,不信男儿一世穷""再长的路,也能绕过那道弯"的开朗和洒脱。很难想象,没有一定的并且已经是根深蒂固的终始转移的历史潜意识作支撑,人们怎么可能产生出如此乐观向上、富有前瞻性的精神信念。一个只把自己的目光局限于眼前当下的人,一个从来跳不出现在领域的人,是不可能形成未来意识的,更不可能产生对未来的憧憬和信心。只有知道未来的可通达性和必然性，才会彻底看穿当下的暂时性、过渡性和可超越性。

古今日常生活中，中国人似乎一直都不缺乏那种处于顺境时的忧患意识，如相信"乐极生悲""财主无三代""好花不常开""天底下没有不散的盛宴"；同时，也更有处于逆境当中的自信态度，如"天无百日雨，人无一世穷""瓦片也有翻身日，哪有久富长贫家""黄河尚有澄清日，岂可人无得运时"。董仲舒似乎也相信："福之本生于忧，而祸起于喜也。"① 这种终始转移的历史观念，进入人们的日常生活形式，便突出地表现为"时"与"运"的连结，即时间与栩栩如生的生活事件始终融合、交汇在一起，时间之中渗透了生活世界的丰富内容。一直为中国人所普遍信奉的"时来运转"，就是最明显的例证。因为有终始转移的历史理念，于是才会有实际生活样态的诸如"否极泰来""祸福相依""悲喜为邻"的人生辩证法。在这一方面，每一个极为平常的中国人几乎都可以算得上是实践辩证法的大师。同样，也正是因为有了这样的精神信念，一方面，在汉民族的整体人群中才极少产生出那种严格意义上的偏执狂和精神分裂分子；另一方面，也孕育和打造出中国人在为人处事及根本世界观方面的忍耐、宽容甚至豁达、圆通的民族气质和普遍品德。所以，中国人及整个中国文化所富有的所谓"乐感"精神而绝少悲情意识，探究真正的根源，应该是远古时代益已形成并逐渐进入人们思维传统的终始转移的时间、

---

① 董仲舒：《春秋繁露·竹林》，第17页。

历史理念。

如果说,"转不完的春秋冬夏",所表达出来的是一种终始相续、前后相继的宇宙观和时间观,那么,孟子的"彼一时,此一时也。五百年必有王者兴"(《孟子·公孙丑下》),所展示出来的则是一种态度坚定的、可以转移变更、时随境迁、物从事易的历史意识。中国人向来都强调并相信时与时的区别,以为此一时非彼一时,这一境不同于那一境,不能用此之时、此之境代替或取消彼之时、彼之境。时间中的每一次当下都不是绝对的等齐、统一的秩序并列,而都应该具有只属于自己鲜明的个性、特色与内容。于是,历史活动的每一次事件都有它之所以能够成为这次事件的独立价值和自身意义。"此一时、彼一时",这已经是普通中国人的日常谚语,其中的隐喻就在于:时间是在流转的、历史是不断前行的、人的命也是处在运的过程当中的。

中国人在说自己"背时""背运"的同时,实际上就已经在思维前提中埋下了"得时""当运"的预设,或者说,就已经树立起了这样的基本信念:"我的运气会好起来的!""我的命不会总是这样的!"所以说,中国人在更多的时候、尤其在逆境当中似乎一直都坚定地以为,"风水轮流转""山不转,水转"。其实,"命运"一词,在汉语里,就是由"命"与"运"两个部分组成的。如果说,"命"是天所给定的,因而是不可更改的决定性因素,那么,"运"则应该是可以不断转移、随时变化的因素。《说文解字》曰:"运,迻移也。"[①] 说明"运"具有一定的可移动性或可流变性。

---

① 桂馥:《说文解字义证》,齐鲁书社1987年,第153页。

"运"的观点形成,在根基上所依据的正是终始转移的历史理念。董仲舒的"变命"[①]与《白虎通·寿命》、王充《论衡·命义》中的"随命",其实所重视的都是命运之中"运"的因素。因为,如果一味依赖于"命",则等同于完全取消了人自身生存和存在的价值意义,只有强调"运"(时的因素)才能够进一步凸现出人的在世方式和现实人生的积极作用。

必须强调的是,作为历史意识内容的一个重要方面,"终始转移"一定是与生命存在相联系的。人以生活的样态存在于世间,生活创造着历史。时间在生命存在的所作所为中,不断"绽出"为丰富的现实的历史内涵。所以,历史哲学又必然要与生命相沟通。没有人的生命也就没有历史可言,历史与物自身无关。终始转移、前后续继,这本身就已经在基本前提上用生命(想象力的、感觉的,或者理性的、顿悟的)把终与始、前与后作了连结。《易传·系辞上》曰:

> 日新之谓盛德,生生之谓易。[②]

原来,日日增新、不断更善才是天底下最为盛美的德性;阴与阳之间从不间断的互相转化和彼此变易,才是宇宙万物生死、存亡的根本法则。在这里,时间与生命通汇到一起,历史就是生命。于是,时间才开始进入人们生

---

① 董仲舒:《春秋繁露·重政》,第34页。
② 《易传·系辞上》,见高亨《周易大传今注》,第515页。

活着的存在世界，时间才真正成为了历史。至于时间如何创生出历史？时间又如何与生命相连结？《易传·系辞下》说：

> 日往则月来，月往则日来；日月相推而明生焉。寒往则暑来，暑往则寒来，寒暑相推而岁成焉。往者，屈也。来者，信也。屈信相感而利生焉。①

日与月，彼此往来、相互推转而产生出天地的大光明。寒与暑彼此往来、相互推转而产生出岁时的终始。"往"表示"屈"，而"来"则意味着伸（"信"）。屈与伸又可以相互感通、彼此应合，"来"从"往"的现成性中开辟出一种重生的可能性，同样，将来的"伸"也为曾在和当下的"屈"提供了一种再造的机会。生命就是孕育于事物的无限可能性之中的。这样，日月、寒暑的往来、推移就在根本上为生命形式的产生创造了条件。一方面，始趋近于终；另一方面，终又开启着始。宇宙生命就诞生在这种始终、终始的连结关系之中，并能够在从不间断的终始结构中获得永恒意义。人也在这种始终、终始的连结关系之中成就出自身的不朽。没有"往""来"，没有"屈""信"（伸），终始转移的历史意识就不可能发生，当然也就不可能有利于生命运动的充分展开。

---

① 《易传·系辞下》，见高亨《周易大传今注》，第570页。

三 线型进化史观的彻底解构

尽管现实世界中的每一个人都生活在历史当中,每一个人都在不断地用自己的行为和心灵构造着历史,每一个人都在以自己的方式逐渐融入历史并成为历史的要素,也尽管人类的现实的历史已经存在了几千年(文化的)甚至几万年(人种的),但是,能够对历史以及通过历史而形成的历史哲学作出深入思考和反省则是近代以来的事情。

在人们的历史意识中,长期以来一直盛行着一种带有普遍意义色彩的进化观念。人们似乎已经不加思索地就可以相信:历史是不断前进的,并且是按照一种固有的规律、朝着一个明确的方向前进的;历史是人类的有目的的实践活动,历史的进程中存在着一种必然性的归宿。这样,历史的运行就等同于人类的进步和文明,发展成为历史的代名词。同时,人们在历史研究的学术活动中也习惯性地坚持着这样的原则,即研究历史的方法就是自然科学所具有的分析的或归纳的方法,具体地说,甚至就是实证主义的方法。人们天真地以为,偶然性是注定要被历史淘汰的,历史过程中的个体性、差异性也一定服从于整体性和统一性。历史演进的逻辑铁蹄一定会踏平历史过程中所有非目的性的因子。只要找到了决定历史命运的通行法则或普遍性规律,就可以推论出人类的前途,掌握了历史运行的必然性,就可以预测和控制人类的未来,从而也就可以对人类的命运了如指掌。

不难看出,人们所习以为常的这种线形的进化史观与中国文化传统中所存有的终始转移的历史意识是有根本区别的，甚至可以说是格格不入的。[①] 中国人能够接收并消化这种进化史观，应该是近代中国社会性质发生根本变化所引发的直接结果。进化史观，最初源于西方文明，随着近代以来西方社会工业化和现代化过程的完成，于是它便借着现代化的客观形式和物质力量，向西方社会之外的几乎所有民族进行渗透，从而扩充成为一种世界范围内的普遍的价值认同。这种进化史观的逻辑结论就是：现代化是全人类历史发展的共同目标，所有的民族都应该同西方社会一样，走工业化、现代化的道路。民族的差异性和文明的特殊性都应该首先认同这种历史的统一性的前提，才可以获得生存，然后才能够寻求到自身的价值。于是，历史的行程就只有依靠西方世界已经提供给人类的唯一模式或一条路线了。如此推演下去，原本多元的世界、充满个性的人类社会必将被统一的、一元化的模式所代替。

几乎就在这种进化史观逐步得以推行、扩充的同时，西方哲学中，已经有一部分先进的、已经觉悟了的思想人物对

[①] 实际上，中国近古哲学中，传统的终始转移的历史理念似乎也已经面临着被理性化和科学化的趋势，逐步脱离了盎然的生活世界和人性的生命存在，而演变为一种较为纯粹的、理论形态的意识观念。王夫之的历史哲学便是典型的一例。可惜的是，这一点几乎从来就没有引起学界的充分注意。从概念论上，王夫之的"理"就是历史运动的根本法则和一般规律，而"势"则指历史发展的基本取向和必然趋势。从原理上看，一方面，理势相成，彼此统一，"理当然而然，则成乎势"，"势，既然而不得不然，则即此为理"；另一方面，王夫之更强调人的现实行为及历史运动对"理"与"势"的绝对遵从，"凡言势者，皆顺而不逆之谓也，从高趋卑，从大包小，不容违阻之谓也。"王夫之：《读四书大全·卷九》。

它进行了彻底的反思。在今天,这些反思的结果对于绝大多数中国人和整个中国哲学来说,也具有一定的理论上的参考意义和实际上的指导效用,因为这些反思能够对他们精神和思维中所固有的、已经又一次形成传统的内容来一个大的反转,作一次最全面、最彻底的清洗,尽管这些反思听上去还似乎有点逆耳不顺,甚至它们自身也还不太成熟,存在着这样、那样的问题。千万不要想当然地以为,我们已经超越了这些反思,我们可以对之不屑一顾,或者我们已经可以对之作出严肃的批判,其实,在这些反思面前,我们连对话的资格都没有,因为至少我们目前还没有能力达到它们所指涉的思维水平。

(一) 历史科学等于自然科学?

研究历史,过去曾盛行两种方法。起先是形而上学的方法,即历史学家先在头脑中虚构某种规律或模式,冠之以历史现象背后的本质,然后再从具体的历史事件中找出辅证;后来是由哲学家 A. 孔德所确立的实证主义方法,即首先确定事实,然后在事实的基础上发现、概括出规律。显然,实证主义在历史学研究上采取了与自然科学相同的方法。而实际上,与自然科学对象不同,历史学所处理的对象是人,是带有不同的思想、欲望和感情的人的行为。对历史的研究肯定需要有不同于自然研究的逻辑与方法。

关于科学与历史,A. 叔本华早在《作为意志和表象的世界》一书中,就曾对二者作了严格的区分。叔本华以为,历史以人类过去大规模的、广泛的事迹为主题,以"动机律"为工具。而自然科学则以物质为主题，以"因果律"①为工具。在叔本华看来，每一门科学的开端总是一个概念或一个命题，并且由于这一概念或命题，具体对象才作为一种抽象物而被思维。一切原理都从这个原始性的前提中发生，都得从属于这个最高的概念或命题，后来的一切都是派生或演绎出来的。但是，在历史过程中却从没有这种从属的关系。因为，在历史运动过程中，类似于自然科学中的所谓普遍性仅存在于主要历史阶段的"纵览"中，个别事物并不能从这些主要历史阶段中演绎出来。个别事物只在时间上从属于这些阶段，有一定的前后连结或次序效应，但在概念上则是与这些阶段并列、平行的。所以，"严格说来，历史虽是一种知识，却不是一门科学。"② 叔本华似乎已经意识到，在历史行进的过程中，并不存在着一种普遍的、可以被绝对统一的价值标准，不同的历史阶段都有自身存在的意义，不必要屈从于并消解于后来的历史阶段。

W. 狄尔泰曾对自然科学与人文科学作了区分。他认为，在自然科学中，我们是对象外部的观察者。我们观察对象，描述对象的现象和规则，但却从未曾进入它们内部去理解它们的真实性。在人文科学中，我们则是对象内部的观察者，对象与我们的存在密切关连，我们都处在生命之中，我们都体验着生命。对于自然科学，我们所采用的方法是抽象与说明，而在人文科学中，理解和阐释则是最基本的方法。

---

① A. 叔本华:《作为意志和表象的世界》，商务印书馆1995年；第60页。

② A. 叔本华:《作为意志和表象的世界》，第106页。

因为，自然可以被抽象，而人的生命则不可能被抽象。把自然科学的那种从外部观察的方法运用到人文科学中来，至多只能描述出生命的现象，而根本无法把握生命的内在真实性。自然科学的知识是人们对自然对象所作的概括，是从具体的物质现象中抽象出普遍性或必然性，但是，人文科学的知识所面对的对象——人，则都是特殊的、个别的，要从中获得普遍性或必然性是很难的。因此，人文科学似乎不可能获得确定可靠的知识，也就是说，人文科学的知识就不应该以普遍性或必然性为标准。按照这样的逻辑进一步推论，历史之中就根本没有规律可言。

狄尔泰反对在人文科学中奉行所谓客观的方法和社会学的抽象，他以为，理解社会和历史的根本前提就在于理解个体生命。与运用抽象概念的自然科学研究不同，人文科学所研究的每一个生活领域都起因于特殊的精神过程或特殊的经验感受，历史只以具体生动的个体为研究对象。于是，甚至可以说，历史在本质上就不是一种科学。

W. 文德尔班以为，历史与自然科学相区分的根据不在于知识的内容方面，而取决于思维的类型。同样的一个现实体，如果我们从一般的角度去考察，现实体就会变成为自然界，如果我们所关注的是其特殊的、个别的方面，那么，现实体便成为历史学的对象。譬如研究人，自然科学所关注的是人的作为普遍规律而存在的物性内容，而历史学所追求的则是对每一个人的独特生涯、个性生活作尽量全面的描述。从利用事实构成知识的最终目的上看，自然科学所追求的是"规律"，而历史则应追求"形态"。"历史是有个人特征的人物的王国，是本身有价值而又不可能重演的个别事件的王国。"① 自然科学的思维进路是由特殊而普遍，相反，历史研究则应该是针对具体的，是对特殊事物进行亲切的摹写。对于自然科学来说，个别性并没有科学利用的价值，不过是类概念的典型或特例而已。但历史学的任务则首先应该是使过去发生的具体事实重新复活于当前的观念中。在自然科学追求"规律"的同时，历史学则描述"事件"。并且，文德尔班还坚定地认为，"规律与事件乃是我们的世界观中最后的不可通约数，永远处在对峙状态中。"② 历史认识的目的，永远在于把那种在现实中只呈现一次的人的生活如实描绘出来加以理解。规律是从真实中剥落出来的，而事件本身就是事实，历史则是事实的现象学。

K. 波普尔则以"可证伪性"来否认建立理论历史学的可能性，认为历史知识来源于非常有限的事实，而这些具有不可重复性的事实都无法直接获得检验或被证伪。自然科学倾向于建立普通规律的理论，所寻求的是全称命题，因而是一种概括性的科学。但是，历史科学则对特殊事件感兴趣，理解的前提建立在个别事件和过程的单称命题基础之上。科学家专注于寻求和检验普遍规律，而历史学家则专注于寻求对某个有限特定时间领域的事态的解释。所以，在这个领域里所谓规律、模式、构想之类的理论都无法被检验或被反驳。波普尔因此肯定：历史不应被

---

① W. 文德尔班：《哲学史教程》上卷，商务印书馆 1987 年，第 24 页。
② W. 文德尔班：《历史与自然科学》，见洪谦《西方现代资产阶级哲学论著选辑》，商务印书馆 1964 年，第 67 页。

上升到普通的理论形态来予以理解，人们能够做到的只是对历史作出一种"境况分析"式的解释。"历史的理解的主要目的全在于从假设上去重建一种历史的问题境况"①，也就是说，关于历史的知识与关于自然的知识一样，都只是人们主观猜测的产物，人们不可能拥有一部能够真正如实表现出过去的历史，而只能根据自身所处的境况对历史做出各种不同的假定和解释。

历史与其说是一门客观的知识，还不如说是一门解释性的科学。关于历史，我们所描述出的东西，不过是我们依据某种观念所作的极为有限的选择。"没有观点就没有历史"②。每一代人都有权利、有义务、也有可能按照自己的方式来观察历史，并重新解释历史。同时，也没有一种解释是最后的或终极的解释。尽管我们不能在历史中获得理论理性化的科学知识，但波普尔认为，我们还是可以对历史作出客观的解释的，仍不失有一定的真理性和科学性。

在 B. 克罗齐的历史哲学思想中，历史只是事实本身，任何形而上学的（如黑格尔的"绝对精神"）或神学的（如 G. 维柯的"天意"或"神意"）先验本质都是在历史之外又假定了一种超验的理想的历史。克罗齐以为，任何超验论的、经验论的以及历史哲学化的、自然主义的观念，都不是真正的历史。现象的历史也不是完全真实的，在本质上就是非历史的，或者是反历史的，这些都不能真正完成历史

---

① K. 波普尔：《客观知识——一个进化论的研究》，上海译文出版社 1987 年，第 181 页。

② K. 波普尔：《历史决定论的贫困》，华夏出版社 1987 年，第 119 页。

主义。

通过以上介绍可以看出,这些西方历史哲学家们都有一个共同的信念,即历史学应有独立的存在价值、自主性,应当获得不可替代的个性意义,也应该按照自己的方式进行自己的研究,而不应受自然科学方式的支配和束缚。正如 R. G. 柯林伍德所指出的,历史学要摆脱对自然科学的学徒状态。历史学的不成熟,就在于它模仿了不属于自己领域的研究方式,而没有在自己的家园里耕耘。

(二) 历史,可以被决定吗?

由于哲学意识中的理性主义、基础主义或逻各斯中心主义对历史领域的长期浸透,使得人们习惯性地以为,历史的运行,本质地存在着世代连续的相对统一的基本法则或内在必然性,即所谓"规律",并且,只要找到这些规律本身,我们就能够领会历史的趋势,掌握历史的命运,也就是说,历史的运动就肯定要沿着这些规律开展下去。这样,主体的力量被充分放大,历史就可以被人为地决定。于是,就产生出所谓"历史决定论"(Historicism)的思想方法。按 K. 波普尔的理解,历史决定论就是强调历史发展受内在必然性的支配,并基于这种历史认识,力图作出关于社会发展过程的预言的历史学观念。波普尔专门写出《历史决定论的贫困》一书,他指出:"'历史决定论'是探讨社会科学的一种方法,它假定历史预测是社会科学的主要目的,并且假定可以通过发现隐藏在历史演变下面的'节律'或'模式',

'规律'或'倾向'来达到这个目的。"① 应该承认,历史决定论的方法是一种非历史主义的方法,它要么极力模仿自然科学的方法("泛自然主义"),要么片面夸大社会生活与自然界的差别("反自然主义"),是人们对所谓"科学"(亦即"历史规律")的迷信,以为历史真的有固有的运动规律。实际上,人们的的确确没有理解到:任何科学理论都仅仅是一种猜测和假设。连自然界的规律都可以被证伪,社会规律就更不用说了。世界并不按决定论的模式在运行,也不能通过决定论的模式而被理解。以为"人类历史包藏一个秘密计划,如果我们能成功地揭示这个计划,我们将掌握未来的钥匙。"② 这是一个极其错误的、富有欺骗性的观念,是对历史的神化。

按照波普尔的哲学逻辑,人类的历史进程不断地要受到人类知识增长的影响,但由于人类的知识起源于人的主观的猜测与假设,因此,在整体趋向上,人类就不可能用合乎理性的或所谓科学的方法来预测人类知识的增长。因为没有一种理论能够作为历史预测的可靠根据,所以,人类历史的未来在本质上就是不可预测的。于是,历史决定论的错误便不言自明。其实,波普尔并不否认对社会进行预测的可能性,而只是在根据历史发展可以受知识增长影响这一点上,才排除对历史发展进行预测的可能性的。波普尔以为,有条件的科学预测,绝不同于无条件的历史预言。科学的预测,可以

---

① K. 波普尔:《历史决定论的贫困》,第2页。
② K. 波普尔:《猜测与反驳——科学知识的增长》,上海译文出版社1986年,第482页。

通过实证的手段来检验，而历史的长期预言却不具备可检验性。有条件的科学预测肯定推导不出遥遥无期的历史预言。长远的预言只有当它应用于完全孤立的、稳定的、周期性的系统之中时，才可以从有条件的预测中引出。可惜的是，这种过于理想化的系统在自然世界和人类社会中都十分罕见，至少到目前为止，人类还没有遇到过。人们的确不应该把科学的法则和精神带进历史领域。当科学主义成为一种普遍意义的思想态度的时候，人类的社会系统和历史系统在根本上就很难免除被绝对化、理想化的可能。

未来无法预测，是因为历史本身并无目的存在，也并无意义存在。与历史决定论携手并至的是历史目的论。历史的规律性、历史的可决定性与历史的合目的性往往是纠缠在一起的。应该承认，康德是历史目的论的典型代表。康德在晚年的系列著作中曾经自信地以为，历史学能够给人以希望，当通过对人类意志自由的作用进行整体性的考察之后，历史学揭示出了一种合乎规律的进程，这一进程尽管是漫长的，但却一定是不断前进的，它将指向一个充分发挥人的全部才智的、美好的公民社会。在这样的未来图景里，普通公民的国内生活幸福而自由，国际生活实现了永久和平。并且，康德还以为这是符合人类的原始禀赋的、不可扭转的先验倾向。一切被创造物或派生物的全部自然禀赋，其自身先天地注定了终究是要充分并合目的地展现出来的。过去的世世代代仿佛只是为了后来世代的生活而艰辛地存在着的，历史的昨天只是为了今天或明天而作准备的。历史好比一座通过精心筹划而有所设计的庞大建筑物，前人不过是在为后人打桩、夯基、砌砖、造梯，并且唯有到了最后的一代才能享有住进这座建筑物的幸福。从知识论和经验论的角度看，这种倾向性、这种目的性既"神秘"而又"必然"①，"人类的天职在整体上就是永不中止的进步。"②

康德甚至还相信，人类的历史与自然的历史进程在起点上是存在着明显区别的。大自然的历史是从善（利他性）开始的，因为它是上帝的所作所为；而人类的历史则是由恶（利己性）开始的，因为它是人的自我行为。人类历史的"总进程"，"并不是由善开始而走向恶，而是从坏逐步地发展到好"③。总之，历史是不断趋向于善的人类活动，纯粹的道德理性是善的，但它的实现过程又必须通过恶的形式而获得最终完成，或者说，作为人类总体的善，总是通过作为人类个体的恶来推动的。于是，道德与历史并不背道而驰，道德的至善、人类的自由就实现了与历史运动过程的有机统一，尽管在这种统一中，道德的理念往往高于历史的理念，历史甚至是从属于道德的。

实际上，历史决定论中蕴涵着两个重要的思维前提：即历史的可重复性和历史的进步性。然而，事情的本身却是，一方面，重复意味着事件的再演，而事实却是，历史中的任何一次事件都不可能是相同的，就像世界上找不到两片相同的树叶一样，历史事件本身的内容不可能重复，历史事件的

---

① I. 康德：《世界公民观点之下的普遍历史观念》，见《康德历史理性批判文集》，商务印书馆1997年，第3、6页。

② I. 康德：《评赫德尔〈人类历史哲学观念〉》，见《康德历史理性批判文集》，第58页。

③ I. 康德：《人类历史起源臆测》，见《康德历史理性批判文集》，第78页。

背景性因素也不可能重复；另一方面，历史既不是单纯事件的量的无序堆积，也不存在什么质的飞跃或螺旋式的上升。正如 Johann Gottfried 赫德尔所在 18 世纪就认为的那样，历史并非是一个以当代为最高点的、简单的跨越过程，而所有其它的时代都只不过是为达到终点而做的一种准备，过去的历史并不都是黑暗而野蛮的，而只有今天的历史才会给人类带来光明。按照赫德尔的哲学主张，自然到处都达到自己的目的，或者它无论如何都达不到自己的目的，每一种事物都为自身的存在而感到满足，它自身的存在就是它的目的。①历史的每一个别阶段都有特有的价值和独立的意义，并不如康德所以为的那样只是实现至善目标或彼岸世界的工具。人类历史并不是朝着一个既定的目标而直线前进的，进步不等于历史，进化更不是历史的应有之义。

波普尔认为，面对历史，人们只能做一些有条件的"科学预测"，而不可能作出"无条件的历史预言"，比如共产主义必然代替资本主义就是一种历史的预言，实际上也就是一个不可检验的命题。历史决定论者不可能从有条件的科学预测推导出历史预言。波普尔批判历史决定论的矛头是指向马克思及传统的马克思主义的，他甚至认为马克思主义是迄今为止充分发展了的最纯粹、最危险的历史决定论。显然，波普尔在一定程度上并没有准确地理解马克思，但是，一百多年来的人类历史及此后的发展进程，是不是真的按马克思所预言、所设定的程序来运行的呢？这个问题值得人们沉思：资本主义垂而不死，而社会主义却硕果仅存；东方社

---

① 韩震：《西方历史哲学导论》，山东人民出版社1992年，第171页。

会在跨越所谓的"卡夫丁峡谷"①之后,并未能迈入真正意义上的社会主义;"异化"普遍而广泛地存在于现代人的社会生活中;共产主义究竟离人们还有多远?……

任何决定论的思维方法,都是一种改变形式的绝对执著,其实都潜含着一种理想主义的深刻倾向。受这种倾向影响,人们极容易在不知不觉中被驯服成实现某种理想或信念的工具,甚至自愿作为这种理想或信念的牺牲品而存在。可是,"每一代人都不必为将来的一代一代而牺牲,为一个可能永远实现不了的幸福理想而牺牲。"② 其实,对历史决定论思想的否定也就意味着对传统形式的理想主义的彻底解构。所以,在波普尔看来,我们也不应该把下一代或下几代人的永久幸福完全建立在上一代人的痛苦和灾难的基础上,不应该把当下一代人的幸福视为无足轻重或不屑一顾的存在,而当作历史上升的一种过渡阶梯,只具有方法论、工具论上的意义。

历史是一条赫拉克利持的河,历史是一个永恒的事件流,人永远在历史中生存(becoming),在生存中存在(Being)。如果历史可以被决定,那么我们又怎样来实现历史思维,那么我们目前对历史的理解就并非是唯一正确的。出于人的形而上学本性,人可以用不同的方式去解说历史、感知历史,但却不能用暂时的、属于某一历史阶段的规律、法则去界定、限制作为人类的整个历史过程,否则将永远走不出理性的迷惘,而把真正的历史拒之于门外。

---

① 《马克思恩格斯全集》第 19 卷,人民出版社 1982 年,第 438 页。
② K. 波普尔:《猜测与反驳——科学知识的增长》,第 515 页。

(三) 一切历史都是当代史

历史的真实意义存在于哪里以及它如何地存在着？克罗齐说:"真正的历史是作为普遍的个别的历史,是作为个别的普遍的历史。"[①] 这种黑格尔式的命题所要表达的是,能够成为历史的事件,它本身既不能陷入一种理性化的普遍主义,同时也不应该被一种具体的个别性所遮蔽。历史一定是处于人的认识之中的东西,一定不排除主观意识的参与。一块石头,不可能成为历史,只有当它被利用而参与了人的活动过程,并且还被人所记载即进入人的主观记忆之后才能够成为历史。石头本身自然而然地存在着,从远古到今天,它本身还并不是历史,而只能是一种时间化了的钟表刻度,仅仅是自然年龄的客观记录而已。参与了人的活动、进入人的主观记忆,就意味着石头已经不再只是一块个别性的存在体,而毋宁更是一种可以沟通、可以交流的共同领域的存在物了。历史事件要成为人的记忆,最根本的一个条件就是离不开人的书面的或口头的记录,离不开语言载体。"纯粹的普遍"失却了鲜活的发生内容,"纯粹的个别"又无法进入人的视界和思维,所以它们都不可能成为历史的真实,能够获得历史意义的事件,一定是"普遍的个别"或"个别的普遍"。

通过这种尤为明显的主观化倾向,似乎就不难理解克罗齐所谓"一切真历史都是当代史"的著名历史哲学命题了。历史是离不开"当代性"的,当代性并不是一个具体

[①] B. 克罗齐:《历史学的理论和实际》,商务印书馆1982年,第81页。

历史年代的个性特征,而是一切历史内在所固有的必然倾向。不具有当代性的历史犹如历史的尸体,不是真的历史、活的历史。因为对于人类,历史并不是简单的回忆过去或再现过去,相反,却是在想象中重构过去;不是使自己脱离现在,回到已经死了过去中去,而是用现在的知识水平、精神态度去理解并阐释过去。历史决不是关于死亡的历史,而一定是关于生活的历史。这里的"生活"又肯定与人的当下境遇相关涉。于是,所谓的历史,甚至就可以等同于人们当下所亲历的、最具有当代性的生活。在历史中,现在、过去和未来在本质上都是一致的,都源于当代性,历史永远是合乎人类精神的活的本性的当代史。从生活当中去发现历史,从生活当中去领会历史,唯其如此才能够找到历史学研究的真谛。也就是说,这才是研究历史事件、评介历史人物甚至考古发掘、推测未来的必由之路。

克罗齐的命题其实并不是要否认历史运动过程中确凿存在着的历史本体,因为历史上肯定发生过许许多多不可重复的真实事件,它们无疑地具有着内容上的源始性和实在性。这是哲学家的常识,克罗齐不可能充耳不闻或熟视无睹。但可以断定的是,克罗齐把一切历史都当作当代史来对待,并不是从哲学内容或历史本体的视角而毋宁是从历史的认知形式、历史认知主体的生存方式等方面来理解历史的。只有现在还具有生命力的东西,才能够进入人们的视野,才能够引起人们的共同兴趣。"在历史进程中所保存和丰富的是历史本身,是灵性。过去不异于在现在而活着,它作为现在的力量而活着,它融化和转化于现在中。"① 如果从认知主体的生存论角度看,只有现在生活中的具体的心理动机或利益驱使才能激起人们对过去的历史事实的关心和研究,人们总是根据现在的、当下的心灵状态来理解和阐释过去。没有进入当代人们心灵的过去史,都不过是死的历史。只有符合现实当中人的生存需要的过去史,才有可能复活,才可能成为当代史、现代史。所以,历史在本质上就不应该被视为一种纯粹客观的知识体系,人们对历史本体的理解,往往随时代背景、生存环境、个人遭遇、思维水平、认识能力、心情态度等相关因素的改变而改变。"历史主要是一种思想活动"②。历史不是一成不变的铭文,也不是凝固了的死的事实,更不是一种抽象的形而上学假设。当我们跳上生存论的高度而放眼综观,就会发现,历史研究在根本上就是具有现实意义的活动,就是当下的人世生活在时间进程中的回溯或逆向推展。

所以,克罗齐说:"历史是愈来愈丰富、愈来愈深刻的。"③ 历史就是一个不断书写又不断重写的过程。只要人还活着,只要人还在思维,重写就不会间断,历史无时无刻不在使自己更加完善。这样,世界上也许就根本无法找到一

---

① B. 克罗齐:《历史学的理论和实际》,第68页。

② B. 克罗齐:《历史学的理论和实际》,第8页。B. 克罗齐所坚持的主张,被在他之后并深受他影响的新黑格尔主义者R. G 柯林伍德所继承和发扬,如柯林伍德说:"一切历史都是思想史"、"历史的过程……有一个由思想的过程所构成的内在方面"、"一切历史,都是在历史学家自己的心灵中重演过去的思想。"见R. G 柯林伍德:《历史的观念》,中国社会科学出版社1986年,第243、244页。

③ B. 克罗齐:《历史学的理论和实际》,第31页。

部完全使人类获得满足的历史。真正的历史并不应该以事实材料为依据,事实材料通过什么形成历史,以及它们是如何被构造成历史的?回答当然是:人,更进一步地说,应该是人的思想。原来,历史根本地就存在于人的身上,历史的产生所依靠的不外乎人的思想。克罗齐甚至还直接指出:"想象力对于历史家是必不可少的。"[①] 总之,在任何情况下,人类思想都应该是"占第一位"[②] 的。事实材料决不可能代替人类思想,人类的生活与人类的思想才是历史学研究的真正事实材料。历史是活生生的精神存在,是生命的真体,所以它决不等同于僵死的"编年史"。

克罗齐的著名历史哲学命题曾经遭到中国国内马克思主义研究者们的强烈批评,但基本上是责难多于理解、挑剔大于领会。如果在摒弃其浓烈的主观论成分后,而从人的生存论角度来看,克罗齐的命题所留下的思考还是很多的。理解历史是一种创造性活动,历史可以在现有的活生生的精神中获得,而这种活生生的现代精神又是历史积淀的产物,是人的能动性表征的一个方面。如果把这种历史理念贯穿于整个的历史过程,就可以发现,任何人都没有必要也不可能死守一种既定的、一成不变的历史理解,因为作为个体的人只能够停留在某一固定的时空领域,只是作为整体的历史长河中的一个颗粒而已,本能地具有着视野的先天局限性和后天境遇的狭隘性。换句话说,任何历史理解本身都绝对不是永远正确的,也不可能是一劳永逸的。

---

① B.克罗齐:《历史学的理论和实际》,第 24 页。
② B.克罗齐:《历史学的理论和实际》,第 109 页。

其次，既然如克罗齐所说，只有当代生活世界中的兴趣才能够促使人们去研究过去的历史问题，没有进入人们兴趣的所谓"过去史"，不过是死的历史，只有当生活的发展需要它们时，它们才复活，过去史才会变成现在的。那么，历史研究就应该是具有实践意义的活动，它与现实生活一定是密切相关的。因此，历史就不会是时间，也不会是认知，而首先应该是生活本身。然而，在今天人们的现实生活里，究竟还有多少历史理论（包括指导性意识形态的、纯粹学术研究的）、在多大程度上还能够保持着与实际生活世界的密切关连？究竟还有多少历史理论是从人的生命存在或宇宙总体精神中源发出来的？

最后，人们在理解过去的时候，总会把现代所具有的意识渗透到历史思维当中去。每个时代都用自己现有的认识去看待历史、领会历史，所以，历史才需要人们对之进行不断的重释、新解和再评介。任何一种学说，哪怕是国家的指导意识形态都毫不例外地应该接受时代的挑战和再检验。任何一种理论都毕竟是一定时代的产物，因为它所产生的时代已经一去不复返了，并且是绝对地成为过去，所以，理论的许多方面必然面临挑战、实现新的突破，从理论本身的发展角度看，对自身进行批判、实现所谓"活的历史"的要求也一定十分强烈，放弃批判和拒绝接受批判就意味着放弃科学和历史，只有经过不断地接受批判、获得修正和重解的理论，才会是愈来愈丰富、愈来愈深刻的。

卷七

天道信仰

一、人生安身立命之根本
二、至高无上的信念的本体
三、天：仍然活在我们心底

一个人可以一无所有，但就是不能没有信念。人生在世，什么东西都可能被剥夺，但有一件东西是永远剥夺不掉的，那就是信念。一个人可以被打败，但就是不能被毁灭，人心之中，不能被毁灭的一定是信念。只有失去信念的人，才会被彻底摧垮。没有信念的生活，一定是黑暗的，一定已经丢却了人的意义。信念对于人生是如此的重要，以至于通过它可以建构起一套完整的哲学体系。孔子曰："民无信不立"（《论语·颜渊》），剔除其"取信于民"的政治哲学含义，便是中国人的信念本体。在孔子，如果把与人的生存相关的东西逐层剥落下来，最后所找到的那种能够使人生获得意义的终极存在，就是"信"。人生在世，衣食住行固然必不可少，但还有比这更为重要、更有价值的事情,并且这些事情才是人之为人的最高依据和最后屏障之所在。有"信"才谈得上真正的人的生存,而没有"信"则虽生尤死。

无论如何,人总得要信点什么。人不可能是纯粹的真空,人心总得有个安顿处,总得有个落实的地方,这就是人的根。除却作为动物性存在的必须条件,信念是我们活在世间的唯一理由,这就是人生生命的意义本体,是人的实质之所在。孔子曰:"巍巍乎!唯天为大,唯尧则之"(《论语·泰伯》)。就像中国哲学的许多范畴一样,天,在古代中国人的思想意识中,既是一个感性的对象物,即宇宙自然、客观存在;又是一个经过一定程度理性抽象的概念体,指纯粹意识、思想物;甚或还不乏存在论的性质,即一个包含整个人生一切生存境遇在内的、不进入语言、不可进行概念与思维分析的世界总体,包括上帝、天生、命运、必然之类。不仅如此,反映在日常的生活世界里,在普通中国人的心目中,天更是一个不可动摇的信仰对象,是人心最深刻的信念、信仰的源出,是一个可以被人性化、人格化、具有非凡力量的超越性象征。

一 人生安身立命之根本

孔子曰:"朝闻道,夕死可矣"(《论语·里仁》)。这句话最能够体现和展示孔学的根本精髓,可以毫不夸张地说,这句话在《论语》中有着核心和枢纽的地位,是儒学的精神传统所在,也是中西本体哲学比较的切入点和接驳口。朱熹在注释这句话时说:"道者,事物当然之理。苟得闻之,则生安死顺,无复遗恨矣。"朱熹只理解了问题的后一半,即道肯定是与人的生死相联系的,因为他把道当作"事物当然之理",未免有把本体知性化、理性化、客观化之嫌。相比之下,程子的领会则要深刻些:"人不可以不知道,苟得闻道,虽死可也。""人知而信者为难。死生亦大矣!非诚有所得,岂以夕死为可乎?"① 显然,在这里,道一定有与人生生命相联结的内涵,一定是与人的生、死相沟通的东西。一个文盲、一个屠夫,即使不知"事物当然之理",即使没有任何理论科学的知识、没有接过任何学院化的教育,也可以心安理得地活着,也可以毫无遗憾地死去,因为在他的心里有一个本体性的道的存在。这里的"心安理得"和"毫无遗憾"就是平常百姓、就是所有人的道。文盲、屠夫离不开这个道,学者、教授、达官、权贵也同样离不开这个道。

而在这个道里,起决定作用的不是主观理性、也不是客观律则,而是"信",是本心所具的信念。《春秋左传》中说:"所谓道,忠于民而信于神也。"② 可见,作为本体的道的真实内容已越出了知识理性的范围,而取决于作为人心态度的"忠"、"信"。本体的道并不生来就只归于理性,它有

---

① 朱熹:《四书章句集注·论语·里仁》,中华书局1983年,第71页。
② 顾馨、徐明校点:《春秋左传·桓公六年》,辽宁教育出版社1997年,第18页。

比理性更为重要的东西。① 换言之，理性知识所遇到的问题，只有借助于情感信仰才能得以解决。中国的"道"绝不是西方哲学意义的知性真理和客观规律。中国"道"的主旨在情感而不在认知。

"安身立命"有两层哲学涵义。一为"安身"，一为"立命"。"安身"实际上就是"安心"，就是"心安理得"；而"立命"则指在生存的历史过程中寻求和确立能够为一己之心提供支撑的精神本体。如果把"安身"和"立命"归结为一件事情的话，那么这件事情就是一个字"安"。《说文解字》释曰："安，静也。""安，晏也。晏，晏然和喜，无动惧也。"② 内心有了根本，才能够安静下来，才能不为纷纭繁复的外物所迷惑，才能无所惧怕，才能使气势中正和平。而这个"安"实质上又与人心里的"信"密不可分。"安"从哪里来，它的起源在何处？这就是"信"的内容了。"信"是心的安顿处，是灵魂能够落实的地方，是人在任何时候、在任何境遇下都可以回归的避风港。"信"是人生在世的信念本体，是人心中的最后依托，是生活世界的最低处。

---

① 康德在他的批判哲学里也曾预示过：感性的直观即知性不可能承揽本体世界里的一切，还必须为那些非知性的直观空出地盘。"本体的概念不是对象的概念，但只不过是一个与我们的感性有限性密切相关的问题的概念。也就是说，这一概念包含着下面问题的答案：有没有与我们直观毫不相关、完全独立的对象？——这是一个只有不确定答案的问题。而这个答案就是：感性直观不能无差别地运用于一切事物，仍应为其它不同对象保留出余地。"（Immanuel Kant, Kritik der reinen Vernunft, Seite 323, A278, B334.）康德的这一具有转变性的态度使得中国文化的基本精神进入西方哲学家的视域成为可能。

② 桂馥：《说文解字义证》，第632页。

《吕氏春秋》说:"夫可与为始,可与为终,可与尊通,可与卑穷者,其唯信乎!信而又信,重袭于身,乃通于天。"①信,发自内心,贯彻身躯,与时终始,通合上天。《说文解字》曰:"信,诚也。从人从言。"而"诚,信也。"②信、诚互解,极好地说明了领会中国意义的本体需要有一定的情感参与和态度介入,这样才有助于加深人们对本体所具有的心理学性质的阐发。

一方面,"信"本源于人心深处,并且可以通过语言来传达、交流。《孟子·尽心下》说:"可欲之谓善,有诸己之谓信。""有诸己"意味着"信"不待外求,不是外在于本我自己的客体实物,而是发自内心的基本人性情感。《国语·周语上》曰:"礼所以观忠、信、仁、义也。忠所以分也,仁所以行也,信所以守也,义所以节也。忠分则均,仁行则报,信守则固,义节则度。"③"信"是人所应该持守的根本。有了这个根本,人生在世才能立稳脚跟,生活才能牢固可靠。正是在这一意义上,《管子·小问》说:"泽命不渝,信也。"

另一方面,本体与语言的统一才能称为"信"。《老子》说:"信言不美,美言不信。"既然"信"是出于本己的真实内心情感,那么又何必要有外在的粉饰和装扮?"信"是本真的,是人心中最安全的处所,甚至说主体自我就是"信",所以当主体每有发用、予取时,直来直往即可,任

---

① 杨坚点校:《吕氏春秋·离俗览·贵信》,岳麓书社1988年,第179页。

② 桂馥:《说文解字义证》,齐鲁书社1987年,第196页。

③ 李维琦标点:《国语·周语上》,岳麓书社1988年,第10、11页。

何虚伪都是多余的。《春秋左传》曰:"志以发言,言以出信,信以立志,参以定之。"① 在这里,重要的是,"信"在言与行、主与客、理论与实践之间起着统一和联结的作用。不同于西方哲学以"纯思"把对象与自我、事物与主观进行整合、构建,中国哲学则将之斥诸于人心的情感信念。这是中西哲学的一大分歧。孔子及以后的儒家都讲"正名",实际上都是以"信"为理论前提和哲学基础的。

《论语》一书中,"信"的出现有 40 次之多,孔子经常把"信"的多层涵义交织起来混合使用。在一般伦理学、政治学层次上,"信"与"忠""义""德""恕"等概念一样,是人在世界里生存的一个最基本要求,与一定的社会责任和生活规范相联系,多有"信任""信赖""相信""信服"等含义,相当于英语中的"trust"。"言必行,行比果。硁硁然小人哉!抑或可以为次。"(《子路》)"吾日三省吾身:为人谋而不忠乎?与朋友交而不信乎?传不习乎?""谨而信,泛爱众,而亲仁。""与朋友交,言而有信。"(《学而》)"主忠信,毋友不如己者,过则勿惮改。"(《子罕》)"子张问崇德辨惑。子曰:主忠信,徙义,崇德也。"(《颜渊》)"子夏曰:君子信而后劳其民;未信则以为厉己也。信而后谏;未信则以为谤也。"(《子张》)但是,这些"信"都还只是孔子哲学的表层方面即本体与外物的交汇时所发生出的世界,都还没有直接与孔子的本体论相关连、沟通,或者说,都还只是孔子哲学本体的具体化后的现象表

---

① 顾馨、徐明校点:《春秋左传·襄公二十七年》,辽宁教育出版社 1997 年,第 231 页。

出。更为深刻的东西还蕴涵在心里面，有待作进一步的发掘。

《论语·颜渊》记述："子贡问政，子曰：足食，足兵，民信之矣。子贡曰：必不得已而去，于斯三者何先？曰：去兵。子贡曰：必不得已而去，于斯二者何先？曰：去食。自古有死，民无信不立。"子贡试图把与人的生存相关的东西逐层剥落下来，找出能够使人生获得意义的最后的终极存在。孔子的答案是"信"。这段对话最能体现出孔门儒学的本体归宿，可谓高妙之绝，程子对这段对话的评价甚高："非子贡不能问，非圣人不能答。"在孔子看来，对于寻常百姓和普通人生来说，"兵"与"食"当然是生存在世所不可或缺的物质条件，没有它们无疑就没有存在的基础，但是，作为人，仅仅有这么一点还不够，远远还不能成其为人，因为一般的动物也离不开这些物质条件。人之所以为人，不在于其与其它种属同有的动物性，而毋宁在于其所独有的超越性。而信正是人的这种超越性的一个重要方面。这似乎就像海德格尔生存论本体论中作为特殊"存在者"的"此在"（Dasein）一样，所有的"存在者"都存在，但是只有"此在"才可以对"存在"进行发问，才会有对"存在"的自我意识。"这种存在者，既是我们自身的向来所是，并且，除了具有其它存在的可能性之外，还能够发问存在，我们将其称之为此在。"① 如果没有这种发问、没有这种自我意识，"此在"就混同于一般的存在者，而不可能成

---

① Martin Heidegger, Sein und Zeit. Max Niemeyer Verlag Tübingen, 1993, Seite 7.

其为"此在"了。

在人的生存过程中,衣食住行固然必不可少,但还有比这些东西更为重要、更有意义的事情,并且这些事情才是我们的规定,才是我们生存的最高依据和最后屏障之所在。有信才谈得上真正的人的生存,而没有信则虽生尤死。朱熹说:"民无食必死,然死者人之必不免。无信则虽生而无以自立,不若死之为安。故宁死而不失信于民,使民亦宁死而不失信于我也。"① 信是人在生存世界里建树功业、确定自我的源泉,是我们立足的根基,没有信,我们就无法找到我们的"所是"(即 Sein 或 being)。在这一意义上,我们就可以获得对孔子的"朝闻道,夕死可矣"以及孟子的"舍生取义"的进一步理解:为什么我们愿意用生命的死亡去换取我们存在的本根?因为一旦我们掌握了这个本根,哪怕马上就死也是值得的。一朝顿悟,豁然开朗,整个人生的道理便全部明了了。在这里,时间的长与短都是无关紧要的。实际生活中,有许多家族都把忠或孝、善、爱、勤劳、积德等作为"传家宝",世代相续,绵延不绝。又有许多老人在临终前,都会教导儿孙:"我活了一辈子,到头来才发现只有……才是真的""人生在世一定要……才行",所交代下来的都是经过人生实践充分检验的真实信念。我们也经常会听到这样的口头禅:

> 我这人就死守这个理!
> 这一套,我服了!

---

① 朱熹:《四书章句集注·论语·颜渊》,第135页。

> 我没做过坏事,老天爷不会惩罚我!
> 咱老百姓就认这个准!
> ……

等等。这些事例中,其实所隐含着的并不是西方式的知性真理或理念绝对(因为说这些话的人并不一定能够把他们的所"守"、所"服"或所"认"清楚明白地讲出来。在他们,甚至根本就没有一点这方面的自觉意识),也不是康德的"道德法则"或宋明理学的伦理自觉(因为说这些话的人并不一定知道自己对于社会的责任和义务),而是深刻的心理信念本体(因为说这些话的人已经把整个生存的经验和体会都凝练在自己的心窝里了,他们在心里就是这么想的,就是这么确认的,根本无法也无须从理性知识或道德伦理的方面去推证)。

理性和善性都靠不住,都有可能欺骗我们,或者被我们所欺骗,只有我们心里所相信的东西才是最踏实的。人生在世,不同的生存经历可以衍生出不同的"信",可以"你信你的,我信我的",但无论如何,人总得要信点什么。人不可能是纯粹的真空,人心总得有个安顿处,总得有个落实的地方,这就是人的"根"(die Wurzel)。传统西方哲学所作知性本体的追寻的一大缺失就是没有一个源于人的、可靠的情感心理基础,忽略掉的就是这个根,20世纪以来,哲学家们一直在呼唤的也就是这个"根"。丢掉了"根"的人,当然就"无家可归"了。遗憾的是,尽管这种信念本体一直存在于人们的心底里,一直活生生地展现在我们的生活世界中,但至今却没有一个学院哲学家予以过充分的重视和挖掘，更谈不上将之发扬光大了。

这里必须强调并提醒注意的是，信，还不等同于宗教。因为，信比宗教要源始、根本得多，信直接就是处在人心中的，与人的最本真的心体是统一无分的。而宗教则是后起的，是派生性的，是信流出心体之后、进入现象世界的结果。宗教有神祇、有仪规、有戒律、有教条，完全衍生出了一套理论化、系统化的意识和行为自觉。宗教的根基在于信，但是信并不等于就是宗教。那种忽略了信而奢谈"儒学的宗教性"的研究，在根本上就没有弄清楚这二者之间的区别和联系，从而也就无法把握儒学如何能够建基于人的原始的、本真的心理情感的这一事实过程。儒学不是宗教，甚至连儒教也不是严格意义上的宗教，但是儒学极大地重视了人的内心性情，并一直把所有的高深哲理都与它紧密地结合起来，使得中国人的精神消费中根本就不需要再在哲学之外寻找、设定一个可以慰藉灵魂的神学上帝了。

信比任何后出的宗教更接近人，它简直就是我们全部的心之所是。每逢阴历的七月十五、冬至和大年三十，中国的老百姓都要烧一些香烛纸钱，其实他们绝大多数根本就不知道把这些东西烧给谁、为什么而烧，更不知道他们祭奉的是哪路神仙、属于哪门宗教，他们也从不把自己划入哪门教徒，但是他们无一例外地都在烧，因为他们在心灵的深处都笃信着这个。这就是信比宗教优越的地方所在。一个人的一生中，可以不必加入什么宗教组织，但是，没有信，无论如何都是不可以的。一个人如果不信点什么，也就意味着失去了根基与规定，他（她）自己在心里也不会原谅自己，从而会把自己归入放肆或无法无天的另类，自己也会对自己丧失信心。

二 至高无上的信念本体

孔子哲学里的信不仅是"trust",而且更是"faith"。孔子说:"人而无信,不知其可也。大车无輗,小车无軏,其何以行哉?"(《论语·为政》)根据朱熹的解释,"輗"为"辕端横木,缚轭以驾牛者。""軏"乃"辕端上曲,鉤衡以驾马者。""车无此二者,则不可以行,人而无信,亦尤是也。"[①] 无论大车、小车,如果没有輗、軏,就无法同作为驱动力的牛、马进行联系,也就失去了能量来源,当然也就不能行驶前进了,于是它们就不再是作为交通工具的"大车""小车"了,它们就不再是其"所是"了。人何以是人?当在于信。信是人活在世间的理由,是我们之所以能够站立起来的主心骨。没有信,没有信本体的支撑,人也不再是其所是。

在起源发生上,信大于知性、优于行为,是理论理性与实践的原始统一。《论语·述而》称:"子以四教:文,行,忠,信。"对于这一句话,一般研究者往往都忽略了它的重要性,有的甚至还怀疑它是弟子错记、属于传写有误。其实,这一句话所表明的不仅是孔子之教的四个基本要素,而且还是一个由低到高的渐次过程。"文"涉及孔学的知识方面,或指诗书六艺,或谓物事之理;"行"是"文"的现实化和具体化,尽管从过程论的角度看,知与行同步,但从分

---

① 朱熹:《四书章句集注·论语·为政》,第59页。

析论上来理解，先有知然后才能有行；然而，仅有知与行，还不能免除理性化、机械化对人性的侵蚀，文有过于理论化的倾向，而行也有可能矫作妄伪，如果没有心理情感态度的参与，还是不可能达到真正的本体，本心仍无所落实；于是，便需要忠和信为文与行把关、掌舵，以保证知、行有一个正确、健康的发展方向。忠是心体之"已发"，涵盖着社会政治的君—臣关系、个体—集群关系、社会成员的交往伦理关系；而信则是心体的"未发"状态。信作为"四教"的终结，并不是没有根据的。在文的阶段，纯粹知性起着决定作用，到了行，虽有主体性情的投入，但它还离不开文的导引和限制，进入忠的阶段，本体开始衍生出生活世界，但还有一些因素是与本体相违背的，离最真实的东西还有一定的差距，只有在信这里，事事物物皆自然而然，都能够直接就是它自己之"所是"，都能够获得它的根本。所以，程子在注"四教"时，认为孔子的目的在于"教人以学文、修行而存乎忠信。忠信，本也。"① 学文和修行都是忠信的派生，都具有阶段性和工具性，而学文、修行为什么能够存于忠信，就是因为忠信直接生于人的本心，有了本心的世界才能去包容、覆盖对象的世界。孔子的"四教"并不是一般的道德说教，而毋宁是一种还原论意义上的哲学本体追寻。

对于道，可能达到的路径不是去知而是要信。在中国汉语语言学的词语搭配里，信为什么要用"守"而不用"证"？这就是中国独特的本体追寻之路。《左传》说"守，

---

① 朱熹：《四书章句集注·论语·述而》，第99页。

藏者也",又"不得其守,国不可得也。"① "守"一定与藏于内在的本己性因素相关,要求我们把持住自心本体(心理信念)即可,而不必要通过"分别心"(知性分析)去论证。孔子以后,不同的儒学派别,从不同的立场、角度,对于信的内容予以了不同的阐释,又发展出风格迥异的本体哲学理论。信念本体随不同的哲学家而呈具体的分化。譬如,孟子相信人心本善,而心又有恻隐、羞恶、辞让、是非之"四端",由"四端"扩而充之,生成伦理世界的仁、义、礼、智"四德",所以进入政治领域就应该施行"仁政"。荀子相信人心本恶,所有的人生来就好色、好声、好味、好利,如果"从人之性,顺人之情,必出于争夺",所以治民理国应该礼法兼用、王霸并采:"立君上之势以临之,明礼义以化之,起法正以治之,重刑法以禁之"(《荀子·性恶》)。由孟子开辟的性善本体,经佛教哲学的全面洗礼,至宋明发展出完整的心性本体,演变成为儒家哲学的内圣方面。至于儒家哲学的外王方面,由于与社会、政治、经济、文化、道德等因素的密切关联,所以始终没有发展出一种较为统一的、贯穿不同历史时期的本体理论,不同的哲学家有不同的信念本体形态,在哲学家董仲舒那里,则表现为天或天道。

《说文解字》曰:"天,颠也。至高无上。"② 几乎是从一开始,天就在儒学的心理建构中占据着非常重要的位置。

---

① 顾馨、徐明校点:《春秋左传·僖公二十四年》,辽宁教育出版社1993年,第74、76页。

② 桂馥:《说文解字义证》,第2页。

《论语》中的天,不仅仅是能够生化百物的实性宇宙本体,如"天何言哉,四时行焉,百物生焉"(《阳货》),而且更应该是人心情感的源泉和信念追求的归宿。天,一方面不象西方哲学里纯粹知性的真理绝对,另一方面也不象基督教哲学中神性万能的上帝,高于世界、超越于人。

中国哲学的天,既不同于人却又源自于人,是人心里的信念所在,也是人生在世的存在总体,而绝不会是超越的神。因为在中国,天一直是广泛而不具体的,既可以是可感知的风雷雨电,又可以是心理信仰的终极实在,它始终没有被演化成为真正的、严格的宗教意义上的神祇崇拜,它更多地与人的情感信念相联系。"唯天为大,唯尧则之。"(《泰伯》)只有天才能称得上是最高、最大的世界权威,其它一切都得遵顺、服从于这个最具力量的终极真实。一旦我们的心底里证验了天的存在,我们也就会拥有一种与天等齐的巨大力量,而对一切非天的因素如灾祸、苦难毫不畏惧。

"天生德于予,桓魋其如予何?"(《述而》)"文王既没,文不在兹乎?天之将丧斯文也,后死者不得与斯文也;天之未丧斯文也,匡人其如予何?"(《子罕》)一方面,我们从没有做过什么丧天害理的事情,从没有昧着良心干尽坏的勾当,相信天不会惩罚我们,一切非命的事件、非正常的意外都不能对我们有所伤害;另一方面,即使我们没有做错任何事情,我们也不免受到了惩罚,我们也没有什么办法,这或许也是天意所致,我们还是接受了天的安排,还是始终不移地相信着这个天。

"颜回死,子曰:噫,天丧予!天丧予!"(《先进》)"死生有命,富贵在天。"(《颜渊》)天既被人格化,又实施着最高权威的职能,可以在冥冥之中安排人、操纵人、指使人,并且还能够让人一如既往地相信它、服从它。天是至高无上的,是我们心底里的信仰源泉,我们的言语、行为甚至思想都不应该违背天的意旨、规定和目的。"获罪于天,无所祷也。"(《八佾》)一个人,如果仅仅犯一些微小的错误,还可能有再次改正的机会,还可以从后来的成功中获得心理的或现实的补偿,然而,一旦触犯天怒、违拗天理,做出丧天害理、丧尽天良的事情,则不可能获得天的饶恕和宽容,连一点点的外在或心灵的慰藉都不可能寻找到,一定会陷入死路、绝路。这时候的人,丧失了希望,丧失了生存在世的最起码的根据,心底的信念完全到了崩溃的境地,生命也就没有任何意义可言了。而这正是人生活在世界上的最深刻的恐惧。所以,没有信念本体,没有对天的绝对遵从,人不仅无家可归,而且一定离恐惧、死亡、绝路相去不远。这就是孔子的天的信念本体之所在。

应该说,在儒学演化的历史过程中,直接继承和发展孔子的天的信念本体思想的是董仲舒。董仲舒借助阴阳五行学说,以天道的方式,阐释出天的信念本体的哲学意义。在董仲舒那里,天,一方面是包容万物的、规律性的宇宙整体结构,如"天者,群物之祖也,故遍覆包函而无所殊,建日月风雨以和之,经阴阳寒暑以成之。"[1] "天之道,有序而时,有度而节,变而有常,反而有相奉。"[2] "天地者,万物之本,先祖之所出也,广大无极。其德昭明,历年众多,永

---

[1] 班固:《汉书·卷五十六·董仲舒传》,第1103页。
[2] 董仲舒:《春秋繁露·天容》,第69页。

永无疆。"① "天覆盖万物,既化而生之,有养而成之,事功无已,终而复始。"② 另一方面,天也是人心信仰的源出,也是人不得不尊崇、敬畏的对象。"天者,百神之大君也。事天不备,虽百神犹无益也。"③

不相信天、不祭奉天、不敬仰乃至得罪于天,都不会受到来自于天的恩赐和福祉,从周朝尊天敬帝所带来的长治久安,到秦代违天逆道所导致的国祚短促,无数的历史经验已经清楚明白地向我们昭示了这一点。福永远与人心的敬、诚、信相联结。福,对于我们而言,信了才会有,敬了才会多,诚了才会真。既然人总得信点什么,那么,人就不可能是无所畏惧的,他(她)总应该对什么有所害怕。人在天面前不应该是肆无忌惮而又狂妄自大的,人不敬畏天,天就会以或显或黯、或快或慢的祸害方式来予以警示、惩治。这就是孔子"三畏"的内容之一的"畏天"。④

人有所信,才有所畏。有所畏,才会有所限制、有所约束、有所收敛,才不至于产生人无限、自我无限式的张狂。而只有到了这时候,道德、伦理、秩序和制度文明才开始有产生和发展的基础。于是,道德、伦理、秩序和制度文明又有了不同于传统哲学所认为的那样(即过去所谓生产或生活的分工、生活资源的有序分配和合理使用的需要等)的另一个本源,即人心信念的基本需要。这是一个极有意义的伦理哲学话题。传统的道德哲学总把"我们应该具有什么

---

① 董仲舒:《春秋繁露·观德》,第56页。
② 董仲舒:《春秋繁露·王道》,第67页。
③ 董仲舒:《春秋繁露·郊祭》,第83页。
④ 苏舆:《春秋繁露义证·郊语》,第396、397页。

样的道德"作为伦理学的首要问题,"我们如何才能更道德"成为道德哲学的第一义,而几乎从来不问一下"我们为什么要有道德""我们为什么非得是道德性的存在",并且还固执地以为,这已经是不言而喻的、没有任何障碍的问题。其实,我们从来就没有真正发现过道德哲学的基础和本源,我们总以为问题得到了解决,可是,一当我们回过头来检讨一下人类的道德追求的时候,我们却猛然意识到,原来我们并没有为我们一直所提倡和鼓吹的东西建立起一个可靠而稳固的根基。

难怪自古以来,尽管我们费尽心思、绞尽脑汁也很难把道德的原则、伦理的律令栽植进人的内心深处。如果仅仅从生产或生活的分工、生活资源的有序分配和合理使用的需要等角度来理解道德的本源问题,推演下去,只能是道德的解构和崩溃。因为要解决上述问题,我们可以借助国家机器、法律条文、制度规定等系列的东西来予以满足,所有的人群只要遵纪守法、在制度允许的前提下开展所有自己愿意做的活动,完全可以忽略道德和伦理的存在。在这个时候,道德和伦理对所有人群来说并不是一定必需的,没有它们,人们照样生存在这个世界上,人们只要靠国家机器、法律条文和制度规定也能维持社会的运转,在现代技术社会和电子时代里,这一倾向越来越明显。

所以说,道德和伦理很可能另有来头,很可能有着一种更为深刻的起源,那就是存在于人们心中的信念。孔子之"畏",不同于宗教学意义上的对神的敬畏。应该说,它比宗教更原始,更具有情感的直接性。因为它径直来自人心,还没有宗教神学教义、仪轨、形式等人为因素的修饰和参与。这样,沿着这个"畏"追溯下去,我们就可以发现道德和宗教的另一个源头。

在董仲舒,"信"被安顿在"天"上。这个"天"是世界万物的根本,也是人世生活的凭依。"天者,百神之君也,王者之所最尊也。"① 天不但是"王者"之所尊,而且也是所有人生活在世的物质的和心理的根据,即所谓"人资诸天"②。人不是仅仅凭借我们的理性思维就可以活着,而毋宁依靠着天的资助和保佑。没有天,我们在心理精神上可能仅剩下一个空洞的"无"。《春秋繁露》中,董仲舒从人的生理构成、性情好恶以及社会政制、伦常礼仪等几乎所有方面论证了"人资诸天"。

三 天:仍然活在我们心底

必须指出的是,对于中国民族来说,汉代是一个极为关键的时代。无论在地域疆土方面,还是在政制礼法方面,或者是文化心理方面,汉代都在客观上为后世的中国社会奠定了基本范型。由董仲舒所建构起来的天道本体,一经确立,就没有终止过对中国的社会生活发生作用和影响。可以说,天道本体一直在中国民族的心理文化结构中绵延不绝。今天的中国人仍然还在相信天的存在,畏惧天的威严,仍然会从天的祥瑞谴告中接受启发。尽管中国接受西方化(或工业化、现代化、全球化)的洗礼已有近一个世纪的历史,尽

---

① 董仲舒:《春秋繁露·郊义》,第82页。
② 董仲舒:《春秋繁露·阳尊阴卑》,第67页。

管中国也在追随世界潮流而迈入 e 时代或后现代,但天的观念仍然活在人们的生活结构里,仍然活在人们的心目中,仍然活在人们的信念里。在中国过去和现在所流行的许多成语、俗语、口头禅里,隐藏着极为丰富的哲学隐喻(philosophy metaphor)等待我们去发掘。通过发掘,我们可以认识到,原来语言不仅仅是语言,语言并不简单,它一定与人的生存、与心理信念本体密切相关。

中国人在强调主观努力、不等不靠、积极有为的同时,也始终相信天具有对人事、对存在过程的决定功能——"谋事在人,成事在天"。即使人为因素再好,但也不可取代天在事态发展过程中的作用,即所谓"人算不如天算"。如果失去天的保佑和帮助,任何人为的努力都将无济于事,人只能处于一种无可奈何的境地,正如通常所说"天要下雨,娘要嫁人",眼前的事态已经无法改变,只有随其自然了。在中国人的心目中,天永远具有一种不可预测的力量。经常听到有人说:"喜从天降"或"祸从天降"。似乎人在这种来自于天的喜、祸事件面前,是由不了自己的,不得不屈服、顺从。因为天绝对地大于或高于除它以外的一切存在(当然包括人),是最根本的,是最具有决定性的。

在中国人的心目中,天甚至还可以是"依存""依靠"和"根本"的同义语。《汉书》记载:"王者以民为天,而民以食为天。"[1]"民以食为天"在如今已是妇孺皆用的口头禅。可见,天在人们的心底里,始终是一个具有终极意义的本体。什么东西都可以取消,只有这一个是绝对不能取消

---

[1] 班固:《汉书·卷四十三·郦食其传》,第930页。

的。因为它是我们生存在世的最底线，是我们日常生活的基石。这个底线不可抽掉，这个基石不可动摇。天的这层含义恐怕是任何哲学都不可能具有的。这是中国思维的独到品格，也是中国人本体理解的鲜明特质。

天，在很长的时间内一直居于中国人崇敬与礼拜对象的首位。"天、地、君、亲、师"，排列在第一位的无疑应该是天。天是至高无上的，宇宙世界中什么最大？当然，数天最大。这是无可争辩的公理、事实，即使人世间最狂妄之徒，也只能说到"天底下我最大"或"天底下我说了算"的地步，也不敢贸然把自己凌驾于天之上。在中国人的日常交往中，"天字一号"向来被用于形容那些绝对第一、一定领先的人、物、地点或事件。这就说明，无论在时间还是在空间的序列中，天总是与"最先""最大""最强""最好"联系在一起的。中国人总喜欢把自己最高的秘密、最拿手的绝活、最深层的隐私称为"天机"。"天机"是我们自己存在的根本，是我们自己的能够获得生存唯一优势所在，是我们自己的意义源泉，当然不可以向外人或外界公布，所以中国人始终有"天机不可泄露"一说。

在中国人的生存理念中，天具有主宰、惩罚的功能。几乎在任何时候、任何情境下我们都相信：冥冥之中，肯定有一只我们所看不见的大手、有一种我们所不知道的力量，在主宰、操纵着我们的人生命运。"听天由命"的观念一直在生存着的人群里绵延、流传，世世代代，年年月月。俗话说："天生天养天保佑""天命难违"，就是把我们自己的一切全都托付给了我们不得不服（屈服威慑的无可奈何）且不得不信（出于内心的真诚敬佩）的本体，无论天给予我们什么样的结局,我们都可以心悦诚服地接受下来。即使我们积极地去有所作为,即使我们最终能够改变了什么,也是受到了天的护佑的结果。

"天上有星,朝廷有名",即使我们能够在世间做出点所谓惊人的业绩来,根本原因也并不在我们人自己,而在天上的印证中,因为在天的本体里有我们成功、荣耀的可能性存在。天威的力量是任何人都不可小视的。我们经常把一些确定无疑、人所公认的道理称为"天理""天经地义"或"天理昭彰",以为这才是不允否定的真理,是大家都得遵守、不可违拗的定律。如果有意或无意地背离了这些真理、定律,则必然"天理难容""天打雷劈""天诛地灭"。在中国,无论古代,还是现代,"欺天之罪"向来是最高级别的罪恶,所得到的惩罚也是无以复加的,或被杀头,在生命存在上予以否定;或遭人们吐弃,排除出世俗交往的信义世界。

天,还是我们生存信念的最后希望与根据。为了更好地理解本体,时常有必要把我们推到生存的极限。每当遇到绝境,我们想到的会是什么?每当外在条件逼迫我们放弃所有的东西而只留下一件事情,我们选择的会是什么?在这种情况下,我们所相信、所选择的一定是属于我们最本心的本体性的东西。中国人在逢遇绝境之时,最经常说的一句话就是:"老天爷保佑"。此时此刻,我们总会"呼天唤地",希望老天爷"长眼""开眼",期盼老天爷能出来拯救,如果这时情况真的出现了转机,则说明"天助我也",可喜可贺;而如果"叫天天不应,叫地地不灵",那么,我们就必然陷入绝望,只有死路一条。无论哪一种结局,对于老天爷来说，都是有道理的，我们都得无条件地接受。天永远活在我们心灵的底处，不时呈现于日常生活世界之中，但只有绝境才会把我们更为直接地引向本体，才能使我们获得对它的最真切的体验。不止于此，天，还同人的生与死相连接。中国人习惯于把一个人难以更变的品性指称为"天生的"或"天然""天性"，以为只有从天那里带出来（即"生"）的东西，才是固定而不可改易的；而把人生命的终结（即"死"）直接叫作"归天""升天"。可见，天一直在紧紧地拴扼着人的生、死两端。

人总无法与天等齐并列。在天面前，人是卑微的。人在天面前的卑微，是遏制人欲无限膨胀的必须，是一切道德生活的开始，是人类自身发展的最后一道保险。但中国人总愿意把自己的意志以天的名义发布出来，实际生活的普通道理总要套上天理的外衣才能为人们接受和认同。甚至还形成一套堂而皇之的所谓天理与人心相通融的学说理论。中国历史上的无数次农民起义几乎无一例外地都标榜自己是"替天行道"。造反有理，这个"理"不来自于人，而受之于天，因为现政权触犯了"天怒"。而天又是服从人愿的，有天怒必有人怨，有人怨必有天怒，天与人在这一点上是息息相通的，所以"揭竿而起"是天通过人（个别起义领袖）对朝廷实施的警告和处罚。更重要的是，中国历朝历代（特别在末世时期）的老百姓又几乎无一例外地都相信：天道真的要由活人来落实了。有了一个染上天字的闪亮旗号，所以，每有揭竿而起者，总能振臂一呼而应者云集。在中国，每个人的心体都可以直达本体，于是，每个人都可以替天行道，最终则必然导致不断革命、造反有理、谁都想当皇帝的历史结果。"天下第一剑"情结萦绕在每一个中国人的心底。

在中国人的生活经验里,那些把自己凌驾于天之上、违背天意或不敬畏天的人是绝对没有好下场的。十恶不赦或大逆不道的人总是"无法无天""胆大包天"的狂徒。说"天不怕,地不怕——我比皇帝老子大""天不怕,地不怕,除了阎王我为大"的人,一般都不得好死,或刀剐,或枪毙,或暴病,或横祸,等等,总之都必定要死于非命。至于那些"一手遮天""心比天高"的人,即使态度稍微缓和一点,但终局也必不乐观,总要落得"命比纸薄"的下场。"心高命不高",失去天的资助,即使能耐再大,也没有办法,也改变不了注定失败的命运。不相信天是不行的,现实生活中永远都不乏那种志气虽大但命运却一直乖桀不顺的人们。这就是"天使之然"的结果。

为什么中国人在称自己没有做过对不起良心的事情时,总要用"仰不愧天"(《孟子·尽心上》)?这似乎在说明:天是无所不知、无所不晓的,天拥有无数双能够洞察一切、明监一切的眼睛,正如通常所说的"天晓得""天知地知"。我们的所有言语、行为、思维甚至态度、动机,不一定非得对任何个人、任何组织或任何利益集团负责,但却必须对天负责。好比欠债,我们欠谁的都可以,就是不能欠老天爷的。我们可以对人、对物、对事有所愧疚,但是就是不应该对不起天。因为天是我们信念的本源,我们不能在源头上就摧毁了自己,污染了的源头是不可能流出清净的活水的。而心是通向天道本体的桥梁,"扪心自问"总会当然地与"仰不愧天"相联结。人可以反省到自己的得失,可以觉察到是否能够对得起天，说明这个本体一定位于我们的心底里，所以就不必向外寻求了。于是，本体与本心便合而为一，最终统摄于天。

对于一般中国人来说，最可怕的事情莫过于天本体的消失与解构。我们在形容极度的绝望、沉闷、痛苦和无聊时，总喜欢用"暗无天日"一词。没有天的世界是不可想象的，没有天的心底一定是空荡荡的。因为一旦没有了天，人就失去了自己生存的本体依据，就丧却了生命的支撑体。天是人们须臾不能离开的，人们既然已经在意义世界里生存着，就绝对不可能回到原始的混沌中去作为纯粹的物本体自身了。如果再进一步，当我们面对一件彻底瓦解、完全毁灭的东西时，总用"天崩地裂"来形容。连天这本体性的东西都荡然无存了，其余的一切理所当然地也就无法全身保性了。总之，在我们的理解中，"暗无天日""天崩地裂"说的肯定是一种处境，并且是人一种无根无本无底的绝境。

天道的本体地位还体现在天作为一种极限的概念。中国人总习惯用"翻天覆地"来比喻变化的深刻性，说的就是，连属于我们本根的天都被颠倒过来了，还有什么东西没发生过改变呢？天是我们所能理解的世界的终点，是我们所能想象的时空极限。"天长地久""天荒地老""天高地厚""天涯海角""天网恢恢""天罗地网""天各一方"，等等，所透露出的信息都表明：天在我们的心理信念中永远是至高无上、至大无外的。如果天不是我们心目中的绝对本体，如果天不在我们的信念世界里占据着至高无上的地位，我们又怎么可能把这么多顶尖级别的语词累加在它的身上呢？在汉语里还找不出一个能够取代天或意义上等同于天的词汇。其实，这里的最终原因并不应该在语言本身中寻找，而应该在我们的信念世界里去发现。因为在我们的心里深处，一直有一个本体性的、能够给我们的生存以意义和希望的天活跃着、存在着。

命的信念

一、命：天道信念在生活世界中的展现

二、知命与立命

三、君命、民命与顺命、逆命

四、正命、随命、遭命

命自天出，天生则为命。唯天为大的不变信念延伸到现象世界则成为时刻主宰着人生生活的命。

中国人常说："人命难知"。汉代大思想家贾谊在著名的《鵩鸟赋》中曾感慨道："命不可说兮，孰知其极！"[①] 人的命，可真是一个千古难题！如果说命运有固定不变的规律吧，显然不太可能，因为一方面，"一个人一个命"，茫茫人海之中，每一个你的命、他（她）的命、我的命之间根本就没有任何可重复性，我们并不能从同样的人生行为上

---

① 费振刚、胡双宝、宗明华辑校：《全汉赋·贾谊·鵩鸟赋》，北京大学出版社1993年，第2页。

寻找到同样的人生结局；另一方面,"天命靡常",人即便再聪明、再精明,即便能够管得了无数凡尘世事,但也无法真正主宰自己的命运前程,正所谓"人算不如天算"。

而如果说命运完全都无法把握吧,似乎也不准确!如"一份耕耘一份收获""善有善报、恶有恶报""好人好报""多行不义必自毙"之类,冥冥之中又总好象有那么一只看不见的大手连结着人生在世的原因与结果,一如人心理念所坚持、所认为的那样。始终被人类中心主义、自我中心主义或西方现代科学知识体系所支撑着的现代人,千万不要被"人定胜天""唯我独尊"之类的虚幻感觉所遮蔽,或者因为自己对外在世界已经知道了很多,就认定自己对自己的命运也已经了解了很多。其实,在自然及人类的造物主面前,无论何时人类总都是微小、脆弱而不堪一击的,并且,人们对外在的世界知道的越多,人们对自己命运的了解就越少。

一 命：天道信念在生活世界中的展现

天的信念本体从哲学的层面进入日常生活世界,则反映在人们所拥有的天命或命的观念上。那么,究竟什么是命？

《说文解字》曰："命,使也,从口从令。"而"使"是指令或派遣,是让人(臣、民)按照帝君国主的意图执行政令。用"使"训"命",颇值玩味。"使"的对象是被支配、被指派的,根本没有任何主动权。

值得重视的是,命究竟是如何从远古的"使"过渡到现代的"命运"的。命的词义,由动词化的命令、指使转化为名词化的性命、命运可能发生在春秋时代,或许还可以更早。从《诗经·商颂·玄鸟》说:"天命玄鸟,降而生商",到《尚书·康诰》说:"天乃大命文王",到《尚书·汤誓》:"有夏多罪、天命殛之",以及《诗经·大雅·文王》:"天命靡常"。这是一个不可忽略的词义转换过程。词义的转换,当然也可以把词的原始信息带入新词当中来。于是,一方面,命就具有了受命、遵命的含义;另一方面,命是受谁指使的呢?命的来源在于天,来源于一种几乎完全外在于我的力量,命的根底不在人。

中国古人似乎很早就把命与天作了有机的连结。"天命"这一复合词的出现与一直被使用,似乎就是最好的明证。命与天是密不可分的。天是命的源泉,是命的最终决定力量,命是天的意志在人身上的体现与落实。董仲舒说:"命者,天之令也","天令之谓命"。① 命,一定已经从天那里接受了指令。人的肉体存在只不过是命的物质形式,命的实质性与终极根源并不在现实的人的身上,而毋宁只在于天。天命在人主国君身上表现为"天授",而在凡夫俗子身上则称之为"命"。

作为"兴汉三杰"之一的韩信与高祖刘邦曾经有一段非常著名的精彩对话:

> 上问曰:"如我能将几何?"
> 信曰:"陛下不过能将十万。"
> 上曰:"于君何如?"

---

① 班固:《汉书·卷五十六·董仲舒传》,岳麓书社 1988 年,第 1096、1104 页。

曰:"臣多多而益善耳。"

上笑曰:"多多益善,何为为我禽?"

信曰:"陛下不能将兵,而善将将。此乃信之所以为陛下禽也。且陛下所谓天授,非人力也。"①

无论是人主国君的"天授",还是凡夫俗子的"命",都当然性地来自于天,都可以归之于天命。决定君与臣之间、圣与凡之间或人与人之间差别的终极根据,不在可感知的现象世界之中,而只能在先验的、超越的本体界之内。人与人之间,现象世界里的差别还只是片面、表层而浅显的,还不能算作是实质性的差别。惟有命中注定的差别,才是你、我、他之间最根本的差别。

儒学关于天命的思想历来是非常丰富的。从孔子、孟子、荀子,到汉代的董仲舒、王充,再到宋、明、清诸儒,几乎无一没有天命的主张或论述。对于天命,儒学一方面既不同于道家的"安命",即绝对地追寻自然、听任自然,如庄子"知其不可奈何,而安之若命"②,又"无以人灭天,无以故灭命"③;另一方面,也不同于墨家的"非命",即全然否定命运机遇、偶然性因素的存在,如墨子"赖其力者生,不赖其力者不生。"④ 儒学的天命似乎颇有自己的独特之处。

---

① 司马迁:《史记·卷九十二·淮阴侯列传》,岳麓书社1988年,第687页。

② 《庄子·人世间》,见《百子全书》第五册,第4536页。

③ 《庄子·秋水》,见《百子全书》第五册,第4568页。

④ 《墨子·非乐上》,见《百子全书》第五册,第2435页。

从孔子开始，儒家就要求对天命有较为清醒的认识与把握，至少能够辨析出什么是"正命"或什么是"顺命"，从而构成所谓"知命"的内容。到了孟子，则更进一步，明确提出所谓"立命"，希图在纯粹的自然世界面前建立起人性独有的尊严和主体自觉精神。在孔、孟，既不可以完全依靠天，也不能绝对排除天的因素对人世生存的决定性影响，正确的人生态度应该是"不怨天不尤人"。人是由天所生发、所决定的，但这仅仅限于本体"未发"的领域，一旦进入现象的"已发"世界，一旦人开始与天打交道，人在天面前就不是无为、消极或不知所措的，而毋宁是可以积极、主动并有所作为的了。"尽人事而听天命"、"谋事在人，成事在天""为不为，人也；成不成，天也。"既不放弃主观上的积极努力，又对"天助"存有幻想、希望。

人对自然世界、对无限存在物的驾御、利用和支配构成了人之所以区别于一般物质和普通动物的最突出标志，是人以自身存在的有限性对抗、消解宇宙世界的无限性的本质反映。正是人的这种积极有为的主体精神才构筑起人作为类存在的超越与永恒。顺命、正命、立命绝不仅仅是一个纯粹的时间概念或通常人所谓的寿命短长，而一定早已与人的生死含义、与人生存在的意义世界相联系。对于天或者命，人们可以有尊崇之心、敬畏之情，但并不应该由此而转变成一种绝对的匍匐、屈从态度，即形成所谓"宿命""任命"或"安命"的观点。所以从这一角度看，中国就绝不可能有严格意义的宗教产生，儒学不是别的，而是活在人们心底深处的情感凝练，是人们生活世界里的经验总结。

二 知命与立命

孔子说:"吾十有五而志于学,三十而立,四十而不惑,五十而知天命,六十而耳顺,七十而从心所欲,不逾矩。"(《论语·为政》)按朱熹的理解,"天命,即天道之流行而赋于物者,乃事物所以当然之故也。知此则知极其精,而不惑又不足言矣。"① 在这里,天命似乎是天道从本体境地中流行出来以后的产物,并且是从一个外在的、非本己的时间空间注入、渗透到人或物的身上的。这样的理解似乎已经把人与天、与天命野蛮地割裂了开来,而在人与天之间制造了"隔",是对天道予以了理论化、分析化的解释。

实际上,无论天道、还是天命,从来都不外在于人,都不曾离开过我们的心,都无外乎人的心理信念。命由心所构筑,命是心建造出来的必然性、决定性、偶然性、任意性,它根植于人的信念本体之中。在这个世界上,在眼前的生活之中,没有什么东西一定是必然的,同样也没有什么东西一定就是偶然的,这就是"命"。普通人总幻想有一只大手在操纵世界、控制人生,以为什么东西、什么事情都是"天使之然"的。

其实,无论世界,还是生活,个中并不如人们所想象的那样——肯定存在着无限多的必然性和规律性。必然性和规律性都是可以把握的,都是在知性范畴中固定存在着的,因而都一定能够被我们的知性所认识、所论证。如果真的存在

---

① 朱熹:《四书章句集注·论语·为政》,第54页。

着那么多的必然性和规律性，那么我们根本就没有必要对命运发出那么多的感叹或无奈，我们就有可能死死地守住规律、牢牢把握必然如此的东西，于是，人们就可以主动排除一切困苦和艰难，而一往直前地驱迫于理想、正义和至善。这样，人生就不可能再有那么多的曲折、悲凉和凄怆了，苦难的现实世界肯定已经变成了理想的天堂。既然有这样的捷径可走，也根本就没有必要世世代代重复着对命运的艰辛摸索。

实际上，"原来人也不知道自己的定期。"[①] 人如果知道自己的人生底牌，他（她）就不会再继续活下去了！命运如果不再神秘莫测，那么，人活着还有什么奔头?! 人生没答案，生活就这样。正如20世纪英国历史哲学家R. G. 科林伍德在《历史哲学的性质与目的》一书中分析历史时所曾指出的："历史中所展示出来的计划，并不是在展示之前就已预先存在；历史是一场戏，但这是一场即席演出的戏，是由它自己的演员互相协作即席演出的。"人生不也正是一场戏!? 在人生这场戏里，只有演员与舞台而一定没有预先就已经写好的剧本，只有演员的即兴发挥而一定没有预先设计好的表演动作。人生如戏场，没有导演，没有编剧，也没有观众，有的只是纯粹的演员自己。

然而，事实恰恰截然相反，规律性、必然性的、笔直的天堂之路，总远离着人生生活世界，一代又一代的人们总要不断地面临并接受着命运的摆布和戏弄。时至今日还没有一

---

① Ecclesiastes, 9: 12, The Old Testament, New American Standard Bible, Moody Press, Chicago, 1977.

个人敢在命运面前扬言:"我已经掌握了命运!""我在完全控制着我自己!"……谁都不敢夸下这样的海口,谁都没有胆略这么说,因为谁也不可能真正地探得命运的堂奥。也难怪古罗马历史学家塔西佗曾不无调侃地说:"我越是深入思考古往今来所发生的一切,我越是感到人间的万事万物是一种莫大的讽刺。"①

《诗经》中有一句千古诤言:"天命靡常"②。只要我们对这句经典作深入仔细的体悟和感受,就绝不会陷入必然性的泥潭。正是由于命的偶然性质,所以我们才无法用人心理性体系中的知识、科学、逻辑、概念去界定、掌握,于是,命就具有了神秘莫测的特征。理性体系的无能为力,客观上便为非理性的信仰及迷信开出了广阔的地盘。知性无法认知的东西,人们可以通过坚执的心理信念去接近它、理解它。尽管到目前为止,我们还并不清楚这样做所导致的结果究竟是对还是错、到底距离"事情本身"——命运,还有多远。而正是这一切构成了命的神秘性的最直接的原始本源。

一个极有意趣的问题是,对于天命,人为什么只有到了五十岁以后才能够仅仅有所"知"?原因恐怕就在于,"知命"是非常困难的,不达到一定年岁,没有一定的人生经验积累,没有一定的社会阅历,就不可能获得对人自身生活在世的责任、使命以及最终完成程度的清晰感受和自觉意识。在这个世界上,在这个社会里,在这个人生中,

---

① P. C. 塔西佗:《编年史》III,18,商务印书馆 1982 年。
② 《诗经·大雅·文王之什·文王》。

我应该做些什么？
　　我能够做些什么？
　　我已经做了些什么？
　　我还能做些什么？

这一类的问题，也只有到了一定的人生阶段、经历过生活的风风雨雨之后，比如在五十岁左右，才能有条件、有必要、也有能力去作自我追问、自我反省。"知天命"就是认识、理解和掌握人自身的有限性与世界的无限性，就是力图在偶然的生命现象中寻找出相对必然的、可以对之实现主观控制、人为把握的生活之道。

　　孔子说："不知命，无以为君子也。"（《论语·尧曰》）一方面，"知天命"是"立命"的前提、条件，通晓自己应该并能够做些什么之后，才能积极主动地去努力；另一方面，"知天命"也是衡量"君子"的一个重要标准。只有那些对自己的人生有所反思，并能够上升到类存在的人类总体层次上进行自觉醒悟的人，才能够有资格成为社会的核心阶层或精英分子，才能够有能力去领导民众和管理社会。

　　"死生有命，富贵在天。"（《论语·颜渊》）孔老夫子一语既出，便在中国文化与实际生活的双重世界中显示出巨大的生命力和极强的渗透性。后来的朱熹又一次地把命与人作了隔离，他说："命禀于有生之初，非今所能移；天莫之为而为，非我所能必，但当顺受而已。"[①] 好象存在着一个

---

① 朱熹：《四书章句集注·论语·颜渊》，第134页。

所谓的"有生之初",命由它所决定、所生发,人在命面前只有"顺受"的份,而不可能有任何的主动作为。世界的一切、人生的道路似乎在生成时的一瞬间就已经注定了命运,一旦在先天之时被本体所决定、成型,主体在后天就不可能有所更变了,"非今所能移""非我所能必"。这几乎是一种粗浅简陋的天命论,这其中浓厚的本质主义色彩即使在当代还在流行,仍然还有一定的市场,也还极容易迷惑人、招引人。

《史记·高祖本记》载:"高祖击布时,为流矢所中,行道病。病甚,吕后迎良医。医入见,高祖问医。医曰:'病可治。'于是高祖嫚骂之曰:'吾以布衣持三尺剑取天下,此非天命乎?命乃在天,虽扁鹊何益?'遂不使治病,赐金五十斤罢之。"[1] 在刘邦,"以布衣持三尺剑取天下"是命定的;而有病不治,最终属死属活同样也是命定的。

刘邦的一句"命乃在天",道出了中国人内心深处的真实信念。在中国人的日常生活中,经常会听到这样的俗语:

> 命有八尺,难求一丈。
> 命有八斗,难求一石。
> 命里只有八合米,
> 走遍天下不满升。
> 命若穷,掘得黄金化作铜;
> 命若富,拾到白纸也变布。
> 命中有时终须有,

---

[1] 司马迁:《史记·卷八·高祖本记》,第109页。

命中无时莫强求。

这些说法中就蕴藏着人们对天命的无可奈何,对自己命运被决定、被支配的失落感。假如把人生得数定额为100,人努力了90%,而剩下的10%总是非人力所能左右的。人们总把生活里的残缺因素归之为命,认为纯粹是由天造成的。要取得事情的圆满成功,绝不可全然依赖于天,人的因素还是十分关键的。换言之,人决不应该拜倒在天的脚下,在世界的构建过程中,人并非是束手旁观的,这个世界还是把大部分的空间留给了人类。儒学的痕迹在这里犹为显著、突出。

孔子说:"道之将行也与,命也;道之将废也与,命也。"(《论语·宪问》)尽管人作出了最大努力,但"道"最终能否获得圆满成功(即"行"与"废")还取决于那些出乎人之意料的、"不致而自至"的因素,即通常所谓的"命"。对于这些因素,我们无法用知性来予以分析、掌握,因为它们根本就没有规律性可言,它们已超出人的知识范围,显得象似某种神秘莫测的东西。于是,人们几乎毫不犹豫地就把这些因素一概推到命的头上,一切超越于我们把握能力的东西、一切我们说不清责任的东西都让命、让天来承担。知性所解决不了的问题索性都留给信仰和信念,人所面临的困惑不如都推给天与命。

这样,天与命,一方面成为人们无能为力的借口;另一方面也成为人性缺陷的一只大口袋,人所解决不了的所有问题都可以往里塞。孔子甚至认为,连人的疾病都是在命中注定了的。"伯牛有疾,子问之,自牖执其手,曰:亡之,命矣夫!斯人也而有斯疾也!斯人也而有斯疾也!"(《论语·

雍也》）

然而，在人们的现象世界里，毕竟还有大量规律性、必然性的东西或事情存在，确定性终归还是人世生活的主导方面。没有这种确定性我们就不能建立起对于世界、人生的统一性的理解与认识。所以，人在这个世界里就不应该是无所作为、袖手旁观的看客。此外，人世生活虽然有许多不确定、无法把握的东西，但是人在偶然性面前也并非注定就束手无策，孔子讲"知命"，其目的就是要在更多的偶然因素中发现可以认知、可以理解的东西，为更多地掌握偶然性做准备，就是要为进一步的"立命"做铺垫。

孔子之后，孟子明确地提出了"立命"的主题，为儒学天命思想的完善，建立了功不可没的基础。孟子说：

> 尽其心者，知其性也。知其性，则知天矣。存其心，养其性，所以事天也。夭寿不贰，修身以俟之，所以立命也。（《孟子·尽心上》）

在孟子，由"尽心"而"知性"而"知天"，是一个因果性的序列，是人获得对天的认知和把握的最基本路径。面对天与命，我们并不是纯然的一无所能，我们还可以主动地去"事"、积极地去"立"。通过"存""养""修身"等生活实践去塑建、确立、完善我们对偶然的了解，弥补我们知性世界的不足，从而为我们的心底信念寻找出最可靠的理论根据。

朱熹在注释孟子这句话时指出："存，谓操而不舍。

养,谓顺而不害。事,则奉承而不违也。"① 朱熹的"不舍""不害"与"不违"显然已没有了孟子对人性的提拔和高扬,反倒有点像庄子道家的"安之若命"。而实际上,在孟子,"存""养"、"事"一定不会是"宿命"或"任命",相反这其中展露出来的却是:以一种积极的态度在偶然世界里建构起主体的精神和人性的尊严。而这正是"立命"所要解决的内容和所要突出的重点。

至于"立命",朱熹的解释为:"立命,谓全其天之所付,不以人为害之。……尽心知性而知天,所以造其理也;存心养性以事天,所以履其事也。不知其理,固不能履其事;然徒造其理而不履其事,则亦无以有诸己矣。知天而不以夭寿贰其心,智之尽也;事天而能修身以俟死,仁之至也。智有不尽,固不知所以为仁;然智而不仁,则亦将流荡不法,而不足以为智矣。"② 如果立命果真如朱熹所理解的"全其天之所付""不以人为害之",那么,谁又能告诉我们:究竟什么是"天之所付",并且怎样才能使人生还原到或者符合于"天之所付"的本来面目。可以说,没有人能够回答上这一问题。在朱熹那里,似乎命一定是天在原初本体状态下就已注入我们身上的,或者说命原来肯定有个现成的样子摆在天那儿,我们的人生是早已"给定"(given)了

---

① 朱熹:《四书章句集注·孟子·尽心章句上》,第349页。
② 朱熹:《四书章句集注·孟子·尽心章句上》,第349页。就在这里,朱熹同时还给出了"心"、"性"的定义:"心者,人之神明,所以具众理而应万事者也。性则心之所具之理,而天又理之所从以出者也。人有是心,莫非全体,然不穷理,则有所蔽而无以尽此心之量。故能极其心之全体而无不尽者,必其能穷夫理而无不知者也。既知其理,则其所从出,亦不外是矣。以《大学》之序言之,知性则格物之谓也,尽心则知至之谓也。"

的。人们来到世间活一遭,任务就是要毫不走样、原封不动地实施天给我们已经设计好了的方案。如若有人为的成分都可能是对原本之命有所害,这才是真正的"全其天之所付"。

更为重要的是,人生在世,我们每一个人都根本无法知道:老天给我们安排好的命,究竟是什么样子的。如果我们每个人都能在涉世之前看到自己的命的底本,那么我们的生活就成了一场毫不犹豫、义无返顾的按图索骥游戏,根本就不需要付出任何艰辛,当然也可以省却许许多多的麻烦、曲折和痛苦。所以,朱熹的立命好象已经离开了儒学而接近了道家。如果按朱熹的路途,恐怕我们永远也无法理解孟子为什么要大张旗鼓地提倡"养浩然之气"。

尽管孟子也讲"正命""顺受",譬如:"莫非命也,顺受其正。是故知命者,不立乎岩墙之下。尽其道而死者,正命也。桎梏死者,非正命也。"(《孟子·尽心上》)[①] 但是,立命才是孟子性命哲学的真谛,才是第一义。天命在孔子还是可畏惧的对象,但到了孟子,由于主体对命的建塑和确立,天命已与人相接近了。人的主体性的强弱反映出孔、孟在为人与思想方面的差别。孔子不但"畏天命",而且连"大人""圣人之言"都害怕,而孟子似乎要舒展、洒拓得多,从"居天下之广居,立天下之正位,行天下之大道"(《孟子·滕文公下》)的弘愿雄心,到"万物皆备于我矣"

---

① 朱熹对"正命"的解释为:"人物之生,吉凶祸福,皆天所命。然惟莫之致而至者,乃为正命。故君子修身以俟之,所以顺受乎此也。"见朱熹:《四书章句集注·孟子·尽心章句上》,第349、350页。

(《尽心上》)的气度魄力,无不体现着人对自我、世界乃至宇宙的建设性和挑战性,也透露出人类作为有限性存在面对宇宙总体无限时,所拥有的热情和乐观。而这正是儒学不同于道、佛之学的首要特质所在。

三 君命、民命与顺命、逆命

继孔、孟之后,汉代的许多学者对天命问题都有专门的论述。董仲舒的天命观念既接受了先秦各家学派的影响,又明显地体现着儒学的传统精神。虽然粗拙、简陋甚至还经不起推敲,但也不乏有自己的特色。

董仲舒的"天命"理论中,尤其强调"受"。"受"是天向人世生活颁布律则的过程,有着特殊的指代和意义。"受命"之秩昭示着伦常社会的规范、法则和次序。尘世现实存在的合理性根源并不在人间而在于天上。

> 人于天也,以道受命;其于人,以言受命。不若于道者,天绝之;不若于言者,人绝之。臣子大受命于君,辞而出疆,唯有社稷国家之危,犹得发辞而专安之,盟是也。天子受命于天,诸侯受命于天子,子受命于父,臣妾受命于君,妻受命于夫。诸所受命者,其尊皆天也。
>
> 虽谓受命于天亦可。天子不能奉天之命,则废而称公,王者之后是也;公侯不能奉天子之命,则名绝而不得就位,卫侯朔是也;子不奉父命,则有伯讨之罪,卫世子蒯聩是也;臣不奉君命,虽善以叛,言晋赵鞅入于

晋阳以叛是也；妾不奉君之命，则媵女先至者是也；妻不奉夫之命，则绝，夫不言及是也。曰：不奉顺于天者，其罪如此。①

天授命给人，并非直接，而是通过一个媒介性的"道"来完成的；人授命给人，也需要一种环节来中转，即是"言"。"道"在天与人之间担当着统一、联合的功能，而"言"在人与人之间则发挥着交往、沟通的作用。本来，现象就是现象、本体就是本体；每一个人的世界绝对地属于他（她）自己。人与人、本体与现象在本质上是两离的对立，是互不搭界的两张皮，根本无法进行勾搭、融合。物的本真就是纯然的物自身，怎么可能渗到我们的意识当中，而进入现象世界呢？但是，正是人心之性情（Gemüt）发挥了思维和想象的功能，使得本体与现象、主体与主体之间发生了联结，即形成了意义世界。

"道"与"言"都是人心撮合本体现象、联系主体间的工具手法和方便门径。正是因为有了"言"，主体间性的建立才是可能的，人才能走出封闭的自我世界而成为一种社会意义的存在，人与人之间才有可通约性、可理解性。"道"是联结本体与现象的纽带，而"言"则是自我向他人或公

---

① 董仲舒：《春秋繁露·顺命》，第85页。这里涉及春秋时代的一些基本历史事件。"盟"是指成公二年，"秋七月，齐侯使国佐如师。己酉，及国佐盟于袁娄。""叛"是指定公十三年，"秋，晋赵鞅入于晋阳以叛。""至"是指僖公八年，"秋七月，禘于太庙，用致夫人。""绝"是指桓公十八年，"公夫人姜氏遂如齐。"具体内容分别参见《春秋公羊传》，辽宁教育出版社1997年，第81、135、42、18页。

共社会过渡的标志。"人于天也,以道受命;其于人,以言受命。"

董仲舒漫不经心的一句,道出了深刻的哲学真谛,无意中颇接近于西方近代哲学的一些命题。《春秋谷梁·庄公元年传》曰:"人之于天也,以道受命;于人也,以言受命。不若于道者,天绝之也。不若于言者,人绝之也。"① 人与天之间没有了"道",人与人之间没有了"言",我们就无法从自我个人的世界进入到社会领域,我们就必然会变成一种没有意义、没有信念的纯粹的物自身,便不再是心理学、道德学和社会学层面的人了。

在由天、天子、诸侯、君、臣、父、子、夫、妻所形成的受命之链中,天是第一环,是本体源头。天授天子,天子授诸侯,父授子,君授臣妾,夫授妻。但各种授、受,都以天为至尊、为最直接、根本的源泉。可以说,命皆受于天,正如《礼记·中庸》所言:"诗曰:嘉乐君子,宪宪令德。宜民宜仁,受禄于天。保佑命之,自天申之。故大德者必受命。"② 大德之人(圣人),其位、其禄、其名、其寿都来自于天的恩赐和保佑。而"受命"又必然会通过一定的符号、象征来显现,即所谓"受命之符":"有非力之所能致而自至者,西狩获麟,受命之符是也。"③ 天授命给人(特别是给天子)一般总会有"受命之符"的出现,以让人们真正

---

① 顾馨、徐明校点:《春秋谷梁传·庄公元年》,第18页。
② 陈戍国点校:《周礼·仪礼·礼记》,第496页。
③ 董仲舒:《春秋繁露·符瑞》,第35页。《汉书·董仲舒传》载对册曰:"天之所大奉使之王者,必有非人力所能致而自至者,此受命之符是也。"第1096页。

理解"符"中所蕴涵的提示和隐喻。这构成了董仲舒感应思想的一个基本内容。

董仲舒在《春秋繁露》里还分辨出"大命"与"变命"。"大命"是人在初生时就已决定了的人生基本态势，是人在后天所无法变更的必然性；而"变命"则是人在生活世界里根据境遇而对主体性作用的有效发挥。

> 人始生有大命，是其体也。有变命存其间者，其政也。政不齐，则人有忿怒之志。若将施危难之中，而时有随遭者，神明之所接，绝属之符也。亦有变其间，使之不齐如此，不可不省之。省之，则重政之本矣。①

董仲舒把"大命"定为命之"体"，而将"变命"归之于"政"，力图从社会政治管理的角度，对命运中不确定偶然性因素作心理学的探寻。"大命"由天所左右，而"变命"却可以由人自己来控制。但是，普通人的"变命"却与整体的社会环境相关联，因为普通人的"变命"一部分掌握在自己的手里，而另一部分则依靠于作为天子的人主国君。董仲舒以为，如果国家政治不清明、社会不稳定，人们生活在其中就必然会经常生发愤懑、激怒的心情，因此这就会对每一个人的生活遭遇产生具体的影响。所以，千万不要低估国家政治对人生生活的决定作用，为人主国君者对于政治应

---

① 董仲舒：《春秋繁露·重政》，第34页。

当始终持一种谨慎、仁人的态度。

于是,董仲舒又在"变命"中分析出"君命"与"民命",更进一步,提出了"顺命"与"逆命"的不同。"唯天子受命于天,天下受命于天子,一国则受命于君。君命顺,则民有顺命;君命逆,则民有逆命。故曰:一人有庆,万民赖之。此之谓也。"① 因为天授天子,天子又授天下、授一国,所以,无论臣民百姓是否能够自觉地意识到,他们的命运在很大程度上已经由作为天子的君决定了。如果君命顺,则臣民百姓就会有"顺命";而如果君命逆,则臣民百姓就必然遭逢"逆命"。

其实,臣民百姓的"民命"是否是"顺命",就取决于他们能否遇到一个圣明的皇上,取决于这个皇上能否缔造出一个清明、安宁的社会局面。天下太平的时候,臣民百姓的人生生活一定安乐祥和,一般人群都应该会享尽天年,寿终正寝,实现所谓"顺命";而生逢战乱之世的臣民百姓,则基本上过着一种颠覆流离的生活,或死于疆场,或死于逃难,或死于灾荒,总之大多数都会死于非命。中国历史上的魏晋时代,战乱频仍,国运乖桀,世人寿命多不过半百。这就是"君命"与"民命""顺命"与"逆命"关系的一个非常有说服力的实例。董仲舒的《春秋繁露》是一部帝王的哲学手册,其天命理论的政治目的就是要告戒、提醒帝王应当有一个什么样的为政心态、以什么样的行为方式来安邦定国。

---

① 董仲舒:《春秋繁露·为人者天》,第65页。

四　正命、随命、遭命

值得一提的是，整个汉代学者们对命的兴趣几乎始终未减。大量关于命的阐释和论述，为后世中国的命学研究提供了宝贵的经典。

《白虎通》中的《寿命》篇是中国哲学史上专门讨论命运问题的名作，它对命的存在种类和基本形态作了较为系统的划分：

> 命者，何谓也？人之寿也，天命已使生者也。
>
> 命有三科以记验：有寿命以保度，有遭命以遇暴，有随命以应行。
>
> 习寿命者，上命也。若言文王受命唯中，身享国五十年。
>
> 随命者，随行为命。若言息弃三正，天用剿绝其命矣。又欲使民务仁立义，阙无滔天。滔天则司命举过，言则用以弊之。
>
> 遭命者，逢世残贼。若上逢乱君，下必灾变暴至，夭绝人命，沙鹿崩于受邑是也。[①]

这就是在整个汉代都颇具影响的所谓"三命说"。至于"寿命""随命"与"遭命"的具体界定，《白虎通》指出，"命有三科"，即大凡人的命有三种各不相同的等级、归属。

---

① 班固：《白虎通·寿命》，见《百子全书》第四册，第3561页。

寿命是指得到上苍佑护、年岁久长的人寿，他（她）的一生走过并且也走完了上苍所给予的时间跨度，只有那些德高功深之人才能百分之百地享有它。所以，也可以称为"正命"，即没有少用，也没有多占一份额外的岁月光阴。

随命是指人的命运之中那些与人的后天所为、实践运作、道德修持、情景遭遇相对称或相统一的因素。所谓"随行为命"指的则是根据人的实际作为、现世功德而确定的命的决定性成分。其实，这里的随命，大致相当于今天人们常说的"命运"之中那些能够被人为改变的、完全取决于后天作为的"运"的部分。命是不可变更的必然性与绝对性，它是被上苍所先天给定了的，是不容变易的，但是，人世生活中，总还有许多事、许多物是可以由人自己决定的。这些事、这些物也可以在一定程度上改变人的生存境遇，其实也应当看作是命的组成部分。运与命加在一起，共同构成了一个人现实的人生生活。

而遭命则是对人生不测因素的强调，一切飞来横祸、非命暴死，都可以归为遭命。在《白虎通》，遭命已跳出命定之列，似乎完全属于一种偶然性。既然是绝对的偶然，那么就不可能是命中所注定的，更不可能被人自己所理解、把握和控制。于是，这就似乎可以解释，为什么在这个现实的世界里，有的好人却寿短，而有的坏人却命硬。

三命之中，寿命或正命是人生最好的归属，是最理想的人生结局，是死得其所，因而也是最上乘的命相。随命则属于中命，其结果可上、可下，可长、可短，完全取决于德性主体的人为因素，要看人生在世怎么做事、怎么做人，所建立的功业如何。上苍把人的命运大蛋糕中那扶摇不定的一块切出来,托付给人,交由人自己处理,而这一块就叫作随命。是上、是下,是长、是短则完全在乎人自己。而遭命的结局最差,也是三命之中最难以把捉的东西。一个人为什么会有遭命?为什么遭命只针对某些人?其实说到底遭命也完全出于一种命定,也可以说是一种正命。遭命与随命、正命之间在内在逻辑上似乎存在着明显的矛盾。

王充的《论衡》中的《命义》篇,从人体最初"禀气"的角度对"三命"的形态又作进一步的区分:"正命,谓本禀之自得吉也。性然骨善,故不假操行以求福而吉自至,故曰正命。随命者,戮力操行而吉福至,纵情施欲而凶祸到,故曰随命。遭命者,行善得恶,非所冀望,逢遭于外而得凶祸,故曰遭命。凡人受命,在父母施气之时,已得吉凶矣。……正命者,至百而死。随命者,五十而死。遭命者,初禀气时,遭凶恶也,谓妊娠之时遭得恶也,或遭雷雨之变,长大夭死。此谓三命。"①

汉代流行的"三命说"中,遭命与随命、正命之间的内在逻辑矛盾似乎已经被王充所发现。遭命也是一种必然性,它在母亲妊娠之初就已经确定不移了。遭命的根源可能在于,父母在"施气"过程中,恰逢雷雨交加或其它一类恶物或突发事件发生,受了惊吓,因此,胎儿就禀承了不正之气,出生来以后就难免于非正常死亡。王充更坚信,人的命在父母"施气"之时就已经形成了定局,根本不可能随日后本人的行善与作恶而有所变化。

所以王充说:"使命吉之人,虽不行善,未必无福;凶

---

① 王充:《论衡·命义》,见《百子全书》第四册,第3218、3219页。

命之人，虽勉操行，未必无祸。"① 命相吉善之人尽管不行善也未必就得不到福祉，而命相凶恶之徒即使做到了勤勉修善也未必就能够免于惩罚、制裁。这样，王充的结论似乎又游离出了儒家哲学的基本立场，不需要劝善积德，也不需要戒恶除逆，主体的存在与作为并不举足轻重，有为是多余的，凡是命所注定的一切都是无法变易的，而只有听天由命，"人禀气而生，含气而长，得贵则贵，得贱则贱。"② 在与主体性较量的过程中，必然性又站了上风。

在命学问题上，王充得出上述近乎宿命的结论似乎与他的一贯哲学立场背道而驰，而其中原因恐怕要在这位大思想家个人的生活境域中去寻找。在《论衡》之《骨相》篇中，王充进一步阐明了他的命学观点。《骨相》篇非常肯定地指出："人曰命难知。命甚易知。知之何用？用之骨体。人命禀于天，则有表候于体。察表候以知命，犹察斗斛以知容矣。表候者，骨法之谓也。"③ 王充还在历史与现实生活中找出大量事例，用以说明骨相学说的异常灵验。他的最后结论是——"性命系于形体，明矣。"④ 因为记载了大量生动、鲜活的汉代命学案例，王充《论衡》的《命义》与《骨相》二篇，始终被后世命学家奉若看相算命的最高哲学根据。于是，具有反讽意味的是，这位所谓"唯物主义哲学家"的经典著作在看相算命之类的唯心主义阵营里也大受欢迎。

---

① 王充：《论衡·命义》，见《百子全书》第四册，第3219页。
② 王充：《论衡·命义》，见《百子全书》第四册，第3218页。
③ 王充：《论衡·骨相》，见《百子全书》第四册，第3231页。
④ 王充：《论衡·骨相》，见《百子全书》第四册，第3232页。

应该承认,有汉一代学者们对命的探究的水平是空前绝后的。无论是董仲舒的大命、变命、君命、民命或顺命、逆命,还是《白虎通》、《论衡》中的寿命(正命)、随命、遭命,都反映着哲学家们对人生命运的强烈关注和认真思考。对于他们的判断和结论,即使在今天,我们也根本无法用一种或多种方法论去证明或证伪。而这些判断和结论却一直在国人的思想心理、存在生活中发生着作用和影响。

中国人总喜欢把那些永远无法把握的绝对无常、无限偶然一概归之于天,始终如一地坚信命的存在。相信就是相信,根本用不着也不屑于去小心地求值、论证,只有西方人才会那样干,那是他们的路数和门径。当然,中国人在相信天道本体的同时从来也不盲目拒斥一切分析、逻辑、推证的理性成分。《红楼梦》有言:"机关算尽太精明,反误了卿卿性命",说的就是知性必然在命运偶然性面前的局限和无能。

中国人,从古到今,从皇帝老子到平民百姓,都无一例外地承认"人算不如天算"。无论他(她)有多大的能耐或多高的水平,在自己的一番艰苦努力之后,他(她)还是要坚持、还没有忘记"成事在天"的信念与期待。本事再大也抵不上鸿运高照。心高不如命硬。能力、才干、学识、水平只具有局部的必然性和有效性,那种偶然的、不可把握的"运",那种叙述不清的生存境遇总体,才是人生过程中起决定性作用的最重要力量。中国人始终相信天,天一直是中国人的本体所在。今后的中国人还得相信天,因为,人生命中那些无常的、偶然的因素永远会窝藏在中国人的心底深处,它们不会向西方人的上帝那儿涌泄,也不可能再发展、演变成为一种神祇性的宗教。

实际上，对命运问题的探讨不应该忽略对自由问题的研究。命运与自由是人生存在世的两个不可分离的层面。绝对地强调或相信命定论，则等于在现实生活着完全取消了人的主体性、能动性与自为性，那么，所有的人都可以推卸掉自己所应当承担的一切道德、法律及社会责任，这样就无异于把人类降格到一个消极的物性存在的层次上。哈姆雷特曾感叹说："无论我们怎样辛苦图谋，我们的结果却早已有一种冥冥之中的力量把它布置好了。"① 于是，命似乎也可以成为开拓罪责的借口。我行善，或者我做恶，一切都是命中注定的，一切都不取决于我自己。我杀人，我放火，一切都与我无关。因为始终有一个非我的外在力量在控制着我，我始终是不自由的，我是做不了我自己的主的。

对于人类存在来说，如果沿着命定论的逻辑延伸开去，便不可避免地产生一个严重的问题：现实世界里的一切道德义务、法律及社会责任又将建基于哪里呢？社会存在中，人们是不可能把本该由某一道德主体来承担的义务、责任强加在属于他的一种说不清道不白、似有似无的命的身上的，其实人们也无法这样做。所以，在一切命学理论中，儒学强调后天之为，其立场是积极入世的，也是认真负责的，应当值得肯定。正因为有了积极入世、认真负责的立场，所以，儒学才在主体自由的理论前提下高度重视主体自身的道德作为，才有限制个体欲求的种种努力。

---

① W. 莎士比亚：《哈姆雷特》，第五幕，第二场，浙江文艺出版社1991年，第412页。

对命定论的极大强调的反面则是对主体自由意志的极端张扬。随着现代化运动在西方的发生、发展与成功,极大地增强了西方社会挑战命运的信心,西方哲学中,挣脱命运必然性逻辑的要求越来越强烈,意志自由的呼声也越来越高。譬如,J.G. 费希特就曾呐喊:"我不愿成为天然的产物,而愿成为我自己的产物""除了我的意志以外,根本不会有任何其它可能的力量引起我的行为。""我要做自然的主人,自然应该是我仆人。""我自己造就成我自己"[①] 没有了对天道的陌生感、没有了对自然的敬畏与尊重,现代性背景下的人类对于命的理解似乎又走向了一个恐怖的极端——肆无忌惮、为所欲为,而这恰恰又无异于将人类自身推向死亡的边缘。应该说,这是自康德哲学强调"人为自然立法"之后,西方文明发展的必然结果。

---

① J.G. 费希特:《人的使命》,商务印书馆 1982 年,第 85、25、26 页。

卷八

中国现代化的精神准备

——马克思主义对科学中国的方法论贡献

一、外王之学的困境
二、新儒学的难局
三、作为现代科学方法的高度凝练
四、发现马克思主义的另一存活空间

实现现代化是近世以来几代中国人的光辉梦想。走现代化的道路，是中国人在历史与现实双重层面上所做出的理智选择。从洋务运动、戊戌变法、清末新政，到辛亥革命、五四运动，再到建国后的"大跃进"，直至最近40多年来改革开放的宏伟实践，几乎近当代史的每一段进程都打上了中国人追寻现代化的沉重脚印。战争不能使中国完成现代化，同样，革命也不是通向现代化的直接路径。在经历了无数次的艰难挫败之后，正是中国共产党人才第一次真正把中国社会领上了现代化的征途。20世纪以来，西方人对西方工业化、现代化的历史开始作深刻的反思，提出了许多发人深省的问题，诸如世界性战争、自然生态环境的恶化、社会价值系统的危机、人类自身的异化，这曾一度使现代化在中国的推进受到不同程度的怀疑。但是，西方的问题往往并不直接就是中国的问题。因为现代化的病弊就怀疑、否定甚至放弃现代化的努力，显然是因噎废食。在今天，现代化是中国民族立于世界民族之林的唯一通行证。"发展是硬道理"，只有完成了现代化的进程，中国才有实力与西方对话，才有资格同世界接轨。面对世界经济一体化、全球化的浪潮，中国人要做的无疑是先把自己现代化。只有在弄清现代化对于饱经沧桑的中国民族所具有的重要意义的基础上，现代化才有可能成为今天整个中国社会最具广泛影响力的、轰轰烈烈的全民实践。

实现现代化是今日中国不可回避的时代主题。源自于西方的现代科学是现代化的重要推动力量。现代科学的发展离不开相应的方法体系的支撑。但是，在中国人既有的传统哲学资源中，儒门外王之学明显侧重于皇权社会的政治伦常建构，而宋明以来的新儒内圣之学又仅仅落实在主体心性修持的一边，因此都不能为现代科学在中国的扎根提供适切有效的方法论基础。中国人介绍、传播、接受马克思主义的最初动因只在政治社会层面。然而，自被确立为国家主导意识形态之后，以唯物论与辩证法为思想精髓的马克思主义，越来越成为中国人吸纳与发展西方现代科学最得心应手的方法、工具。这不但及时弥补了中国传统哲学资源的不足，同时也为马克思主义在目前及今后中国的发展开拓了崭新的存活空间。

一 外王之学的困境

西方人的现代化得益于西方现代科学的推动,中国人要实现现代化就不能不学习西方的现代科学。而西方现代科学的产生与发展又是在西方哲学理性精神的强劲支持下进行的。中国人要接受乃至发展现代科学,必须有一个自觉的精神准备。西方哲学的那种理论理性的精神一直为中国人所阙如。① 晚清至"五四"时代,内忧外困下的中国人议论救亡图存,一开始以为只要把洋人的船坚炮利"拿来"即可,后来却发现,与洋人的船坚炮利紧紧联系在一起的,还应该有洋人的政法度制,不止于此,再后来又发现,还应该包括洋人一整套的思想观念。今天的中国人要全面地吸收、利用西方现代科学甚至沿着西方现代科学所开创的道路发展下去,恐怕也不只是一个简单"拿来"的问题。其实,科学不仅仅是科学,尤其是现代科学,并不是一个具体的器物,它毋宁是一整套的系统工程。同样,引进科学,并不是说"拿来"马上就能够"拿来"的。

现代科学在西方最初起步的时候,无数哲学精英都曾站在哲学的立场上,为现代科学的发展扫清障碍。譬如,康德

---

① 中国古代的许多学科,始终处于一种有技术而无科学、重运用而轻原理的状态。哲学上"知行合一"的基本气质,在一定程度上剥夺了理论科学的独立性与合法性,也决定了不可能产生出一种完全抽象化、系统化的学科理论。即使在古代中国那些专门的科学技术工作者那里,理论理性的兴趣也不是太大,普遍存在着一种"知其然而不知其所以然"的现象,明末的徐光启似乎早已意识到了这一问题,曾一针见血地指出,像李淳风、郭守敬之类的科学家也只是"能言其法,不能言其义"(《徐光启集·卷二·勾股义绪言》)。

的《纯粹理性批判》一书，所要解决的全部问题的核心就是"先验综合判断如何可能"①，即所谓"具有普遍必然性的科学真理是如何可能的"②，实质上就是要论证现代科学赖以形成的基础——人的真理性认识的合法性、客观性与必然性。然而遗憾的是，西方现代科学大规模输入中国已经有一百多年的历史，但我们的哲学界、文化界、理论界还没能从思想资源的角度对中国人接受与发展现代科学的精神基础予以恰当的分析、解释与清理，甚至还没有将其当作一个严肃的学术问题来对待。如果说中国人接受现代科学以及作为现代科学之结果的现代化是必须的，那么，我们学习西方现代科学的手段与方法又从哪里来呢？如果仅从先天的思维能力角度看，中国人与西方人之间是相通的，在本质上并没有太大的距离，也分不清谁高谁低。譬如，过去及今天的中国学生留学西方，往往都表现出非凡的学习才能，远远超过西方学生。这里，只从思想资源积极准备的层面上（即作为一种自觉的、有意识的、可以运用自如的方法论工具）展开问题的讨论，思考的前提是：（1）现代化作为一种西方文明的产物，并且，必然性地要向弱势文明输出。（2）中国人肯定处在一个被动的接受、吸纳的位置上。（3）今天的中国人如何才能站在一个自觉、积极而不再是被动、消极的层面上接收和发展现代科学技术？（4）中国人要发展现代科学，必须找到适合自己的方法论基础。而方法论的问题

---

① Immanuel Kant, Kritik der reinen Vernunft, Felix Meiner Verlag, Hamburg, 1993, Seite 71, 73.

② 李泽厚：《批判哲学的批判》，人民出版社1979年，第64页。

又应当直接与哲学思维的倾向、品质相关连。于是,通过反思、厘清、寻找中国文化传统中可以与现代科学方法论相沟通的哲学资源,就显得犹为必要。

内圣与外王,既是儒家人格的终极理想,又是儒学实践的核心内容;既是儒学的本体论,又是儒学的方法论。几乎所有的儒家都重视圣与王的方面,但是,仅就理论倾向而言,还是可以分别出内圣之学与外王之学的差异的。《荀子·解蔽》说:

> 圣也者,尽伦者也;王也者,尽制者也。两尽者,足以为天下极矣。故学者以圣、王为师。

这里已足以凸显圣、王在儒学中的地位与份量。圣落实于"伦",即人伦,是主观内在的道德修养和精神境界,关乎人生哲学、道德哲学;而王则落实于"制",是客观外在的教化德泽与法度礼仪,所指涉的是政治哲学、社会哲学。所谓"内"指圣者的道德人格,而"外"则指王者的事功。所以,《庄子·天下》才说:

> 圣有所生、王有所成。

儒学史上,圣、王的分途大约始于孔子之后,颜回、子思、孟子似乎可以归为内圣一路,而子张、荀子、春秋公羊学、董仲舒则明显有外王的趋向。内圣之学所关注的是道德实践主体的主观自觉,以为一切伦常行为都依赖于源自本我的"不忍仁之心";而外王的兴趣则在于从客观制度层面来实现对道德实践主体的限制，只有社会、政制、教化的礼法规范才能够切实保证道德原则的最终落实。

　　形成于战国至秦汉时代的春秋公羊学，始终继承着孔门儒学中外王一派的精神原则，所追求的理想及实现理想的方法显然有别于心性之学。心性之学的目标在于修身养性、诚己诚德，希图通过个体德性的确立来驱逐人性之恶，从而实现外王的政治理想。而公羊学的目标则是改制立法、创设王道礼仪，建构起现实社会的伦常秩序，通过实在的、具体的甚至强制性的规范制度促使人性趋近于善。心性儒学相信发自内心的道德自觉可以重塑人性，改邪归正。而公羊学似乎更相信，只有外在的、强制性的礼法，才能使人压抑、制止住内心已有的恶的本性。所以，公羊学始终都强调"克己复礼"应该是"天下归仁"的先决条件。国家政权和社会政治能够获得稳定和巩固，所依靠的力量绝不仅仅是君臣上下的个人私德，而一定也离不开实在客观、如铁一般的体制与法度的约束。应该说，公羊春秋学所议论的话题，并不在致良知、道学问，或所谓正心诚意、成德成圣、下学上达、尽性知天、孔颜乐处等纯粹主观的方面。相反，社会生产的基础（井田制），国家制度的有效形式（大一统），政治秩序的合法性（改正朔、易服色），统治制度的建构（度制、官制、三等爵），社会公平的确立（大居正、大复仇），政权的延续与重建（选举制、嫡传位、新王），帝国政制的变革与存废（通三统），政治得失的评价（祥瑞灾异），历史发展的可预测性（张三世），王者的行为规范（法天、服制、祭、郊）等等，才是公羊学所关注的焦点和所研究具体内容。

儒门外王之学中，荀子、董仲舒也是非常典型的代表人物。荀子也议论修身、荣辱、性情、孝悌，但荀学的主题始终都没有离开过王制、富国、强国、军事、礼法、君臣之道。董仲舒虽然也强调心、性、情、诚、志、道对于道德实践所具有的重要意义，但是，董学的主旨却一直在于用阴阳五行的思想构架为帝国政制、人伦生活建立起一种固定不变的先验秩序，同时，也为儒学奠定了超越性的哲学基础。

外王之学没有能够在秦汉之后的中国成为儒学主流的原因可能在于，一方面，玄学、佛学的相继突起，逼迫儒学必须拿出精致深刻的哲学体系来与之论辩、周旋乃至对抗，但是，包括外王之学在内的整个儒学显然是无能为力的。总体上看，外王之学与其说是儒学哲学，还不如是儒学政治学、儒学社会学或儒学伦理学。完成对玄学、佛学思想精髓的吸纳并重新建构儒学哲学的使命，应该由擅长于心性追求的内圣之学来承担才较为合适，于是，外王之学大有被甩落于哲学边缘的危险；另一方面，完备的秦汉制度为后来中国的国家政治几乎提供了一劳永逸的范型，因而不需要继续再对帝国的创制问题进行经常性、大规模的探讨与摸索，而在思想内容上一直关涉于国家政制建构的外王之学似乎总派不上太大的用场。理论的产生，决定于社会基础，同样，只有被现实所需要并在现实的运用中，理论才有获得进一步发展的可能。中国古代超稳定的社会结构，几乎一直都没有发生过任何深刻的、质的变化，这就使得改制、新王之类的话题不得不逐渐游离出社会思想的主潮流，尽管外王之学在皇权政制的选择与确立的初期曾经起到过关键性作用。这样，外王之学在古代中国超稳定社会格局既已形成的历史背景下所发挥的作用就是非常有限的了，又如何期待它在现今的科学时代发挥作用呢？！

无论是现时代的政治、经济制度，还是现时代的社会结构、科学技术，都远远超出了中国古代文化传统的视野和它所能理解的范围。西方强势文明的大规模浸入，使得整个社会的生产、生活方式都发生了深刻的变化，而与固有传统之间有着明显的断层。从1911年的中华民国至1949年的中华人民共和国，共和制度的设计与确立，在本质上已经远离了皇权帝国的政治范型。中国现代政治的架构显然建基于西方的政治思想，根本没有再沿着传统王权主义的道路延伸下去。外王之学不可能成为孙中山、毛泽东建国方略的直接思想源泉。现代政治架构里，传统似乎已处于一种极度的边缘状态，最多只能充当着一种辅佐、润饰与补充的角色。毛泽东酷爱《资治通鉴》，但是，共和国的国体、政体一定还是按照马克思主义政治法则来建构的。《资治通鉴》的精神，只能部分地满足权谋运筹的需要，而不可能成为一种制度的与历史的必然需要。

期望一种在现实的政治、经济、社会领域里几乎发挥不了任何主导作用的传统思想资源，去为现代科学提供系统的方法论基础，显然是不可能的。无论从概念范畴、话语系统、命题取向，还是从思维气质、学理精神、主题内容上看，外王之学与现代科学根本就是两个领域里的事情。现代科学的方法体系显然另有源头。

二 新儒学的难局

儒门外王之学注定不可能为今天的中国人提供学习现代科学的方法论基础,那么,内圣之学的情况又怎样呢? 内圣儒学的兴趣与侧重主要放在道德心性的修持上。《孟子·尽心上》说:"尽其心者,知其性也。知其性,则知其天矣。"孟子对儒学理想人格的建构由心—性—天的秩序而展开。于是,在修身——齐家——治国——平天下这一原本并列的关系中,修身超越了齐家、治国、平天下,显然被安置在一个最重要、最根本、最源始的地位上。及至宋明时代的理学、心学,在充分吸收了玄学、佛学的思想成果之后,对心体、性体的强调更是到了无以复加的地步。

> 古之欲明明德于天下者,先治其国。欲治其国者,先齐其家。欲齐其家者,先修其身。欲修其身者,先正其心。欲正其心者,先诚其意。欲诚其意者,先致其知。致知在格物。

《礼记·大学》中这段非常著名的话语,经后来朱熹的一番包装与解释,陡然成为"《大学》之八条目"[①]。"八条目"的践履路线显然是由内而外的,由道德心性指向外界存在。"自天子以至于庶民,一是皆以修身为本。"于是,修养心性便被推崇到极端。"宋儒之首"周敦颐,始终将"诚"视作"圣人

---

① 朱熹:《四书章句集注·大学》,中华书局1983年,第4页。

之本"，认为：

> 圣，诚而已矣。诚，五常之本、百行之原也。①

圣学的展开沿着由内而外、由身而家而国而天下的方向逐级辐射、循序蔓延，外王实际上已经作为内圣本体的发用而存在，而获得价值，这里已不是"内圣和外王"，而毋宁是"内圣而外王"，内圣似乎是能够开出外王的，内圣开外王的倾向已跃然纸上。周敦颐所开辟的路线一直被后来的儒者所遵从。

所谓的"现代新儒学"，无疑是宋儒基本精神与价值倾向的历史延续，不过是现时代的内圣之学而已。当然，现代新儒学也讲"外王"，并且，他们所议论的"外王"已经不是传统意义上的齐家、治国、平天下，而是指西方近代以来所发生的"民主"和"科学"，即所谓的"新外王"。民主与科学，当然是现代化内容的重要组成部分，冯友兰晚年说：

> 中国就是旧邦而有新命，新命就是现代化。②

如何实现民主与科学，是近现代以来中国社会一切进步阶层与有识之士所共同关注并积极探寻的核心课题。现代新儒家

---

① 周敦颐：《周子通书·诚下第二》，上海古籍出版社 2000 年，第 31、32 页。
② 冯友兰：《三松堂自序》，三联书店 1984 年，第 367 页。

力图把这一核心课题纳入儒学"内圣外王"的思想构架中予以阐释、消化和处理,从而在中国现代化的问题上开辟出既不同于恪守传统的国粹主义,又区别于"全盘西化"的自由主义的特殊进路。1950年后,港台新儒家明确把这一进路概括为"内圣开出新外王",即所谓"返本开新"。"返本"就是要弘扬传统内圣心性之学,恢复儒学的人文价值与形上智慧。新儒学"返本开新"的文化理想是"要使中国人不仅由其心性之学,以自觉其自我之为一'道德实践的主体',同时当求政治上,能自觉为一'政治的主体',在自然界、知识界成为'认识的主体'及'实用技术的活动之主体'。"①

当代新儒家中,牟宗三为这种"返本开新"所做出的努力应当是最值得关注的。牟宗三无疑已经清楚地意识到,传统的儒家内圣之学无论如何是不可能直接作为科学与民主的精神来源和哲学基础的,"由尽心尽性尽伦尽制直接推出外王",显然缺乏逻辑与历史的双重必然性。在牟宗三,尽管内圣与外王之间不能实现"直通",但是来一个"曲折"、走"曲通"之路还是可能的,"转一个弯,而建立一个政道,一个制度,而为间接的实现"。于是乎,牟宗三便通过所谓"良知砍陷"的晦涩方式来消解儒学精神义理与民主、科学之间的矛盾、对立或不协调。"良知砍陷"指的是道德良知通过自我否定,而自觉地从东方式的"无执"("与物无对")"德性主体"转化为西方式的"有执"("与物有

---

① 牟宗三、徐复观、张君劢、唐君毅:《为中国文化敬告世界人士宣言》,见《当代新儒家》,生活·读书·新知三联书店,1989年,第27页。

对")"知性主体"。"知性主体"因为能够把事物只当作纯粹的认知对象来对待,强调主观与客观的区分与对立,所以便才有可能形成一种不带主观情感色彩的中立化、真理性的科学知识。一旦越过了"良知砍陷","逻辑、数学、科学,以及近代化的国家、政治、法律,俱在此一曲折层上安立"①。这也就是牟宗三哲学"一心开二门"著名命题的基本含义。

牟宗三的理论,与其说在当代发展了儒学哲学,还不如说向世人深刻地揭示了存在于作为中国主流人文传统的儒学道德精神、思想气质与西方现代科学赖以发生的理性思辨、抽象分析方法论基础之间的巨大差异及难以消除的隔阂。应该说,牟宗三发现了问题,并也意识到了问题的严重性,然而却没有找到解决问题的正确答案。作为一种主体道德自觉的"良知砍陷",无论如何都不能开出现代化的民主与科学。中国的传统精神与西方的现代科学是两个不相等同的系统,中国的传统精神是道德性的,建基于人的价值领域,强调的是一种生命存在的意义。而现代科学则是物性的,发生在对象世界里,以一切客观存在为基础,追求的是一种绝对的真理性知识。让道德理性去开发出纯粹知性,从价值判断向事实判断延伸,这在根本上显然是缘木求鱼、南辕北辙。即使开发、延伸获得了成功,也不会有什么客观、公正的、中立的、绝对的真理性知识。看来,内圣之学与现代科学的距离似乎更为遥远。《庄子·天下》曾说:"是故内圣、外王之道,暗而不明,郁而不发,天下之人各为其所欲焉以自

---

① 牟宗三:《历史哲学》,台湾学生书局,1984年,第192、38页。

为方。"然而在今天看来,即使内圣、外王之道既"明"且"发",也无法创生出科学昌明的局面,甚至连与现代科学衔接都不能够。

值得指出的是,其实,在中国的文化传统里,本来也并不缺乏科学的因子。譬如,墨学就有可能走向现代科学系统,名家似乎也可以发展出近代形式逻辑学,道家的炼丹术与现代化学也颇有沟通之处。但是,它们在古代中国文化长时期发展历程中始终没有占据主导的地位,因而对中国传统人文精神的塑建所起作用极为有限,其影响几可忽略。

墨学在战国时期一度有过"显学"的辉煌,但由于宗教专制般的矜持精神不为古中国人所接受、所欣赏,所以就避免不了几成绝学的命运,更谈不上济身于主流文化的行列,于是,墨学一直就不可能得到充分的发展。发挥不了作用的学说注定是要泯灭的,于是就不可能孕育出成熟的科学体系。近代也曾出现过所谓"墨学之复兴",但墨子多以"平等博爱"的中国始祖面目而不是以古代科学家的身份出现。[1]

道家是强调形上超越的,具有一定的抽象思维水平,也应该是一种知性哲学,因而与西方哲学也可以作一定层面的通汇,但是,由于一方面,道家炼丹术的目的仅仅落在追求人身肉体存在长生不灭的仙道上,所以注定不可能放大视野,而去研究更为丰富的自然对象世界。另一方面,道家哲

---

[1] 据一些学者统计,《墨经》一书中,涉及数学原理19条、基本物理学概念10条、力学和简单机械原理8条、光学原理8条。可惜均没有引起后世中国人的研究兴趣,更不可能从中诞生出现代意义上的普遍规律性、纯粹理论化的科学体系。

学始终强调"无执",反对固守于某一有形之物,要求对知识理解"损之又损",所以便不可能产生对现象存在物乃至整个表象世界的专注之情,更不可能产生对它们的深刻认识。《老子·二十九章》鲜明指出:"天下神器,不可为也。为者败之,执者失之。"有执,就是有为,就是对本体之物的破损,只有无执才能够接近大道本体。其实,有执是人心认知抽象态度的开始,没有执,哪来的理性分析精神?哪来客体的被观察与被研究?《庄子·应帝王》中,最先提出"中央之帝为浑沌"的观点,唐代的《艺文类聚·卷一》又具体描述说:"天地浑沌如鸡子,盘古生其中。万八千岁,天地开辟,阳清为天,阴浊为地。"这种关于宇宙起源的猜测都远比西方近代康德的"星云假说"要早得多,但在中国就是发展或演变不出一种实证化、理性化、系统化的科学学说。

三 作为现代科学方法的高度凝练

在思维准备与方法论自觉的意义上,从传统哲学资源过渡到西方现代科学技术,对于中国人来说明显存在着一个断层。作为一种源自于西方的学说,1949年以来,马克思主义在中国已成为主导意识形态进而指导中国人的精神思想,不但已成为过去既定的历史,也不但是眼前的不允否定的现实,同时,似乎更预示着一种面向未来的趋势。对于任何一个中国人当然也包括任何一个持历史主义态度的学者来说,恐怕这也是不得不接受的历史、现实和未来。马克思主义对当代中国人在思维气质、思想方法乃至行为逻辑层面所产生的影响,无疑是巨大的,甚至,这种影响还是刻骨铭心的。马克思主义在中国的传播与发展,对中国的现代化能够做出什么样的贡献?最终又可能会在中国人的文化心理上留下什么样的印迹?中国的学者们常常从马克思主义与中国传统的一致性去理解中国人之所以接受马克思主义的缘由、中国人继承和发展马克思主义的可能,而往往忽略马克思主义与中国传统之间的异质性、不相融性。其实,正是二者之间的异质性与不相融性,才能够烘托出马克思主义对中国人文化心理固有缺陷的纠正与弥合。在今天,中国人如果要以自觉、积极、有为的而不是盲目、被动甚至无可奈何的态度去接受西方的现代科学,其方法论基础应当来自马克思主义。传统哲学资源的局限,极大地凸现出马克思主义在现代中国的巨大价值。于是乎,完全有必要对马克思主义为中国科学现代化所做贡献作一番崭新的理解。

马克思主义源自于西方,属于现代哲学的行列,从其发生的人文背景、地理区域、历史时段等方面说,与现代科学之间都有着本质的一致性和可沟通性。甚至,马克思主义的经典作家径直把现代科学的发展作为自己思想形成的一个重要来源。马克思说过:"自然科学……通过工业日益在实践上进入人的生活,改造人的生活,并为人的解放做好准备"[①]。现代科学被理解为社会生活、当然也是精神生活的一种具有决定性力量。传统中国学术几乎从没有正眼瞧过中国古代的科学技术,根本不将其列入研究对象,而是常常斥

[①] K. 马克思:《1844年经济学—哲学手稿》,人民出版社1979年,第81页。

之为"奇技淫巧"。《老子》哲学就明确主张"有什佰之器而不用"。对于奇技淫巧之类的"机事",《庄子·天地》曾不屑一顾地说:"吾非不知,羞而不为也"。但在马克思,"自然科学是一切知识的基础",① 当然马克思主义哲学也不例外。中国学术的基础是人生生活经验,当然也与社会相关联,但多只涉及社会的政治、伦理层面。中国的学术历来都有贵族化的倾向,它并不经意于社会的物质生产。中国古代的文人往往只在情感上同情社会的低层民众,而并没有对解决民众基本生存问题的理论探索与技术兴趣,所以,中国古代就不可能有专业化的经济学、社会学。同样,科学与技术便注定只能总处在下里巴人的地位。这与马克思主义主动把现代科学当作自己理论基础的自觉态度形成了鲜明比照。在19世纪,地质学、胚胎学、动植物生理学、有机化学等学科的建立和发展,尤其是细胞学说、能量守恒与转化原理、达尔文生物进化论,对马克思主义的形成具有决定性的影响,恩格斯以为,由于自然科学这些成就的取得,"我们就能够依靠经验自然科学本身所提供的事实,以近乎系统的形式描绘出一幅自然界联系的清晰图画"②。

马克思主义始终把自己的哲学界定位为一种"世界观""方法论",这恰恰说明马克思主义是对西方现代科学发展规律的全面的、哲学化的概括,是西方现代科学方法论的高度凝练,是现代科学方法的集大成者。马克思主义哲学身上所体现出来的现代性品格决定了它与现代科学的密切关连:

---

① 《马克思恩格斯全集》第47卷,人民出版社1965年,第572页。
② 《马克思恩格斯全集》第21卷,第340页。

(一)本质主义的追寻。马克思主义的经济科学、历史哲学都试图为人类社会发展找到一种永恒的并且是最基本、最核心、最内在的规律,发现一个始终起决定作用的基础,以为只要找到了这些钥匙,就可以开启社会历史这扇沉重的大门。马克思对资本主义生产规律、人类历史发展规律的揭示,就是现代哲学本质主义、基础主义或所谓"逻各斯中心主义"精神的典型表征。

(二)实证主义倾向。马克思主义始终把自己的理论建立在经验对象的基础上,强调要通过理性分析去研究客观存在,从而确立一种普遍性的现象之间的不变关系,而很少去对本体论问题做无谓的争议。"人的思维是否具有客观真理性,这不是一个理论的问题,而是一个实践的问题。"[1] 实践被推向了顶极,说明经验世界对于认识论所具的重要意义。只有现象世界才是认识的起点,才是现代哲学的中心与重心所在。

(三)认识论特点。马克思主义归根到底是一种追求真理的哲学。在列宁对物质所下的定义里,物质"不依赖于我们的感觉而存在,为我们的感觉所复写、摄影、反映"[2],显然,真理就是人们对对象物的认知,就是主观达到与客观的一致、与对象物的完全符合。而这些都正是现代科学所依赖的方法基础。

从思想内容上看,马克思主义最有代表性的成果是唯物主义与辩证法。唯物主义的逻辑前提是人们运用理性精

---

[1] 《马克思恩格斯选集》第1卷,人民出版社1995年,第55页。
[2] 《列宁选集》第2卷,人民出版社1995年,第89页。

神把外在世界当作一个对象来研究。理性的参与和介入，加上能够把事物当作一种外在的、纯粹的对象来对待，于是，普遍的、绝对的、中立化的客观知识的产生就有了可能。而这正是中国思维所缺乏的气质。譬如对于同一个月亮，在总体趋向上，中国人总喜欢把它看作是我的一部分，多有"月亮代表我的心"之情怀。而西方人似乎更多地把月亮仅仅看作是一个对象、一个客观的天体存在物。没有理性意识在我与物之间设置出一道屏障，没有实证分析思维把主观态度与存在世界有效地剥离开来，就不可能把对象看作是与主体无关的纯粹客观对象，于是就永远产生不了对对象的科学认知。而马克思主义唯物论的精神原则正是指向现代科学的。"一个民族要想登上科学的高峰，究竟是不能离开理论思维的"[1]。中国人在政治生活中接受马克思主义唯物论的同时，也应该为发展中国的现代科学积攒理论思维的营养。

辩证法在马克思主义哲学中占据着核心的地位。值得强调的是，马克思主义辩证法是与西方现代哲学理性精神的发展联系在一起的，是哲学思维高度抽象的结果。因此，它始终是概念化、形式化的辩证法，而与中国传统哲学中经权、常变的中庸之道形成了本质的区别。古代中国的经权、常变之说，始终强调对思维内容的顾及，而不去追寻纯粹的辩证关系，从来没有上升为一种高度的概念抽象与理论理性。中国人有实质辩证法，却没有形式辩证法。中国人重情实远甚于重形式，中国的文化传统里难见程序文明的因子。中国的

---

[1] 《马克思恩格斯选集》第4卷，人民出版社1995年，第285页。

传统辩证法总要涉及生活世界的具体内容。"男女授受不亲"是"礼",而"嫂溺援之以手"则是"权"。权似乎比经的地位还高、还重要。这就是孔子所说的:"可与共学,未可与适道。可与适道,未可与立。可与立,未可与权"(《论语·子罕》)。形式辩证法不仅仅是古希腊以来哲学思辨的尤物,同时也应该是西方现代科学方法论的最高结晶,因此辩证法本身其实也就是一种科学方法论。恩格斯说过:"对于现今的自然科学来说,辩证法恰好是最重要的思维形式,因为只有辩证法才为自然界中出现的发展过程,为各种普遍的联系,为从一个研究领域向另一个研究领域过渡,提供了模式,从而提供了说明方法。"[1] 照顾内容的实质辩证法往往会成为投机主义、滑头主义及妥协主义的最佳借口,而这些在本质上都与西方的法治理念、现代科学方法无缘。中国人只有在超越传统的实质辩证法、积极而自觉地消化与吸收形式辩证法的精髓之后,发展现代科学才会有希望。

四 发现马克思主义的另一存活空间

毛泽东说过:"十月革命一声炮响,给我们送来了马克思列宁主义。"[2] 如果从中国科学发展的客观需要看,十月革命一声炮响还给我们送来了先进的方法论基础。既然现代化必须要有与之相适切的现代方法论基础,而内圣、外王的固有文化传统又不能提供这一基础,那么,我们就只有开

---

[1] 《马克思恩格斯选集》第4卷,人民出版社1995年,第284页
[2] 《毛泽东选集》第4卷,人民出版社1991年,第1471页。

拓视野，到更为广阔的世界文明范围中去搜寻。今天，随着政治革命、社会革命的尘埃落定，马克思主义已经被大规模地输入到中国。既然已经送上了门上，我们就不必要一味得将其拒之门外、蓄意排斥，或熟视无睹、无动于衷，这些都不是一种严谨、健康、正确的文化心态。

有一种观点认为，西方人、包括海外华人在没有学习马克思主义的情况下，不也照样能够做出惊人的科学成就、照样实现现代化吗？而中国人学了马克思主义不还是照样落后吗？进而怀疑马克思主义对科学中国的积极作用。的确，不学习马克思主义的人也能够学好并发展现代科学。但那是不自觉的，并不能通达科学认识的自由与必然之路。其实，这里所涉及的是一个能否积极、自觉、主动地使用方法论武器的问题。对于科学探索来说，被动摸索方法与自觉使用工具之间的差距应该是十分显然的。至于中国人在学了马克思主义之后，为什么还没有摆脱经济社会发展的落后局面，原因则应该是多方面的，不能单单归咎于对马克思主义的学习。再说，今天的中国人即使学了马克思主义，也还存在着真学假学、学得如何、学没学准、学没学好之类的问题。

无论如何，有一点是非常值得坚信的，那就是——自觉使用马克思主义方法论，一定能够开辟出科学研究的新天地。"世界上第一流的技术科学家们都是自发的辩证唯物论者"[①]。马克思主义一旦成为科学探索得心应手的工具，科学的进步将是无比迅猛的。马克思主义诞生以后，中外许多

---

① 钱学森：《技术科学中的方法论问题》，见《关于思维科学》，上海人民出版社 1986 年，第 12 页。

著名科学家已经用自己的切身体会证明了这一点。英国生物学家海登在总结自己科学研究的心得时曾说:"我确信,用马克思主义来研究科学的发展,各门科学间的相互联系,尤其是化学对物理、生物对化学的关系是最有价值的。马克思主义在那些本身就与变化有关的科学部门中尤其有用,例如在进化论中。"① 美国物理学家格拉肖曾建议把比夸克更小的物质粒子命名为"毛粒子",因为根据毛泽东的哲学思想,自然界有无限的层次,在这些层次内,一个比一个更小的东西无穷地存在着。毛泽东关于自然界有无限的层次的观点,充分体现出马克思主义唯物论哲学的精髓。

当代中国著名科学家钱学森曾意味深长地指出:"应用马克思主义哲学指导我们的工作,这在我国是得天独厚的。从我这个人的经历中,我的确深有体会:马克思主义哲学的确是一件宝贝,是一件锐利的武器。我们在搞科学研究时,如若丢弃这件宝贝不用,实在是太傻瓜了!"② 所以,我始终主张,在今天的中国高等教育课程设置中,马克思主义哲学应该是理工课大学生的必修课,因为对于一个科学技术工作者来说,马克思主义哲学无论如何都是一种自有现代社会以来最为优秀的思想方法论,学习它,学好它,无疑就等于获得了一件非常锐利的思想武器,于是便更有信心、更有勇气迎接新科技的挑战。

作为一种官方主导意识形态,马克思主义正以不同的方

---

① 林德宏:《现代科学技术革命与马克思主义》,南京大学出版社1993年,第23页。
② 《迎接交叉科学的时代》,光明日报出版社1986年,第5页。

式多维度、大范围地渗入中国人的灵魂,它已经进入全部社会的生产、生活领域,并且,还在不知不觉中已经体现于我们的生存方式、思维方式及行为方式之中,甚至也已真正成为一部分中国人的精神支柱(如一部分老革命、老共产党员、党的干部)。能否在方法论的角度上把对马克思主义的被动接受转变成为一种自觉的选择,将直接关系到中国现代科学发展进程的缓急以及现代化事业的成败。作为主导意识形态的马克思主义,对中国现代科学方法论基础的建构无疑有着巨大的推进作用,我们的哲学界、理论界、科学界没有理由拒绝这一全新的资源优势,而应该珍惜这一历史所赐的难得机遇,采取积极的态度,有所作为,尽快弥平固有文化传统的资源缺陷,将马克思主义的精髓积淀到中国人的文化心理结构中去。21世纪是知识经济的时代,科学技术无疑将成为时代舞台的主角。中国人要真正实现中华民族的伟大复兴,科学技术无疑应该是重要的推进因素,而科学技术的迅猛发展又必须依赖于强劲的方法论支撑方才可能。

必须进一步强调的是,无论未来中国的国家政权将是怎样的局面,在统领、主宰了中国人精神世界相当长的一段时间之后,马克思主义都将可能将作为一种有益的方法论而被留存下来。因为,对于中国人来说,发展现代科学以及由现代科学延伸发展出来的未来科学,牢靠的现代方法论基础始终是不可或缺的。作为一种方法论,马克思主义无疑已开始溶入中国人的血液,已逐渐被中国的现代化过程所吸纳、消化,而会成为中国新的人文传统的一个有机组成部分。英国著名科学学家J. D. 贝尔纳在《科学的社会功能》一书中曾指出:"马克思主义的价值在于它是一个方法和行动指南"①。其实,由马克思主义哲学方法论转变成为一种现成的科学方法论,还必须在基本内容上还进行适当的改造与更新。马克思主义本身应该是一种与时俱进的理论学说,千万不要把马克思主义仅仅当作一种政治性的意识形态统御手段,还应该从哲学、科学的角度,更深层次地研究马克思主义的可用价值。

马克思主义传入中国、成为一种主导意识形态,并不意味着我们对它的理解、阐释、消化、吸收与创新已告完成,其实,这一切都才刚刚开始。思想的理解、阐释、消化、吸收与创新绝不应该是一劳永逸的,而毋宁是一个永无止竭的历史生成过程。马克思主义对科学中国乃至整个中国现代化的方法论贡献,这似乎也是马克思主义在被中国化以后所展露出来的另一种旺盛生命力,这一课题的地位、作用又绝不是通常所谓的"科学哲学"所能够取代的。然而,颇为遗憾的是,这一意义非凡的重大课题至今仍然被遮蔽着,还没有引起中国知识界的普遍关注和足够重视。

---

① J. D. Bernal:《科学的社会功能》,商务印书馆 1982 年,第 550 页。

后 记

眼前的这本《中国的气质》，是我博士论文的后续研究。

2001年春，在我的博士论文——《唯天为大——建基于信念本体的董仲舒哲学研究》写成之初，就有好些热心的学界朋友提议，希望我能够将论文中具有中国哲学普遍意义的内容析取出来，单独出一本讨论中国哲学特质的专著。但此后的一年多时间，我始终没有将这一很好的建议摆上自己的工作日程。

2002年夏，经过漫长而严格的专家评审之后，商务印书馆决定出版我的博士论文，但由于篇幅的限制，不得不让我做出一定的删减。删减所针对的主要是那些从董学研究延伸出去的、站在一定哲学高度上的理论发挥，而我却一直以为，恰恰正是这些内容才是中国哲学在当代社会里、在与一切外来文明交汇时能够展现自身风貌并发生影响的活的传统。删去它们，着实是一件憾事！于是，便有了我让这本《中国的气质》浮出水面的决心与实际行动。

2002年秋至2003年春，我在博士论文原稿的基础上，采撷了那些在比较哲学视野下能够凸现出中国民族精神性格的篇章，逐一予以修正删益、加工整理，其中卷一之《阴阳、五行：起源与流变》《阴阳五行与哲学的在场、不在场》，卷二《性情形而上学》篇中之《信念本体与宗教性的双重建构》、《性情的礼乐转化》，卷六之《线型进化史观的彻底解构》，卷七之《命的信念》全篇，均首次见之于书。在此基础上，增写出《卷四》（《新民与亲民》）、《卷五》（《经权、常变的智慧》）两个部分，新撰了《导言》（《形而上者谓之道》）、《卷三》（《道德法则的内化与超越》、《信用缺失与责任伦理建构》）及《卷八》（《中国现代化的精神准备》）等部分。因为行文结构与完整性的实际需要，也为了便于读者对所涉问题的来龙去脉有更全面的了解，本书部分章节援引于我已在商务印书馆出版的那本《唯天为大》，但所取内容逐一都作了不同程度的修改与充实。从问题研究的相关性与连续性方面出发，这应该是允许并可以理解的。

万法流变，无物常住，人及属于人的思想观念当然也不例外。自完成博士论文以来，我对于当初阐发过论题的观点，有一些已经发生了改变，有一些甚至已经被全然推翻。应该说，与专门研究董仲舒哲学的那本《唯天为大》相比，《中国的气质》一书围绕中国哲学自己的问题并以中国哲学自己的方式而展开，从阴阳五行到性情感应，再到道德伦常、政治哲学与生活智慧，直至时间传统、天命信念等，通贯而下，自成一体；其出发点显然也更偏向于在与西方哲学传统（甚至还包括佛教哲学、基督教神学）作比较研究的过程中，理解与把握中国哲学的总体精神与基本取向。当然，此间不可能也没有必要回避董学对整个中国人文精神塑建所发生的实质性影响，毕竟，董仲舒是中国哲学无法跨越的一大关口。同时，我也愿意借《中国的气质》的面世让更多的读者能够对董仲舒产生全新的认识，从而使董学在中国哲学发展进程中的突出地位和重大意义不再继续被遮蔽。

虽名之以《中国的气质》，但并无意陷入"谁是中国哲学的主干""谁能真正代表中国哲学""谁是中国文化的主流"之类的学理争辩，而毋宁仅就古今中国人在人生生活中所呈现出来的实际存在样态而进行思想、观念与精神风格的深度挖掘。至于为什么书的副标题叫做"发现活的哲学传统"？记得在我博士论文的答辩会上，上海师范大学哲学系的夏乃儒教授曾发表过两点评议，让我至今难以忘怀：一是"董学研究，唯此为大"；一是"把死的中国哲学写活了，从头到尾都不乏新见解，有看头，耐人寻味"。当然，夏老的褒扬之词完全出于对后生晚学的勉励之情，我深知自己担当不起，受之有愧，但由此却激发了我在现实生活世界里发掘活的哲学（或文化乃至整个人文传统）的不懈努力，至于能否真正地完成这一艰巨而富有深远意义的使命，吾心一直诚惶诚恐。

每次走进图书馆，面对书架上那么多总体论述中国哲学的著作，我都不免产生这样的疑问：我还有必要再往上面添加一册吗？无谓的劳动值不值得？于是，在构思与写作《中国的气质》的过程中，我始终给自己定下这样一条要求：发现新视角，挖掘新内容，尽量发前人之未发，尽量说别人没有说过的话，画出经久不息地荡漾在中国人血液里的真精神。完成书稿之后，我却发现，尽管我已经这样做了，也仍没有完全达到自己所预期的效果。所以也就只能寄希望于今后的进一步努力了。好在这样的研究，我还将不断地继续下去！

无疑，《中国的气质》的写作、出版与发行始终得益于无数人们所提供的无数帮助。其中，作为我的博士导师，复旦大学哲学系谢遐龄教授深思灼见的穿透力和化知起识、转识成智的融解力始终影响着我的哲学追寻。我的博士后导师，中国社会科学院哲学研究所郑家栋教授所给予的鞭韬与劝勉已成为我学业精进的不竭动力；幸蒙先生之不弃与提携，我被领进学界的门槛并有缘汲泽于中国人文社会科学的最高学术殿堂。中国社会科学出版社冯春凤编审为本书的早日面世也付出了很多努力，甚值记念。衷心地祝福他们——好人一生平安、生活幸福美满！

余治平，谨识于
中国社会科学院
哲学博士后流动站
2004年3月，北京